普通高等教育“十二五”规划教材

全国高职高专规划教材·法律系列

# 刑法学实训教程

主　编　鲁　忠　赵志宏

副主编　薛满果　荣　荣　史红霞

周　燕　别道亮

北京大学出版社
PEKING UNIVERSITY PRESS

## 内 容 简 介

本书适用的对象是高职高专学生层面，在编写内容的安排上，注意刑法学体系的完整性（以刑法论—犯罪论—刑罚论—罪行各论为编写体例），全书共分4编、27个项目、71个模块。为了突出学生实践能力的培养，本书加大了实训操作的比例（每一模块都以案例导入，引出相关法律条文，阐释、讲解基本刑法理论，再辅以关键概念和经典案例的条分缕析、详细讲解）。本书作者力图编出应用性强的刑法学教材，力求推陈出新、关注前沿、细析原理、精讲案例，以期提高高职高专学生的法律素养和处理问题的能力，更好地适应区域经济和社会发展对高职高专毕业生的“必需、够用”的理论和解决实际问题的能力要求。

**图书在版编目(CIP)数据**

刑法学实训教程/鲁忠，赵志宏主编. —北京：北京大学出版社，2012.8
（全国高职高专规划教材·法律系列）
ISBN 978-7-301-20977-6

Ⅰ.①刑…　Ⅱ.①鲁…②赵…　Ⅲ.①刑法－法的理论－中国－高等职业教育－教材　Ⅳ.①D924.01

中国版本图书馆CIP数据核字(2012)第163139号

**书　　　名**：刑法学实训教程
**著作责任者**：鲁　忠　赵志宏　主编
**策 划 编 辑**：周　伟
**责 任 编 辑**：周　伟
**标 准 书 号**：ISBN 978-7-301-20977-6/D·3140
**出 版 发 行**：北京大学出版社
**地　　　址**：北京市海淀区成府路205号　100871
**网　　　址**：http://www.pup.cn
**电 子 信 箱**：zyjy@pup.cn
**电　　　话**：邮购部62752015　发行部62750672　编辑部62754934　出版部62754962
**印　刷　者**：北京鑫海金澳胶印有限公司
**经　销　者**：新华书店
787毫米×1092毫米　16开本　17.5印张　376千字
2012年8月第1版　2012年8月第1次印刷
**定　　　价**：35.00元

---

# 目　录

## 第一编　刑法论



## 第二编　犯罪论

## 第三编　刑罚论

## 第四编 罪刑各论原理与实务

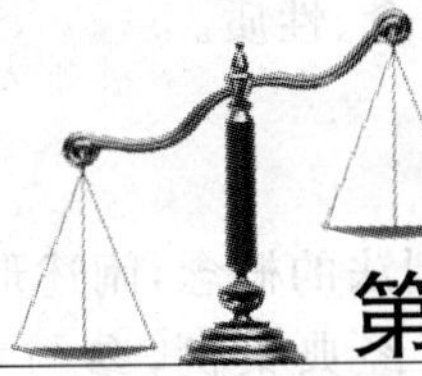

# 第一编

# 刑 法 论

# 项目一　刑法的理论实务

## 模块一　刑法的概念、性质运用实务

### 教学重点

本模块教学的重点是刑法的概念和刑法的性质。

### 教学目标

要求学生能够正确理解刑法的概念、性质。

### 活动设计

理论部分：通过案例导入，引入刑法的概念，阐述刑法的性质。

实训部分：掌握关键概念，分析经典案例，参与案例讨论，熟悉刑法的概念和性质。

### 案例导入

河南禹州市一农民购买两辆大货车后，为了逃掉高速通行费、多挣钱，拿着两套假军车牌照疯狂营运，8 个月的时间里，免费通行高速公路 2 361 次，偷逃过路费三百六十八万余元。该农民一审因诈骗罪被判处无期徒刑，目前判决已经生效。偷逃过路费被判无期徒刑，在全国范围内还未有先例。请问，偷逃过路费触犯《刑法》吗？

### 相关法律条文

2002 年 4 月 10 日起施行的《最高人民法院关于审理非法生产、买卖武装部队车辆号牌等刑事案件具体应用法律若干问题的解释》第 3 条第 2 款规定："使用伪造、变造、盗窃的武装部队车辆号牌，骗免养路费、通行费等各种规费，数额较大的，依照《刑法》第 266 条的规定定罪处罚。"

而《中华人民共和国刑法》(以下简称《刑法》)第 266 条规定："诈骗公私财物……数额特别巨大或者有其他特别严重情节的，处 10 年以上有期徒刑或者无期徒刑，并处罚金或者没收财产。本法另有规定的，依照规定。"

**理论部分**

## 一、刑法的概念

刑法是规定犯罪、刑事责任和刑罚的法律。

### (一) 刑法有广义与狭义之分

1. 狭义的刑法

狭义的刑法是指专门地、系统地规定犯罪、刑事责任和刑罚的刑法典。

2. 广义的刑法

广义的刑法是指一切规定犯罪、刑事责任和刑罚的法律规范的总和,包括刑法典、单行刑法和附属刑法。

### (二) 普通刑法与特别刑法

1. 普通刑法

普通刑法是指效力及于一国领域内任何地区和个人的刑法规范。

2. 特别刑法

特别刑法是指国家为了适应某种特殊需要而颁布的效力仅及于特定人、特定时间、特定地点或者特定条件的刑事法律(实质意义上的特别刑法);国家为了弥补现行刑法典的不足而颁布的一切刑法规范(形式上的特别刑法)。

## 二、刑法的性质

### (一) 刑法的阶级性质

刑法和其他法律一样并非自古就有,它属于历史范畴,是随着私有制、阶级和国家的产生而产生的。

刑法是统治阶级根据自己意志和利益制定的,是统治阶级意志的反映。

刑法规定的基本内容是犯罪、刑事责任和刑罚,维护的是统治阶级利益,是统治阶级对被统治阶级实行专政的工具。

刑法的阶级本质是由国家的阶级本质决定的。

### (二) 刑法的法律性质

1. 刑法所规定的内容具有特定性

刑法所规定的内容是犯罪和刑罚两个方面,管辖范围相对于其他的法律来说较窄,其调整的只是主要的社会关系。

2. 刑法所调整和保护的社会关系的范围具有广泛性

这表现在以下三个方面:(1) 涉及社会关系的范围不同;(2) 刑法是其他法律的保障法;(3) 刑法具有补充性。

3. 刑法的强制手段具有最严厉性

任何一部法律都具有强制性,任何人侵犯法律所保护的社会关系都应当承担相应的法律后果,受到相应的法律制裁。但其他法律的强制性都不及刑法对犯罪分子适用刑罚这种强制方法严厉。

## 实训练习

**一、关键概念**

刑法的性质

**二、案例分析题**

甲男是一个单身汉，利用网络和多名女青年谈对象，引起受侵害女青年的极大愤慨，造成恶劣的社会影响。请问，甲男的行为是否构成犯罪？

# 模块二　刑法的体系和解释运用实务

### 教学重点

本模块教学的重点是刑法的体系和刑法的解释。

### 教学目标

要求学生能够正确理解刑法的体系、解释。

### 活动设计

理论部分：通过案例导入，引入刑法的解释，阐述刑法的体系。

实训部分：掌握关键概念，分析经典案例，参与案例讨论，熟悉刑法的体系和解释。

### 案例导入

被告人朱某、易某和张某系甲村支书、村主任和村副主任。2007 年 7 月，武荆高速公路八标段三工区在该村附近施工，施工方需要临时占用甲村 49.8 亩土地作为取土场，遂协商取土以及赔付青苗补偿费事宜。三被告按每亩 1 500 元的赔偿标准与施工方签订了青苗补偿协议，并分两次从武荆高速公路八标段三工区领取青苗补偿费 7.3 万元，然后再按每亩 1 000 元的赔偿标准兑现给被占地的农户，截留的 2.19 万元款项以发放电话补助的名义被甲村的 8 名村干部私分。其中，朱某和易某各分得 3 500 元，张某分得 2 800 元。2010 年 3 月，检察机关对朱某、易某和张某三名村干部涉嫌贪污一案侦查终结后，依法向人民法院提起公诉。请问，农村基层组织的人员也属于国家"工作人员"吗？

### 相关法律条文

全国人大常委会 2000 年 4 月 29 日对《刑法》第 93 条第 2 款的解释，即将一定条件下的村民委员会等农村基层组织人员纳入"国家工作人员"的范畴，因而可以成为贪污罪、挪用公款罪和受贿罪的主体。

**理论部分**

## 一、刑法的体系

### (一) 刑法的体系的含义

刑法的体系是指刑法的组成和结构。刑法的体系有广义和狭义之分。通常意义上,我们对刑法的体系作狭义理解。我国修订后的刑法典由三个部分组成,即总则、分则和附则。其中,总则和分则各为一编。在每编之下,再根据刑法规范的性质和内容有次序地划分为章、节、条、款、项等层次。

### (二) 刑法典的组成

1. 刑法总则的含义

刑法总则是关于刑法的任务、基本原则和适用范围,以及关于犯罪、刑事责任和刑罚的一般原理、原则的规范体系。刑法总则分为五章,除第一章和第五章以外,其余章下均设若干节。

2. 刑法分则的含义

刑法分则是关于具体犯罪的罪状及其刑罚幅度的规范体系。刑法分则分为十章,大多数章下不设节,但由于第三章“破坏社会主义市场经济秩序罪”和第六章“妨害社会管理秩序罪”两章涉及具体犯罪众多、内容庞杂,因而该两章下均又分设了若干节。概括地说,刑法总则规范是认定犯罪、确定刑事责任和适用刑罚的共同规则。刑法分则规范是解决具体定罪量刑问题的标准。

3. 两者的关系

总则指导分则,分则具体体现总则中的原理原则。两者是一般与特殊、抽象与具体的关系,相辅相成。

4. 刑法附则部分

刑法附则部分只有一个条文,即《刑法》第452条。该条的内容:一是规定修订后的刑法典开始施行的日期;二是规定修订后的刑法典与以往单行刑法的关系,宣布在修订刑法典生效后某些单行刑法的废止以及某些单行刑法中有关刑事责任内容的失效。

### (三) 刑法规范的表现形式

1. 表现刑法规范的形式是条文

刑法规范通常是以条文的形式出现的,条是最基本的单位。

2. 款、项和段

条下为款。有些条文包括数款。某些条或者款之下有项。《刑法》中有的条文在同一款里包含有两个或者两个以上意思,用分号或者句号予以划分,分别称之为前段、后段,或者前段、中段、后段。

3. “但书”

有的条款中有“但书”结构。“但书”所表示的主要有以下三种情况:(1)“但书”是前段的补充；(2)“但书”是前段的例外；(3)“但书”是对前段的限制。

## 二、刑法的解释及分类

刑法的解释是指对刑法条文含义的阐明。由于法律的稳定性与现实的变化性之间的矛盾、法律的抽象性与现实的复杂性之间的矛盾的存在，法律解释的存在有其必要性。

### (一) 有权解释和学理解释

从解释的效力上分类，刑法解释可以分为有权解释和学理解释。

1. 有权解释

有权解释是指有权进行法律解释的国家机关对法律条文中需要进一步明确界限或者作补充规定的问题，或者对于具体适用法律的问题所作的阐释。

我国有权作出有权解释的机关是全国人大常委会和最高人民法院、最高人民检察院，其中全国人大常委会的解释是立法解释，后两者的解释是司法解释。

(1) 立法解释。

立法解释包括两种：一是由立法机关主动作出的解释；二是立法机关被动作出的解释，即最高人民法院、最高人民检察院解释有原则分歧时，报请全国人大常委会决定或者进行解释。

(2) 司法解释。

司法解释是指由最高人民法院和最高人民检察院作出的解释。最高人民法院对于审判工作中具体应用法律的问题进行解释，最高人民检察院对于检察工作中具体应用法律的问题进行解释。

2. 学理解释

学理解释是指有关宣传机构、社会组织、教学科研单位或者学者、专家、法律工作者等对刑法规范的含义进行阐明的结论。

### (二) 文理解释和论理解释

根据解释方法的不同，刑法解释分为文理解释和论理解释。

1. 文理解释

文理解释是指对法律条文的字义，包括用词、语法、表述方式、标点符号等，从字面含义上进行的解释。

2. 论理解释

论理解释是指根据立法精神，联系有关情况，从逻辑上对刑法条文所作的解释。论理解释又包括扩大解释和限制解释。扩大解释是指对刑法条文的含义作出大于其字面含义的解释。限制解释是指对刑法条文作出小于其字面含义的解释。

# 实训练习

## 一、关键概念

刑法体系　刑法解释

## 二、案例分析题

1. 将强制猥亵妇女罪中的“妇女”解释为包括男性在内，是否属于扩大解释？

2. 将伪造货币罪中的伪造解释为“变造”，是否属于法律允许的类推解释？

# 模块三　刑法的创制和完善处理实务

**教学重点**

本模块教学的重点是刑法的完善。

**教学目标**

要求学生能够熟悉和掌握刑法的创制和完善过程。

**活动设计**

理论部分：通过案例导入，引入刑法的完善。

实训部分：掌握关键概念，分析经典案例，参与案例讨论，熟悉刑法的创制和完善。

**案例导入**

2011年5月某日晚，甲驾车在北京东直门十字坡附近发生交通事故，导致4车追尾，4人受伤。经过交警检测，甲每100毫升血液中酒精含量为243.04毫克，已构成醉酒驾驶。目前，因涉嫌危险驾驶罪，甲被北京警方依法刑事拘留。请问，醉酒驾驶没有造成危害结果的，也构成犯罪吗？

**相关法律条文**

《中华人民共和国刑法修正案（八）》（以下简称《刑法修正案（八）》）第22条规定：“在道路上驾驶机动车追逐竞驶，情节恶劣的，或者在道路上醉酒驾驶机动车的，处拘役，并处罚金。有前款行为，同时构成其他犯罪的，依照处罚较重的规定定罪处罚。”

2011年2月25日表决通过的《刑法修正案（八）》中，把醉酒驾车这种严重危害群众利益的行为规定为犯罪，并于5月1日正式实施。甲的醉酒驾车行为已经构成犯罪。

**理论部分**

## 一、刑法典

中华人民共和国成立以后三十多年的时间里没有刑法典，只有极个别单行刑法条例，即中华人民共和国成立之初颁布的《惩治反革命条例》、《妨害国家货币治罪条例》

和《惩治贪污罪条例》等。

**(一) 1979 年旧刑法的制定**

中华人民共和国成立初期,中国开始了起草刑法典的工作,由中央人民政府法制委员会主持。我国第一部刑法典即《中华人民共和国刑法》最终于 1979 年 7 月 1 日通过,1980 年 1 月 1 日生效。

**(二) 1997 年刑法**

立法机关从 1982 年提出对旧刑法进行修改。1997 年《刑法》共 452 条,六万多字。其结构为:编,共两编及附则;章,总则 5 章,分则 10 章;节,有的章分节,有的章不分节;条,条是刑法典的基本单位,编号从第 1 条直到第 452 条,引用刑法条文时直接引用多少条、款、项。

**(三) 刑法的修正**

新刑法生效后,立法机关先后颁布了 8 个刑法修正案。

2011 年 5 月 1 日《中华人民共和国刑法修正案》是第 8 个刑法修正案,增加了危险驾驶罪、恶意欠薪入律,减少了经济犯罪的死刑,增加了社区纠正等内容。



## 二、单行刑法

单行刑法是指国家立法机关对刑法规定进行部分补充、修改或者废除部分刑法规定的单行规范性法律文件。1979 年旧刑法实施之后、1997 年新刑法实施之前,立法机关一共颁布过 24 个单行刑法。新刑法实施之后,全国人大常委会又通过了一个单行刑法,即《关于惩治骗购外汇、逃汇和非法买卖外汇犯罪的决定》。

## 三、附属刑法

附属刑法是指全国人民代表大会及其常务委员会通过的非刑事法律中所包含的有关犯罪、刑事责任和刑罚的条款。旧刑法典适用期间,立法机关共颁布了一百三十余个附属刑法条文。新刑法生效后,这些附属刑法条文均已被吸收到刑法典之中。目前我国没有典型的附属刑法。

## 实训练习

**一、关键概念**

刑法的完善

**二、案例分析题**

1. 1997 年 10 月至 2004 年 3 月,被告人李某在无采矿许可证的情况下开采本村的铝石矿,造成矿产资源被破坏,价值达三十余万元。请问,李某的行为是否构成犯罪?

2. 甲男和乙男通过网络认识,双方都有同性恋性取向,后来甲男不顾乙男的反抗,强行与其发生关系。请问,甲男的行为是否构成强奸罪?

# 项目二　刑法的基本原则实务

## 模块一　刑法的基本原则运用实务

**教学重点**

本模块教学的重点是刑法基本原则的含义与意义。

**教学目标**

要求学生能够正确理解刑法基本原则的概念和内容。

**活动设计**

理论部分：通过案例导入，引入刑法基本原则的概念，阐释其含义。

实训部分：掌握关系概念，分析经典案例，参与案例讨论，掌握刑法基本原则的应用。

**案例导入**

刑法中明确规定了拐卖妇女儿童的犯罪。请问，如果拐卖 14 周岁以上的男子应该如何定罪？

**相关法律条文**

根据《刑法》第 3 条的规定，法律明文规定为犯罪行为的，依照法律定罪处刑；法律没有明文规定为犯罪行为的，不得定罪处刑。这就是刑法的基本原则之一——罪刑法定原则。显然，拐卖 14 周岁以上的男子不能定为拐卖妇女儿罪，可能构成非法拘禁罪。

**理论部分**

### 一、刑法的基本原则的概念

刑法的基本原则是指贯穿于整个刑法规范，指导和制约全部刑事立法和刑事司法，体现我国刑事法制基本精神的准则。

首先，刑法基本原则必须是贯穿全部刑法规范，具有指导和制约全部刑事立法和刑事司法的意义；在刑事立法上，为了解决定罪和量刑的问题，需要制定出各种不同的法律原则，在刑事司法中也必须遵循这些原则。

其次，刑法基本原则必须体现我国刑事法治的基本精神，即：坚持法制，摈弃人治；坚持平等，反对特权；讲究公正，反对徇私舞弊。只有符合刑事法治的基本精神的原则才能成为刑法的基本原则。

依据上述界定，罪刑法定原则、适用刑法人人平等原则、罪刑相适应原则无可置疑应当属于我国刑法的基本原则，并且已经为我国刑法典总则所确定。

## 二、刑法的基本原则的意义

刑法基本原则是刑事法制基本精神的集中体现，其对刑事立法和刑事司法具有重大的指导意义。刑事立法工作，必须符合刑法的基本原则。对刑法典进行必要的修改、补充、解释时，必须以刑法的基本原则为指导，使罪刑规范更加具体、明确、清晰，既有利于保护社会，又有利于保障人权。刑事司法工作，必须贯彻刑法的基本原则。司法人员应依刑法的基本原则严格司法，做到司法公正、公平。总之，刑法基本原则具有强大的威力，它们既有利于积极同犯罪作斗争，又有利于切实保障公民的合法权益；既有利于推进法治化进程，又有利于维护法律的公正性；既有利于实现刑法的目的，又有利于达到刑罚的最佳效果。因此，它们必将促进我国刑事立法的更加完善和刑事司法的更加文明。



### 实训练习

**一、关键概念**

刑法基本原则

**二、判断分析题**

我国《刑法》明确规定的基本原则有(　　)。

A. 未成年人犯罪从宽处理原则

B. 惩罚与教育相结合原则

C. 刑法面前人人平等原则

D. 刑法的制定、修改与执行所应遵守的原则

## 模块二　罪刑法定原则的实务处理

**教学重点**



本模块教学的重点是罪刑法定原则的含义以及司法适用。

## 教学目标

要求学生能够正确理解罪刑法定原则的含义，能够熟练地应用该原则区分罪与非罪。

## 活动设计

理论部分：通过案例导入，阐述罪刑法定原则的含义。

实训部分：掌握关键概念，分析经典案例，参与案例讨论，熟悉罪刑法定原则的含义及司法适用。

## 案例导入

甲男与乙女于某日中午公开在公园内发生关系，引起游客的极大愤慨，造成恶劣的社会影响。请问，甲、乙的行为应当如何定性？

## 相关法律条文

根据《刑法》第 3 条的规定，法律明文规定为犯罪行为的，依照法律定罪处刑；法律没有明文规定为犯罪行为的，不得定罪处刑。本案中，甲男与乙女的行为虽然具有比较严重的社会危害性，但《刑法》并未将该行为明文规定为犯罪，所以，甲男与乙女的行为无罪。

## 理论部分

### 一、罪刑法定原则的含义与基本要求

#### (一) 罪刑法定原则的含义

罪刑法定原则即某一行为是否构成犯罪，构成什么罪，对犯罪应处以什么刑罚，均须由法律预先明文规定，也即所谓“法无明文规定不为罪，法无明文规定不处罚”。确立罪刑法定原则具有重大意义。它不仅有利于维护社会秩序，也有利于保障人权。此外，罪刑法定原则也是对个人自由的基本保证，这一原则是对公民的保护，可以使公民免受法官的擅断行为，因为公民事先了解哪些行为是被社会禁止的行为，同时也了解如果实行这些行为将受到何种惩处。

罪刑法定原则的思想渊源可上溯至 1215 年英国《自由大宪章》所明确的“适当的法定程序”的原则，而后，罪刑法定思想逐渐与西欧近代启蒙思想相结合，形成一种与当时封建刑法擅断相抗衡的一种思潮，广为传播，并以三权分立学说和心理强制说作为其理论基础。从罪刑法定原则近两百年的发展演进过程中可以发现，其基本精神乃是通过消极地限制刑罚权以积极地保障人权；其基本要求乃是通过刑法的确定性和绝对性来实现其社会保护和人权保障的双重机能。

### （二）罪刑法定原则的基本要求

1. 法定化

法定化即犯罪和刑罚必须事先由法律作出明文规定，不允许法官自由擅断。

2. 实定化

实定化即对于什么行为是犯罪和犯罪所产生的具体法律后果都必须作出实体性的规定。

3. 明确化

明确化即刑法条文必须文字清晰，意思确切，不含糊其词或者模棱两可。

## 二、罪刑法定原则的内容和司法适用

### （一）罪刑法定原则的内容

（1）绝对禁止适用类推和扩大解释，把刑法条文对犯罪种类、犯罪构成要件的明文规定，作为对案件定罪的唯一根据。

（2）绝对禁止适用习惯法。

（3）绝对禁止刑法溯及既往，把从旧原则作为解决刑法溯及力问题的唯一原则。

（4）禁止法外施刑和不定期刑，要求刑罚的名称、种类、幅度都必须由法律加以确定。

### （二）司法适用

1. 正确认定犯罪和判处刑罚

在罪刑法定原则下，法之明文规定是司法活动的前提性根据。因此，在罪刑法定原则的司法适用中，首先面临的是找法活动，也就是正确地理解法的明文规定。在罪刑法定原则下，判处刑罚，法官的自由裁量权是有限度的，应当将司法裁量权限制在一定合理的范围之内，只有这样，罪刑法定原则才有可能真正实现。

2. 正确进行司法解释

司法解释是沟通立法与司法的桥梁，对于刑法适用具有重要意义。但在罪刑法定原则的制约下，司法解释是有限度的，超越这种限度的司法解释是越权的，也是违反罪刑法定原则的。

## 实训练习

### 一、关键概念

罪刑法定原则

### 二、案例分析题

1. 农民王某办了一个私营建筑公司，成为村里的首富，时逢该村选举村长，王某通过送红包等方式，在选举中当选为村长。王某私下将耕地低价卖出，得到四百余万元。

请问，王某的下列行为是否构成犯罪？如果构成犯罪，请指出罪名：（1）王某以不正当手段当选村长的行为；（2）王某私下出卖土地的行为。

2. 被告人李某为了营利，先后与他人预谋，招聘男青年做“公关先生”。李某指使他人对“公关先生”进行管理，并在其经营的“金麒麟”等酒吧内将12名“公关先生”多次介绍给男性顾客，由男性顾客将“公关人员”带至酒店等处从事同性卖淫活动，李某抽取卖淫费用共约1万元。请问，李某的行为能否以组织卖淫罪论处？

3. 2005年9月15日，张某（女，36周岁）在家中利用计算机视频与多人裸聊时，被北京警方查获。张某对违法事实供认不讳。请问，张某的行为是否构成犯罪？构成何种罪名？

## 模块三　刑法面前人人平等原则的实务处理

### 教学重点

本模块教学的重点是刑法面前人人平等原则的含义以及司法适用。

### 教学目标

要求学生能够正确理解刑法面前人人平等原则的含义，能够熟练地应用该原则。

### 活动设计

理论部分：通过案例导入，阐述刑法面前人人平等原则的含义。

实训部分：掌握关键概念，分析经典案例，熟悉刑法面前人人平等原则的含义以及司法适用。

### 案例导入

2007年5月29日，北京市第一中级人民法院认定国家食品药品监督管理局原局长郑某利用职务便利，为8家制药企业在药品、医疗器械的审批等方面谋取利益，先后多次直接或者通过其妻、子非法收受上述单位负责人给予的款物共计折合人民币六百四十九万余元，一审以受贿罪判处郑某死刑，剥夺政治权利终身，没收个人全部财产；以玩忽职守罪判处其有期徒刑7年，两罪并罚，决定执行死刑，剥夺政治权利终身，没收个人全部财产。2007年7月10日，郑某被执行死刑。请问，本案体现了我国《刑法》哪条基本原则？

### 相关法律条文

根据《刑法》第4条的规定，对任何人犯罪，在适用法律上一律平等。不允许任何人有超越法律的特权。郑某一案彰显了法律面前人人平等的原则。不管职位高低，权力大小，一旦触犯法律，都要受到法律的制裁，在法律面前，没有特殊公民。

**理论部分**

## 一、刑法面前人人平等原则的含义

刑法面前人人平等原则是指任何人犯罪，不论犯罪的人的家庭出身、社会地位、职业性质、财产状况、政治面貌、才能业绩如何，都应平等的适用刑法追究刑事责任，不允许任何人有凌驾于法律之上的特权。

## 二、刑法面前人人平等原则的要求

就犯罪人而言，任何人犯罪都应受到法律的追究，任何人不得享有超越法律规定的特权，对于一切犯罪行为，不论犯罪人的社会地位、家庭状况、职业状况、财产状况、政治面貌，才能业绩如何，都一律平等的适用刑法，在定罪、量刑、行刑上一视同仁，不应区别对待，应依法惩处。

对被害人而言，任何人受到犯罪侵害，都应当依法追究犯罪，保护被害人的权益，被害人同样的权益，应当受到刑法同样的保护；不能因为被害人的身份、地位、财产状况等情况的不同而对犯罪人予以不同的刑法适用。

这一原则并不否定因为犯罪人或者被害人特定的个人情况而在立法上、司法上允许定罪量刑有其符合刑法公正性的区别。立法上如累犯，未成年人犯罪，犯罪中止、自首、立功的犯罪分子。司法上如犯罪人的主体情况以及被害人的个人情况，如果是对犯罪行为的危害程度及犯罪人的主观恶性大小有影响的，也允许及要求在适用刑法上有所区别和体现。其关键在于犯罪人、被害人的身份等个人情况对犯罪的性质和危害程度有无影响，有影响的在定罪量刑时有所区别，无影响的不应有所区别。因此，不可孤立机械地理解该原则，它要和罪刑相适应原则相互配合来合理调节刑法的适用。



## 实训练习

### 一、关键概念

刑法面前人人平等原则

### 二、案例分析题

2000 年 9 月 14 日，经最高人民法院核准，曾任全国人大常委会副委员长、中共广西壮族自治区委员会副书记、广西壮族自治区人民政府主席的成克杰被执行死刑。请问，本案体现了我国《刑法》的哪条原则？

# 模块四　罪刑相适应原则的实务处理

## 教学重点

本模块教学的重点是罪刑相适应原则的含义以及司法适用。

## 教学目标

要求学生能够正确理解罪刑相适应原则的含义，能够熟练地应用该原则。

## 活动设计

理论部分：通过案例导入，阐述罪刑相适应原则的含义。

实训部分：掌握关键概念，分析经典案例，参与案例讨论，熟悉罪刑相适应原则的含义以及司法适用。

## 案例导入

被告人李某、吴某和吕某先后到张某和林某夫妇开办的家具店做雇工。三人的身份证件被扣押，被迫长期超时工作，节假日从不休息，还经常受到林某的辱骂。三个被告人还被拖欠工资三万余元。吴某提出报复，李某和吕某均同意。次日，三人持匕首进入林某的卧室，对林某进行殴打，并将林某的人民币 4 万元拿走。请问，对于李某、吴某和吕某应当如何定罪量刑？

## 相关法律条文

根据《刑法》第 5 条的规定，刑罚的轻重，应当与犯罪分子所犯罪行和承担的刑事责任相适应。本案被告李某、吴某和吕某以非法占有为目的，以暴力当场劫取他人财物的行为，已构成抢劫罪。由于三被告的主观恶性不大，未造成严重后果，人民法院最终减轻了处罚。

## 理论部分

### 一、罪刑相适应原则的含义

罪刑相适应原则是指根据行为人犯罪的事实、性质、情节以及社会危害性的大小，决定所处刑罚的轻重，即罪轻刑轻，罪重刑重，罪刑相当，罚当其罪。罪刑相适应的观念，最早可以追溯到原始社会的同态复仇和奴隶社会的等量报复。“以血还血、以牙还牙、以眼还眼”，是罪刑相适应原则最原始、最粗俗的表现形式，而作为刑法的一项基本原则则是由资产阶级启蒙思想家和法学家首先提出的。

## 二、罪刑相适应原则的基本要求

犯罪与刑罚之间应当保持内在的、对应的均衡关系,具体要求如下。

(1) 有罪当罚,无罪不罚。即刑罚只能施于犯罪的人,不能罚及无辜。

(2) 轻罪轻罚,重罪重罚。罚当其罪,刑罚的轻重应当和罪质相适应。

(3) 一罪一罚,数罪并罚。除牵连犯等法律的明确规定以外,应当一个犯罪判处一个刑罚,数个犯罪就判处数个刑罚。

(4) 同罪同罚,罪罚相当。即同一性质、情节相近的犯罪,应当处以轻重相近的刑罚。

(5) 刑罚的性质应当与犯罪的性质相适应。即生命刑、财产刑和资格刑,各有其适用的对象和条件,相互之间不能替代。

## 三、罪刑相适应原则的立法体现

我国《刑法》除明文规定罪刑相适应原则外,在其他立法内容上也始终贯穿着罪刑相适应原则的精神。这一原则在《刑法》中的具体表现如下。

**(一) 确立了科学严密的刑罚体系**

我国《刑法总则》确定了一个科学的刑罚体系,这一体系由不同的刑罚方法组成。各种刑罚方法相互区别又相互衔接,能够根据犯罪的不同情况灵活运用,从而为刑事司法实现罪责刑相适应原则奠定了基础。

**(二) 规定了区别对待的处罚原则**

我国《刑法总则》根据各种行为的社会危害性程度和犯罪人的人身危险性大小,规定了轻重有别的处罚原则。如对于未成年人犯罪,应当从轻或者减轻处罚;对于聋哑人或者盲人犯罪,可以从轻、减轻或者免除处罚;对于预备犯,可以比照既遂犯从轻、减轻或者免除处罚;对于未遂犯,可以比照既遂犯从轻或者减轻处罚;对于中止犯,没有造成损害的,应当免除处罚;造成损害的,应当减轻处罚。在共同犯罪中,规定对于组织、领导犯罪集团的首要分子,按照集团所犯的全部罪行处罚;对于其他主犯,应当按照其所参与的或者组织、指挥的全部犯罪处罚;对于从犯,应当从轻、减轻或者免除处罚;对于教唆犯,应当按照他的犯罪情节减轻处罚或者免除处罚。对于防卫过当、避险过当构成犯罪者,应当减轻或者免除处罚。

**(三) 设立了轻重不同的量刑幅度**

我国《刑法分则》不仅根据犯罪的性质和危害程度,建立了一个犯罪体系,而且还为各种具体犯罪规定了可以分割、能够伸缩、幅度较大的法定刑。这就使得司法机关可以根据犯罪的性质、罪行的轻重、犯罪人主观恶性的大小,对犯罪人判处适当的刑罚。

## 实训练习

### 一、关键概念

罪刑相适应原则

### 二、判断分析题

1. 下列(　　)情形体现出罪刑相适应原则。

   A. 对累犯从重处罚

   B. 对自首、立功的从宽处罚

   C. 对中止犯处罚宽大于未遂犯、预备犯

   D. 对不满18岁的人犯罪，应当从轻或者减轻处罚

2. 下列关于罪刑相适应原则的说法正确的是(　　)。

   A. 罪刑相适应原则要求刑法不溯及既往

   B. 罪刑相适应原则要求刑事立法制定合理的刑罚体系

   C. 罪刑相适应原则要求刑罚与犯罪性质、犯罪情节和罪犯的人身危险性相适应

   D. 罪刑相适应原则要求在行刑中合理地运用减刑、假释等制度

3. 我国《刑法》对放火罪规定了比失火罪更重的法定刑，体现了(　　)。

   A. 罪刑法定原则　　B. 罪刑相适应原则

   C. 刑法适用平等原则　　D. 罪责自负、反对株连原则

### 三、案例分析题

1999年5月2日，赵某被于某强奸，赵某的丈夫钱某知道后找到于某，两人厮打中钱某被于某用匕首刺伤。人民法院以强奸罪、故意伤害罪判处于某有期徒刑10年。于某为此怀恨在心。2009年11月于某出狱后，多次向钱某及其兄弟勒索钱财，还多次拦截、威胁赵某，扬言要杀死赵某全家。

2010年1月12日凌晨6时许，于某来到钱某夫妇的临时住所进行威胁并索要钱财，钱某忍无可忍，用铁锹将于某打倒在地，猛刺十余刀。钱某和赵某杀人后立即向公安机关投案自首。请问，对于钱某和赵某的行为应当如何定罪量刑？

# 项目三　刑法的效力范围实务

## 模块一　刑法空间效力的实务处理

**教学重点**

本模块教学的重点是刑法的空间效力范围的运用。

**教学目标**

要求学生能够正确理解刑法的空间效力的概念，能够熟练地掌握刑法的空间效力。

**活动设计**

理论部分：通过案例导入，引出刑法空间效力的概念，阐释刑法空间效力的内容。

实训部分：掌握关键概念，分析经典案例，参与案例讨论，熟悉刑法空间效力的理论内容。

**案例导入**

我国某航空公司第4193次航班从北京飞往英国伦敦，在公海上空正常飞行过程中，机上一日本籍乘客在盗窃一位英国籍乘客价值5 000英镑的手表时被当场抓获。该飞机降落在目的地伦敦机场时，该英国乘客要求机长将该日本乘客绳之以法。请问，应当如何处理该案，适用何种空间效力原则？

**相关法律条文**

我国《刑法》第6条第2款和第3款规定："凡在中华人民共和国船舶或者航空器内犯罪的，也适用本法。犯罪的行为或者结果有一项发生在中华人民共和国领域内的，就认为是在中华人民共和国领域内犯罪。"第10条规定："凡在中华人民共和国领域外犯罪，依照本法应当负刑事责任的，虽然经过外国审判，仍然可以依照本法追究，但是在外国已经受过刑罚处罚的，可以免除或者减轻处罚。"据此，援用刑法的空间效力就应当适用我国《刑法》。

**理论部分**

### 一、刑法空间效力概述

刑法的效力范围是指刑法在什么时间、什么地域以及对什么人具有效力。它包括刑法的空间效力和刑法的时间效力。刑法的空间效力是指刑法对地域和对人的效力。刑法的时间效力是指刑法的生效时间、失效时间以及刑法的溯及力问题。我国《刑法》第 6 条至第 12 条对刑法的效力范围作出了明确规定。刑法的效力范围,不仅涉及国家的主权问题,而且还涉及国际关系和新旧刑法之间的关系,是任何国家刑法都必须明确规定的内容。

刑法的空间效力所要解决的是国家刑事管辖权的范围问题。刑事管辖权是国家主权的组成部分。

各国刑法解决刑事管辖权范围问题所采用的原则有以下四种。

(1) 属地原则,亦称领土原则,即以国家的地域为标准规定,凡是在本国领域内的犯罪,无论是本国人还是外国人,都适用本国刑法;反之,在本国领域外的犯罪,都不适用本国刑法。

(2) 属人原则,亦称国籍原则,即以人的国籍为标准规定,凡是本国人犯罪,不论是在本国领域内还是在本国领域外,都适用本国刑法。

(3) 保护原则,亦称自卫原则,即以保护本国利益为标准,凡侵害本国国家或者公民、法人利益的,不论犯罪人是本国人还是外国人,也不论犯罪地在本国领域内还是在本国领域外,都适用本国刑法。

(4) 普遍管辖原则,亦称世界原则,即以保护国际社会的共同利益为标准,凡发生国际条约所规定的侵害国际社会共同利益的犯罪,不论犯罪人是本国人还是外国人,也不论犯罪地在本国领域内还是本国领域外,都适用本国刑法。

上述各种原则,孤立起来看都有其合理性,但也有其局限性。第一,属地原则,直接维护了领土主权,但单纯实行这个原则,当遇到本国人在本国领域外的犯罪或者外国人在本国领域外侵害本国国家或者公民利益的犯罪,就无法适用本国刑法,这实在是一个严重的缺陷。第二,属人原则,就对本国公民实行管辖而言,无可非议,但单纯实行这个原则,遇到外国人在本国领域内犯罪,竟不能适用本国刑法,显然有悖于国家主权原则,外国人在本国领域外侵犯本国利益,也无法予以保护。第三,保护原则,就保护本国利益而言,可谓周密,但如果犯罪人是外国人且犯罪地又在国外,则必然涉及国与国之间的关系和刑事法律的冲突,因此,彻底实行这个原则必定还会受他国主权的限制。第四,普遍原则,是针对某些国际犯罪(如空中劫持、灭绝种族、侵害外交代表等)而由国际条约加以规定,要求各有关国家实行普遍管辖权,这本身就是有条件限制的。

虽然由于世界各国在政治制度、法律体系、历史传统和文化习惯等方面的差异,导致各国关于刑事管辖权的具体规定不尽相同,但世界绝大多数的国家目前均以属地原则为基础,兼采其他原则来确立本国的刑事管辖权体制。我国《刑法》关于空间效力的规定采用的也是这种刑事管辖权体制。

## 二、我国刑法的属地管辖权

我国《刑法》第 6 条第 1 款规定:"凡在中华人民共和国领域内犯罪的,除法律有特别规定的以外,都适用本法。"这是我国《刑法》关于刑法属地管辖权的基本规定,它涉及以下两项主要内容。

### （一）“中华人民共和国领域内”的含义

所谓中华人民共和国领域内，是指我国国境以内的全部空间区域，具体如下。

1. 领陆

领陆即国境线以内的陆地及其地下层，这是国家领土的最基本和最重要的部分。

2. 领水

领水即国家领有的水域，包括内水、领海及其地下层。内水包括内河、内湖、内海以及同外国之间界水的一部分，通常以河流中心线或者主航道中心线为界。领海包括某些海湾、海峡等。根据我国 1958 年 9 月 4 日发表的声明，我国的领海宽度为 12 海里。中华人民共和国领海法也规定，我国的领海宽度为 12 海里。

3. 领空

领空即领陆、领水的上空。

我国《刑法》第 6 条第 2 款规定：“凡在中华人民共和国船舶或者航空器内犯罪的，也适用本法。”这里所说的船舶、航空器，既可以是民用的，也可以是军用的；既可以是航行途中的，也可以是处于停泊状态的；既可以是航行或者停泊于我国领域内的，也可以是航行或者停泊于我国领域外或者公海及公海上空的。这里的“本法”，泛指我国《刑法》，即广义上的刑法。总之，只要是在我国的船舶或者航空器内犯罪的，不管该船舶或者航空器在什么地点，均适用我国《刑法》。

根据我国承认的 1961 年《维也纳外交关系公约》的规定，各国驻外大使馆、领事馆及其外交人员不受驻在国的司法管辖而受本国的司法管辖。据此，凡在我国驻外使馆、领馆内发生的任何犯罪，也适用我国刑法。

### （二）“法律有特别规定”的含义

我国《刑法》第 6 条在确立属地管辖权的同时，还明确了法律特别规定的例外情况。这些“特别规定”主要是指以下内容。

1. 享有外交特权和豁免权的外国人的刑事责任，通过外交途径解决

所谓外交特权和豁免权，是根据国际公约，在国家间互惠的基础上，为保证驻在本国的外交代表机构及其工作人员正常执行职务而给予的一种特别权利和优遇。1961 年在联合国主持下订立的《维也纳外交关系公约》是关于外交特权和豁免权的基本法律文件，我国于 1975 年加入该公约。我国立法机关于 1986 年 9 月 5 日通过了《中华人民共和国外交特权与豁免条例》，详细规定了外交特权与豁免权的具体内容，其中一项重要内容就是享有外交特权和豁免权的外国人不受我国刑事管辖。但这里需要注意的是，享有外交特权和豁免权的有关人员承担着尊重我国法律、法规的义务，并不能任意违法犯罪。一旦发生此种情况，我们也不能坐视不管、听之任之，而应该通过外交途径加以解决，诸如建议或者要求派遣国召回，罪行严重的，由政府宣布其为不受欢迎的人，限期离境、驱逐出境等。

2.《中华人民共和国香港特别行政区基本法》和《中华人民共和国澳门特别行政区基本法》作出的例外规定

由于政治、历史的原因，我国《刑法》的效力无法及于港澳台地区，这属于对刑法属地管辖权的一种事实限制。我国目前已恢复对香港和澳门行使主权，香港特别行政区

和澳门特别行政区已先后于1997年7月1日和1999年12月20日成立。但是,《中华人民共和国香港特别行政区基本法》和《中华人民共和国澳门特别行政区基本法》分别规定:全国人民代表大会授权香港特别行政区、澳门特别行政区依照基本法的规定实行高度自治,享有行政管理权、立法权、独立的司法权和终审权。这样,除了恢复对香港和澳门行使国家主权,统一管理外交与国防事务外,香港和澳门的政治、经济、法律制度保持不变,全国性的刑法对其没有适用的效力。台湾地区的政治状况及法律地位不同于香港、澳门,两岸统一的具体方式及进程还不能准确预测,但根据"一国两制"的基本构想,其未来的刑事司法将仍然是独立的。因此,即使两岸统一后,全国性的刑法也不会适用于台湾地区。另外,还必须明确的是,在上述两种"法律有特别规定"的情形下,所谓不适用"本法",是指广义的中华人民共和国刑法,包括刑法典、单行刑法和附属刑法规范。

3. 民族自治地方的变通规定

我国《刑法》第90条规定:"民族自治地方不能全部适用本法规定的,可以由自治区或者省的人民代表大会根据当地民族的政治、经济、文化的特点和本法规定的基本原则,制定变通或者补充的规定,报请全国人民代表大会常务委员会批准施行。"这是为了照顾少数民族地区的一些特殊情况而提出的变通办法,目的在于更好地尊重少数民族的风俗习惯与文化传统,切实保证民族自治权的行使,巩固多民族国家的团结、稳定与发展。但在实施这一例外规定时,应当注意以下三点。

(1) 民族自治地方依法制定的变通或者补充规定对刑法效力的限制,并非完全排斥刑法的适用,而只是限制适用刑法的一部分,即与少数民族特殊的风俗习惯、宗教文化传统相关的部分,并与当地的政治、经济、文化的特点相适应。因此,从总体上看,《刑法》基本上还是适用于少数民族自治地方的。

(2) 免于适用《刑法》的部分必须有明确的法律依据,即由自治区或者省的国家权力机关制定变通或者补充规定,并报请全国人大常委会批准施行,而不能由有关当事人、各级司法机关或者行政机关妄加解释,任意行事。

(3) 少数民族地区制定的变通或者补充规定不能与《刑法》的基本原则相冲突。在此所谓"不能全部适用本法规定的"中的"本法",是指广义的刑法,包括刑法典、单行刑法和附属刑法规范。

4. 新刑法典施行后由国家立法机关制定的特别刑法的规定

刑法典施行后,国家立法机关根据实际需要制定的单行刑法和附属刑法规范,如全国人大常委会1998年12月29日通过的《关于惩治骗购外汇、逃汇和非法买卖外汇犯罪的决定》,1999年12月25日通过的《中华人民共和国刑法修正案》一直至《刑法修正案(八)》。如果刑法典与特别刑法发生法规竞合或者冲突的情况时,应按"特别法优于普通法"的原则,不适用刑法典,而适用特别刑法。在此仍须明确的是,这里所谓普通法,仅指狭义的刑法,即《刑法》。

**(三) 在我国领域内犯罪的确定**

我国《刑法》第6条第3款规定:"犯罪的行为或者结果有一项发生在中华人民共和国领域内的,就认为是在中华人民共和国领域内犯罪。"据此,我国领域内的犯罪包括三种情况:(1) 犯罪行为与犯罪结果均发生在我国领域内;(2) 犯罪行为在我国领域内实施，但犯罪结果发生于我国领域外；(3) 犯罪行为实施于领域外，但犯罪结果发生于我国领域内。根据我国《刑法》的规定，上述三种情况均属于在我国领域内犯罪，适用我国《刑法》。

## 三、我国刑法的属人管辖权原则

我国《刑法》第 7 条第 1 款和第 2 款规定："中华人民共和国公民在中华人民共和国领域外犯本法规定之罪的，适用本法，但是按本法规定的最高刑为 3 年以下有期徒刑的，可以不予追究。中华人民共和国国家工作人员和军人在中华人民共和国领域外犯本法规定之罪的，适用本法。"根据上述规定，我国公民在我国领域外犯罪的，无论按照当地法律是否认为是犯罪，或者罪行轻重、罪种为何，也不论其所犯罪行侵犯的是何国或者何国公民的利益，原则上都适用我国《刑法》；但是按照我国《刑法》的规定，该中国公民所犯之罪的法定最高刑为 3 年以下有期徒刑的，可以不予追究。所谓可以不予追究，表明了不予追究的倾向性，但不是绝对不追究，而是保留追究的可能性。此外，如果是我国的国家工作人员或者军人在域外犯罪，则不论其所犯之罪按照我国《刑法》的规定法定最高刑是否为 3 年以下有期徒刑，只要是犯本法规定之罪的，都适用本法，我国都要追究其刑事责任。

我国《刑法》第 10 条规定："凡在中华人民共和国领域外犯罪，依照本法应当负刑事责任的，虽然经过外国审判，仍然可以依照本法追究，但是在外国已经受过刑罚处罚的，可以免除或者减轻处罚。"该条规定表明，我国作为一个独立自主的主权国家，其法律具有独立性，不受外国法院判决效力的约束；但是考虑犯罪人在外国已经受过刑罚处罚的实际情况，可以对其免除或者减轻处罚。如此规定，合情合理，体现了原则性与灵活性的统一，也体现了人道主义的精神。这里的本法，是指广义的刑法，包括刑法典、单行刑法和附属刑法规范。

## 四、我国刑法的保护管辖权原则

我国《刑法》第 8 条规定："外国人在中华人民共和国领域外对中华人民共和国国家或者公民犯罪，而按本法规定的最低刑为 3 年以上有期徒刑的，可以适用本法，但是按照犯罪地的法律不受处罚的除外。"根据这条规定，外国人在我国领域外对我国国家或者公民犯罪，我国《刑法》有权管辖，但这种管辖权具有一定限制：一是所犯之罪按照我国《刑法》规定的最低刑必须是 3 年以上有期徒刑；二是所犯之罪按照犯罪地的法律也应受刑罚处罚的，按照犯罪地的法律不受处罚的除外。当然，要实际行使这方面的管辖权会有一定难度，因为犯罪人是外国人且犯罪地点也在国外，如果该犯罪人未被引渡，或者没有在我国领域内被抓获，我国的司法机关就无法对其进行刑事追究。但是，假如《刑法》对此不加以规定，就等于放弃自己的管辖权，某些犯罪的外国人就可能肆无忌惮地对我国国家或者公民的利益进行侵害。因此，作出这样的规定，对于保护我国国家利益，保护我国驻外工作人员、考察访问人员、留学生、侨民的利益是完全必要的。

此外，我国《刑法》第 10 条规定，对于在国外对我国国家或者公民犯罪的外国人同样适用。

## 五、我国刑法的普遍管辖权原则

我国《刑法》第 9 条规定："对于中华人民共和国缔结或者参加的国际条约所规定的罪行，中华人民共和国在所承担条约义务的范围内行使刑事管辖权的，适用本法。"根据这一规定，凡是我国缔结或者参加的国际条约中规定的罪行，不论犯罪人是中国人还是外国人，也不论其犯罪行为发生在我国领域内还是我国领域外，只要犯罪人处于我国领域之内，我国就应当在所承担国际条约义务的范围内，行使刑事管辖权，依照我国《刑法》对犯罪予以管辖。

适用普遍管辖权，应当注意掌握我国缔结或者加入的国际条约的有关内容，把握我国享有的权利和所承担的义务的范围。只要我国缔结或者加入了某一规定有国际犯罪及其惩处的公约，我国便承担了对犯有条约规定罪行的罪犯行使刑事管辖的权利和义务。当然，普遍管辖权的行使在实践中会受到一定的限制。只有当犯有国际条约规定罪行的罪犯在我国境内，并且不予以引渡时，我国才能对罪犯实施管辖，依照我国《刑法》的规定予以惩处。

### 实训练习

**一、关键概念**

属地管辖　保护管辖

**二、案例分析题**

1. 外国人乘坐外国民航飞机进入中国领空后实施的犯罪行为，或者外国人乘坐中国民航飞机进入法国领空后实施的犯罪行为。请问，以上犯罪行为可以适用属地管辖吗？

2. 某外国商人甲在我国领域内犯重婚罪。请问，对甲应当如何处理？

3. 中国公民赵某从甲国贩卖毒品到乙国后回到中国。赵某的犯罪行为不在中国境内，其行为也没有危害中国的国家利益或者国民的利益。请问，对于赵某能否适用我国《刑法》？

## 模块二　刑法时间效力的实务处理

**教学重点**

本模块教学的重点是刑法的时间效力范围的运用。

**教学目标**

要求学生能够正确理解刑法的时间效力和刑法的溯及力的概念，能够熟练地应用刑法的时间效力。

**活动设计**

理论部分：通过案例导入，引出刑法时间效力的概念，阐述刑法时间效力的内容。

实训部分：掌握关键概念，分析经典案例，参与案例讨论，熟悉刑法时间效力的理论内容。

**案例导入**

犯罪嫌疑人甲，男，1959 年出生。1978 年甲因涉嫌投机倒把罪被抓捕，移送检察机关审查起诉时适逢 1979 年新刑法出台。请问，对于甲司法机关应当如何处理？

**相关法律条文**

我国《刑法》第 12 条规定："中华人民共和国成立以后本法施行以前的行为，如果当时的法律不认为是犯罪的，适用当时的法律；如果当时的法律认为是犯罪的，依照本法总则第四章第八节的规定应当追诉的，按照当时的法律追究刑事责任，但是如果本法不认为是犯罪或者处刑较轻的，适用本法。本法施行以前，依照当时的法律已经作出的生效判决，继续有效。"

因为新刑法已经废除了投机倒把罪，如果甲的判决未确定时，就应当无罪释放。

**理论部分**

## 一、刑法的生效时间

所谓刑法的时间效力，是指刑法的生效时间、失效时间以及刑法的溯及力问题。

刑法的生效时间是指刑法从何时开始生效。关于刑法的生效时间通常有两种规定方式。一是公布之后经过一段时间再施行。如我国《刑法》于 1979 年 7 月 1 日通过，7 月 6 日公布，自 1980 年 1 月 1 日起生效；1997 年 3 月 14 日修订通过并公布后，新刑法从 1997 年 10 月 1 日起施行。2011 年 2 月 25 日第十一届全国人民代表大会常务委员会第十九次会议通过《刑法修正案（八）》第 50 条规定："本修正案自 2011 年 5 月 1 日起施行。"这样做是考虑人们对新法还比较生疏，需要经过一段时间的学习、宣传和教育，便于广大人民群众和司法人员学习和掌握。二是从公布之日起生效。如《关于惩治骗购外汇、逃汇和非法买卖外汇犯罪的决定》第 9 条规定："本决定自公布之日起施行。"

## 二、刑法的失效时间

刑法的失效时间是指刑法的效力终止的时间。刑法的失效时间基本上也包括两种方式。一是由国家立法机关明确宣布某些法律失效。如根据修订的《刑法》第 452 条第 2 款的规定，列于附件一的全国人大常委会制定的《中华人民共和国惩治军人违反职责罪暂行条例》等 15 件单行刑法，自 1997 年 10 月 1 日起予以废止。二是自然失效，即新法施行后代替了同类内容的旧法，或者由于原来特殊的立法条件已经消失，旧法自行废止。如2011年2月25日第十一届全国人大常委会第十九次会议通过《刑法修正案(八)》中废除了13个死刑罪名,在2011年5月1日《刑法修正案(八)》施行以后适用以上13个罪名,关于死刑的规定就自行废止。

## 三、刑法的溯及力

刑法的溯及力是指刑法生效后,对于其生效以前未经审判或者判决尚未确定的行为是否适用的问题。如果适用,就是有溯及力;如果不适用,就是没有溯及力。对此,各国刑法采用不同的原则予以规定,主要有以下四种原则。

### (一)从旧原则

从旧原则即按照行为时的旧法处理,新法没有溯及力。

### (二)从新原则

从新原则即按照新法处理,新法有溯及力。

### (三)从新兼从轻原则

从新兼从轻原则即新法原则上有溯及力,但旧法不认为是犯罪或者处刑较轻的,则要按照旧法处理。

### (四)从旧兼从轻原则

从旧兼从轻原则即新法原则上没有溯及力,但新法不认为是犯罪或者处刑较轻的,则要按照新法处理。

上述关于刑法溯及力的诸原则中,从旧兼从轻原则既符合罪刑法定原则的要求,又适应现代刑法理论精神的需要,因而为绝大多数国家所采用。我国《刑法》关于溯及力问题亦采用这一原则。

我国《刑法》第12条第1款规定:"中华人民共和国成立以后本法施行以前的行为,如果当时的法律不认为是犯罪的,适用当时的法律;如果当时的法律认为是犯罪的,依照本法总则第四章第八节的规定应当追诉的,按照当时的法律追究刑事责任,但是如果本法不认为是犯罪或者处刑较轻的,适用本法。"第12条第2款规定:"本法施行以前,依照当时的法律已经作出的生效判决,继续有效。"根据这一规定,对于1949年10月1日中华人民共和国成立至1997年10月1日新刑法生效前这段时间内发生的行为,应按以下不同情况分别处理。

(1)当时的法律不认为是犯罪,而新刑法认为是犯罪的,适用当时的法律,即新刑法没有溯及力。对于这种情况,不能以新刑法规定为犯罪为由而追究行为人的刑事责任。如在刑事诉讼中,辩护人、诉讼代理人毁灭、伪造证据,帮助当事人毁灭、伪造证据,威胁、引诱证人违背事实改变证言或者作伪证的行为,原刑法不认为是犯罪。因此,此种行为如果发生于1997年10月1日以前则应适用原刑法。但是,根据最高人民检察院1997年10月6日作出的《关于检察工作中具体适用修订刑法第12条若干问题的通知》的规定,行为连续或者继续到1997年10月1日以后的,对于10月1日以后构成犯罪的行为适用修订刑法即新刑法追究刑事责任。

(2)当时的法律认为是犯罪,但新刑法不认为是犯罪的,只要这种行为未经审判或者判决尚未确定,就应当适用新刑法,即新刑法具有溯及力。

(3) 当时的法律和新刑法都认为是犯罪，并且按照新刑法总则第四章第八节的规定应当追诉的，原则上按当时的法律追究刑事责任，即新刑法不具有溯及力。但是，如果新刑法比当时的法律处刑较轻的，则适用新刑法，即新刑法具有溯及力。根据最高人民法院 1997 年 9 月 25 日作出《关于适用刑法第 12 条几个问题的解释》的规定，《刑法》第 12 条规定的“处刑较轻”是指《刑法》对某种犯罪规定的刑罚即法定刑比修订前刑法轻。法定刑较轻是指法定最高刑较轻；如果法定最高刑相同，则指法定最低刑较轻。如果《刑法》规定的某一犯罪只有一个法定刑幅度，法定最高刑或者最低刑是指该法定刑幅度的最高刑或者最低刑；如果《刑法》规定的某一犯罪有两个以上的法定刑幅度，法定最高刑或者最低刑是指具体犯罪行为应当适用的法定刑幅度的最高刑或者最低刑。如组织越狱罪原刑法法定最高刑为死刑，而修订刑法法定最高刑为 15 年有期徒刑，对于修订刑法之前实施组织越狱行为，而在修订刑法后审理的，适用修订后刑法，即修订的刑法具有溯及力。另外，根据最高人民检察院 1998 年 12 月 2 日作出的《关于跨越修订刑法施行日期的继续犯罪、连续犯罪以及其他同种类数罪应如何具体适用刑法问题的批复》的规定，对于开始于 1997 年 9 月 30 日以前，继续或者连续到 1997 年 10 月 1 日以后的行为，以及在 1997 年 10 月 1 日前后分别实施的同种类数罪，如果原刑法和修订刑法都认为是犯罪并且应当追诉，按照下列原则决定如何适用法律：开始于 1997 年 9 月 30 日以前，继续到 1997 年 10 月 1 日以后终了的继续犯罪，应当适用修订刑法一并进行追诉。开始于 1997 年 9 月 30 日以前，继续到 1997 年 10 月 1 日终了的连续犯罪，或者在 1997 年 10 月 1 日前后分别实施的同种类数罪，其中罪名、构成要件、情节以及法定刑均没有变化的，应当适用修订刑法一并进行追诉；罪名、构成要件、情节以及法定刑已经变化的，也应当适用修订刑法，一并进行追诉，但是修订刑法比原刑法所规定的构成要件和情节较为严格，或者法定刑较重的，在提起公诉时应当提出酌情从轻处理意见。

(4) 如果依照当时的法律已经作出了生效判决，该判决继续有效。即使按新刑法的规定，其行为不构成犯罪或处刑较当时的法律要轻，也不例外。

## 实训练习

### 一、关键概念

刑法的溯及力

### 二、案例分析题

1. 李某于 1997 年 10 月 8 日因涉嫌贪污罪而被依法逮捕。经侦查机关查明，李某基于一个贪污意图，使用完全相同的手段，从 1996 年 7 月任职开始到逮捕为止，前后共贪污 6 次，总数额为 9.3 万元，其中有 5 次发生在 1997 年 10 月 1 日以前，数额为 7.4 万元。另外，李某还交代 1996 年 3 月伙同他人故意伤害致他人重伤，经查证属实。请问，对李某所犯罪行应当如何适用法律？

2. 1997 年 1 月 9 日，王某看见邵某从储蓄所里出来，边走边数钱，遂乘其不备，夺得邵某手中 2 130 元。在逃跑过程中，王某为抗拒抓捕，用路边捡的砖块将邵某砸致轻微伤。2002 年 11 月，王某被抓获归案。请问，本案应当如何对王某进行处理？

# 第二编

# 犯 罪 论

# 项目四　犯罪概念与犯罪构成实务

## 模块一　犯罪的概念运用实务

### 教学重点

本模块教学的重点是犯罪的概念和特征。

### 教学目标

要求学生能够正确理解犯罪的概念，能够熟练地应用犯罪的三个特征，区分犯罪行为与非犯罪行为。

### 活动设计

理论部分：通过案例导入，引入犯罪的概念，阐述犯罪的三个特征。

实训部分：掌握关键概念，分析经典案例，参与案例讨论，熟悉犯罪的概念和性质。

### 案例导入

被告人王某，男，45 岁，工人。被告人蒲某，男，41 岁，某医院主治医师。

被告人王某的母亲刘某在检查身体时被发现患有癌症，便入院治疗。经过近两年的治疗，花费了巨额医疗费，病情也未见好转。该医院主治医师蒲某告知王某，其母亲的病情已无法控制，无救治可能，生命只能维持半年左右。刘某因癌症的折磨，曾多次要求其子王某终止治疗或者让医生注射能立即致其死亡的药物。王某经过反复考虑，便找到主治医师蒲某，请求蒲某为母亲注射能立即致其死亡的药物，使母亲能摆脱癌症的折磨。蒲某按照王某的要求，为刘某注射了一支药物，致其死亡。

本案是一起安乐死杀人案，请问，这种为免除被害人的痛苦而实施的故意杀人行为是否构成犯罪？

### 相关法律条文

根据我国《刑法》第 13 条的规定，一切危害国家主权、领土完整和安全，分裂国家、颠覆人民民主专政的政权和推翻社会主义制度，破坏社会秩序和经济秩序，侵犯国有财产或者劳动群众集体所有的财产，侵犯公民私人所有的财产，侵犯公民的人身权利、民主权利和其他权利，以及其他危害社会的行为，依照法律应当受刑罚处罚的，都是犯罪;但是情节显著轻微危害不大的,不认为是犯罪。

在我国实施积极的安乐死其实就是故意杀人行为,触犯了《刑法》,构成故意杀人罪。

**理论部分**

## 一、犯罪的概念

犯罪概念是对犯罪各种内在、外在特征的高度的、准确的概括,是对犯罪的内涵和外延的确切、简要的说明。我国《刑法》第13条从形式与实质的统一上对犯罪的概念作出了科学的界定,即一切危害国家主权、领土完整和安全,分裂国家、颠覆人民民主专政的政权和推翻社会主义制度,破坏社会秩序和经济秩序,侵犯国有财产或者劳动群众集体所有的财产,侵犯公民私人所有的财产,侵犯公民的人身权利、民主权利和其他权利,以及其他危害社会的行为,依照法律应当受刑罚处罚的,都是犯罪;但是情节显著轻微危害不大的,不认为是犯罪。这一定义不仅较为详细地揭示了我国现阶段犯罪的本质特征,而且揭示了犯罪的法律特征,同时将犯罪行为与普通违法行为区别开来,是对我国社会上形形色色犯罪所作的科学概括,是我们认定犯罪、划分罪与非罪界限的基本依据。这是较为完备、科学的定义。

## 二、犯罪的特征

犯罪的基本特征是指犯罪行为区别于非犯罪行为的基本要素。犯罪行为是一种不良的、反社会的违法行为,但并不是所有这样的行为都是犯罪,这些不良行为还须具备特定的法律特征和事实特征,才能被认为是犯罪。根据刑法对犯罪概念的定义,我国《刑法》中的犯罪具有以下三个基本特征。

### (一)严重的社会危害性

这是犯罪的本质特征。严重的社会危害性是指行为侵犯合法权益即第13条所列的国家利益、公共利益、集体利益以及公民合法权益达到一定的程度。

如果某种行为根本不可能对社会造成危害,法律没必要把它规定为犯罪。如果某种行为虽然具有社会危害性,但是情节显著轻微危害不大,也不认为是犯罪。如小偷小摸,数额很小,不能当做盗窃罪;邻居吵架,沉不住气,动手打了对方,没打伤或者伤得很轻微,这种行为是错误的,应当批评教育,甚至给予必要的处分,但不能当做故意伤害罪。由此可见,没有社会危害性,就没有犯罪;社会危害性没有达到一定的严重程度,也不构成犯罪。

### (二)刑事违法性

违法行为有各种各样的情况,有的违反民事法律规定,叫民事违法行为;有的违反行政法律规定,叫行政违法行为。犯罪也是违法行为,但不是一般的违法行为,而是违反《刑法》。违法并不都是犯罪,只有违反《刑法》的才构成犯罪。如一般的干涉婚姻自由，属于违反婚姻法的行为；而暴力干涉婚姻自由，则是《刑法》明文禁止的犯罪行为。

可见，只有当社会危害性触犯了刑事法律的时候才构成犯罪。

**（三）应受刑事处罚性**

任何违法行为都要承担相应的法律后果。刑事处罚是国家各种手段中最为严厉的，其处罚效力也是最强的。犯罪作为一种严重的违法行为，应当受到刑事处罚。

现代意义上的刑事处罚不仅仅是刑罚，而包括刑罚和非刑罚处罚。虽然刑罚占刑事处罚的绝大部分。但世界各国趋势已经呈现出一种趋势：限制和消除生命刑，自由刑趋于轻刑化，大量适用财产刑和非刑罚处罚。非刑罚处罚包括保安处分、司法行政处分等。

犯罪的以上三个基本特征紧密结合，缺一不可。严重的社会危害性是犯罪的最基本的属性，反映了犯罪与社会的关系，说明了国家将一种行为规定为犯罪并以刑罚惩罚的理由，揭示了犯罪的社会政治内容。刑事违法性是犯罪的法律特征，揭示了犯罪与刑法的关系，反映了罪刑法定原则中罪刑法定的基本要求，表明了犯罪的法定性。应受刑罚惩罚性反映了犯罪与刑罚的关系，揭示了犯罪的法律后果。严重的社会危害性是刑事违法性与应受刑罚惩罚性的基础，缺乏此基础，行为不但不会在刑法上规定为犯罪，而且也无须在刑法上作出评价，刑事违法性和应受刑罚惩罚性由此便不能存在。但如果没有刑事违法性的法定量化，严重的社会危害性就没有衡量的尺度。而如果没有应受刑罚惩罚性，严重的社会危害性和刑事违法性便失去最终的归宿，也难以显示犯罪行为与其他违法行为在法律后果方面的区别。



## 三、犯罪概念的意义

犯罪概念是划分罪与非罪的总标准。一个行为究竟是犯罪或者不是犯罪，是犯罪还是其他违法行为、不道德行为、错误，从总体上说，就是看这个行为是否具有一定的社会危害性，并且是否达到触犯刑律、应受刑罚处罚的程度。一方面，这一定义科学地揭示了犯罪的社会政治属性和法律特征，指出犯罪是严重破坏刑法所保护的社会关系的行为，具有严重的社会危害性。社会危害性是犯罪的本质属性，它揭示了犯罪的社会政治本质。同时，这一定义又明确指出犯罪必须是依照法律应当受到刑罚惩罚的行为，如果一个行为具有严重的社会危害性，但法律没有规定其为犯罪，或者没有规定对这种行为的刑罚处罚，那么也就不能认定为犯罪。刑事违法性和应受刑罚惩罚性揭示了犯罪的法律特征和法律后果，反映了罪刑法定原则的基本要求。另一方面，这一定义在对犯罪进行定性描述的同时又设置了定量要求。《刑法》第 13 条“但书”部分明确规定，符合刑法关于犯罪的定性描述的行为，如果“情节显著轻微危害不大的，不认为是犯罪”，从而将虽然具有一定的社会危害性和刑事违法性，但又情节显著轻微危害不大的行为排除在犯罪的范围之外。这样，从立法上既对犯罪的性质进行描述，又对犯罪的外延进行定量限制，有利于我们准确地把握犯罪的本质，适当地界定犯罪的范围，从而划清罪与非罪的界限。根据这一定义，只有具有一定严重程度的社会危害性的严重违反刑法的行为才能被认定为犯罪，否则只能以一般违法行为论处。在司法实务中，为了解决罪与非罪的界限，需要将犯罪概念这个标准具体化。

实践中，除了故意杀人、放火、抢劫、强奸、爆炸、投放危险物质等少数严重破坏社会秩序的行为由于其本身的社会危害性程度足以构成犯罪外，多数危害社会的行为必须是其社会危害性程度达到一定的严重程度，才能构成犯罪。对这些犯罪而言，就有一个因社会危害性程度大小而决定罪与非罪的界限问题。我国《刑法分则》大体上通过以下几种方式体现社会危害性程度，从而区分罪与非罪的。

(1) 以情节严重、恶劣与否作为划分罪与非罪的界限。如虐待罪、遗弃罪以“情节恶劣”作为构成犯罪的条件，侮辱罪、诽谤罪则以“情节严重”作为构成犯罪的条件。

(2) 以后果严重与否作为划分罪与非罪的界限。如交通肇事罪、危险物品肇事罪、生产销售劣药罪、挪用特定款物罪等。

(3) 以是否有引起某种结果的严重危险作为划分罪与非罪的界限，如生产、销售假药罪以足以严重危害人体健康为划分构成犯罪的界限，妨害国境卫生检疫罪是以有引起检疫传染病传播的严重危险为构成犯罪的界限。

(4) 以数额大小作为划分罪与非罪的界限。如诈骗罪、抢夺罪、虚报注册资本罪等。

(5) 以是否使用法律规定的犯罪方法作为划分罪与非罪的界限。如暴力干涉婚姻自由罪以是否使用暴力作为构成犯罪与否的标准。

(6) 以行为是否在特定时间内或者地点实施作为划分罪与非罪的界限。如资敌罪、拒绝履行军事义务罪只有在战时实施才构成。

(7) 以是否具有法律规定的特定犯罪对象为划分罪与非罪的界限。如非法生产、买卖军用标志罪，抢夺、窃取国有档案罪等。

(8) 以是否“明知”、“故意”作为划分罪与非罪的界限。如运输假币罪，窝藏、转移、隐瞒、销售赃物罪等。

(9) 以是否具有特定犯罪目的或者意图作为界限。如诬告陷害罪必须是“意图使他人受到刑事追究”才构成犯罪，破坏生产经营罪必须“由于泄愤或者其他个人目的”才构成该罪，拐卖妇女、儿童罪必须是“以出卖为目的”等。

(10) 以是否具有首要分子、直接责任人员、领导人等特定身份作为划分罪与非罪的界限。如聚众扰乱公共场所秩序、交通秩序罪，其处罚的对象仅限于首要分子；强迫职工劳动罪，只有用人单位的直接责任人员才可构成；打击、报复会计、统计人员罪，其主体仅限于“公司、企业、事业单位、机关、团体的领导人”。

## 实训练习

### 一、判断分析题

1. 犯罪行为的最基本特征是（　　）。

A. 刑事违法性　　B. 严重的社会危害性

C. 应受惩罚性　　D. 行为人具有可惩罚性

2. 我国《刑法》第13条“但书”,即“但是情节显著轻微危害不大的,不认为是犯罪”,可以理解为(　　)。

A. 是犯罪不以犯罪论处　　B. 是犯罪不以犯罪处罚

C. 不构成犯罪　　D. 是缩小刑罚打击面的策略

**二、案例分析题**

汤某,男,25周岁。一天,汤某与其母清理楼道杂物。邻居李某看见后进行干涉,指责其占有公用场地,引起双方争吵,进而相互推拉,汤某顺手从地上拾起一把钝柴刀朝李某的手砍了一刀,致李某的手指流血受伤,汤某遂丢掉柴刀跑离现场。李某经医院检查治疗共花去医药费六十多元。后李某以汤某的行为构成了故意伤害罪向人民法院提起诉讼。请问,汤某的行为是否构成犯罪?

# 模块二　犯罪构成运用实务



## 教学重点

本模块教学的重点是犯罪构成的概念和特征。

## 教学目标

要求学生能够正确理解犯罪构成的概念和构成要件,了解犯罪构成在犯罪论中的意义。

## 活动设计

理论部分:通过案例导入,引出犯罪构成的概念,阐述犯罪构成的特征。

实训部分:掌握关键概念,分析经典案例,参与案例讨论,熟悉犯罪构成的概念和构成要件。

## 案例导入

甲去火车站迎接一个多年未谋面的大学同学乙,因为彼此是好朋友,见面后两人热烈拥抱,甲亲热地朝乙的身上打了一拳,没想到乙是特异体质,有严重的心脏病。甲的一拳导致了乙倒地身亡的后果。请问,甲的行为是否符合我国的犯罪构成?

## 相关法律条文

根据我国《刑法》第16条的规定,行为在客观上虽然造成了损害结果,但是不是故意或者过失,而是由于不能抗拒或者不能预见的原因所引起的,不是犯罪。按照我国《刑法》主观的违法性论,甲的行为尽管造成了一定的危害后果,但是没有罪过(无故意和过失),所以不构成犯罪。

**理论部分**

## 一、犯罪构成的概念和特征

犯罪构成是指依照我国《刑法》的规定,决定某一具体行为的社会危害性及其程度而为该行为构成犯罪所必须的一切客观要件和主观要件的有机统一。

犯罪构成与犯罪概念是两个既有密切联系又有区别的概念。犯罪概念是犯罪构成的基础,犯罪构成是犯罪概念的具体化。犯罪概念回答的是什么是犯罪、犯罪有哪些基本属性的问题,从总体上划清罪与非罪的界限,是确定犯罪的总标准,是对犯罪基本特征的高度概括。犯罪构成则是进一步回答犯罪是怎样成立的,其成立需要具备哪些法定要件,其所要解决的是成立犯罪的具体标准、规格问题,是划清罪与非罪、此罪与彼罪的具体标准。犯罪概念作为对各种犯罪现象的本质特征和法律特征的科学抽象与概括,它本身并不能直接解决司法实践中所必需的认定犯罪的具体标准问题,它所具有的对罪与非罪的界定作用只有通过犯罪构成才能发挥。离开犯罪构成,犯罪概念就成了空洞和抽象的东西。而犯罪构成只有在犯罪概念的指导下才成为区分罪与非罪、此罪与彼罪的标准,具备犯罪构成的行为,同时也就具备了严重的社会危害性、刑事违法性、应受刑罚惩罚性的特征。犯罪概念与犯罪构成既相互联系而又相互区别,相辅相成,共同为正确认定犯罪服务。

犯罪构成具有以下特征。

(1) 犯罪构成是一系列主客观要件的有机统一,这是主客观相统一的原则在犯罪构成中的体现。任何一个犯罪构成都包括许多要件,这些要件有表明犯罪客体、犯罪客观方面的,有表明犯罪主体、犯罪主观方面的,它们的有机统一形成了某种犯罪的犯罪构成。我国《刑法》规定了四百多种具体犯罪,每一种具体犯罪都有自己的犯罪构成,而每一种犯罪构成都是一系列要件的有机统一。所谓有机统一,是指犯罪构成并非成立犯罪所需的各个要件的简单相加,而是由各个要件按照犯罪构成的要求相互联系、相互作用,共同组成一个说明犯罪规格与标准的有机整体。

(2) 任何一种犯罪都可以由许多事实特征来说明,但并非每一个事实特征都是犯罪构成的要件,只有对行为的社会危害性及其程度具有决定意义而为该行为成立犯罪所必需的事实特征,才是犯罪构成的要件。犯罪构成要件是指从同类案件的形形色色的事实中经过抽象、概括出来的带有共性的、对犯罪性质和危害性具有决定意义的事实。犯罪构成的各个要件从不同角度说明行为的社会危害性,犯罪构成的整体说明行为的社会危害性达到了构成犯罪的程度。

(3) 行为成立犯罪所必须具备的诸要件是由《刑法》加以规定的,事实特征只有经过法律的选择才能成为犯罪构成要件。在立法者看来,正是这些要件的综合,对于说明该行为成立犯罪恰到好处,缺少一个要件也不行,但再附加什么也不必要。犯罪构成的法定性直接体现了犯罪构成是罪刑法定原则的要求这一事实。所谓罪刑法定中的"罪"的法定,主要是指对犯罪的构成要件的法定。应当指出,《刑法》对犯罪构成的规定是通过《刑法总则》和《刑法分则》共同加以实现的。刑法总则规定一切犯罪必须具备的要件,《刑法分则》规定具体犯罪特别需要具备的要件。在根据《刑法分则》认定具体犯罪的时候,应当结合《刑法总则》的规定,对有关案件事实一一加以认定。只有把《刑法总则》规定的各种具体犯罪的共同要件与《刑法分则》规定的各种具体犯罪的具体构成要件密切结合起来,才能全面把握犯罪构成要件。根据我国《刑法》,任何一种犯罪的成立都必须具备四个方面的构成要件,即犯罪客体、犯罪客观方面、犯罪主体、犯罪主观方面。

## 二、犯罪构成的意义

### (一)有助于区分罪与非罪

犯罪构成为区分罪与非罪提供了明确而具体的法律标准。这些标准有些规定在《刑法总则》中,更大量的规定在《刑法分则》中。认真查明这些犯罪构成的要件,在司法实践中就可以准确地把罪与非罪加以区分。

### (二)有助于区分此罪与彼罪

犯罪构成不仅为罪与非罪的区分提供法律依据。而且为此罪与彼罪的区分提供了法律标准。一切犯罪虽然都必须具有共同的犯罪构成要件,但各种不同的犯罪又存在各自不同的犯罪构成。因此,只要掌握了每个犯罪的犯罪构成要件,就可以正确区分此罪与彼罪的界限。

### (三)有助于正确裁量刑罚

犯罪构成的主要作用是为正确定罪提供法律标准,但定罪是量刑的基础和前提,只有定性准确,才能量刑适当。因此,犯罪构成对正确量刑也有一定的意义。尤其是在加重构成与减轻构成的情况下,正确地运用犯罪构成对于量刑更具有重要意义。

## 实训练习

**一、关键概念**

犯罪构成

**二、案例分析题**

1. 李某系某厂司机,某日深夜他驾车返回厂里,在倒车进入车库时将睡在车库麻袋中的甲压死。后查明甲系乞丐,偷偷溜进车库过夜,并钻进车库麻袋中取暖。请问,李某的行为是否构成犯罪?

2. 犯罪嫌疑人甲,女,15周岁。某日甲骑自行车回家,行至一坡路时,因车速过快,撞着同方向行走的乙的左脚。甲从自行车上摔下,将乙压倒在身下。甲将乙送往医院,但乙因颅脑损伤,经抢救无效死亡。请问,甲的行为是否构成犯罪?

# 项目五　犯罪客体要件实务

## 模块一　犯罪客体处理实务

**教学重点**

本模块教学的重点是犯罪客体的概念和分类。

**教学目标**

要求学生能够正确理解犯罪客体的概念，能够区分犯罪客体与犯罪对象。

**活动设计**

理论部分：通过案例导入，引出犯罪客体的理论。

实训部分：掌握关键概念，分析经典案例，参与案例讨论，熟悉犯罪客体的概念。

**案例导入**

文某偷剪了正在使用的民用通信电线六千多米，有人认为构成破坏电力设备罪，有人认为构成盗窃罪。请问，文某的行为应当构成何罪？

**相关法律条文**

根据《刑法》第264条的规定，盗窃公私财物，数额较大或者多次盗窃的，构成盗窃罪。根据《刑法》第124条的规定，破坏广播电视设施、公用电信设施，危害公共安全的，构成破坏电力设备罪。盗窃公用通信设施同时构成盗窃罪和破坏电力设备罪的，按照处罚较重的规定定罪处罚。

**理论部分**

### 一、犯罪客体的概念

犯罪客体是指我国《刑法》所保护的，为犯罪行为所危害的社会关系。犯罪客体是行为构成犯罪的必备要件之一。一种行为如果没有或者不可能危害任何一种《刑法》所保护的社会关系，那就不可能构成犯罪。

社会关系涉及社会生活的各个领域，包括不同的层次。而被犯罪所侵害的、受我国《刑法》所保护的只是其中最重要的一部分。概括起来看，这部分社会关系包括国家主权、领土完整、人民民主专政制度，社会公共安全，社会主义经济基础，公民的人身权利、民主权利和其他权利，社会主义的社会秩序，公私财产的合法权利，国家国防利益等。而其他一些次要的社会关系，如同志关系、上下级关系、干群关系以及一般的民事、经济、行政关系等，均由其他法律、道德和社会规范所调整。

犯罪客体具有重要意义，它有助于认识犯罪的本质；有助于划分犯罪的类型，建立《刑法分则》的科学体系；有助于确定犯罪的性质，分清此罪与彼罪的界限；有助于评估犯罪行为的社会危害程度，正确地裁量刑罚。

## 二、犯罪客体的种类

按照犯罪行为所侵害的社会关系的范围，对犯罪客体作不同层次的概括，从而把犯罪客体划分为三类层次，即犯罪的一般客体、犯罪的同类客体、犯罪的直接客体。

犯罪的上述三类客体是三个不同的层次，它们之间是一般与特殊、共性与个性的关系。

### （一）犯罪的一般客体

犯罪的一般客体是指一切犯罪所共同侵犯的客体，即我国《刑法》所保护的社会主义社会关系的整体。我国《刑法》在第 2 条、第 13 条中对于《刑法》所保护的各类社会关系的规定是犯罪一般客体的主要内容。研究犯罪的一般客体，就是把《刑法》保护的所有社会关系作为一个整体来研究，揭示一切犯罪的共同属性，进而认识犯罪的阶级实质，认识犯罪的社会危害性，了解我国同犯罪作斗争的社会政治意义。犯罪的一般客体是《刑法》所保护客体的最高层次，反映了一切犯罪客体的共性，因此是研究一般犯罪特征的依据，也是研究其他层次犯罪客体的基础。

### （二）犯罪的同类客体

犯罪的同类客体是指某一类犯罪行为所共同侵犯的客体，即我国《刑法》所保护的社会主义社会关系的某一部分或者某一方面。犯罪同类客体的划分，是根据犯罪行为所危害的《刑法》所保护的社会关系的不同方面进行的科学分类。作为同类客体的社会关系，往往具有相同的或者相近的性质。如生命权、健康权、妇女的人身权利以及人格权、名誉权等，都与人身有不可分割的直接联系，属于人身权利的范畴，当这些权利受到杀人、伤害、强奸、侮辱、诽谤等犯罪危害时，人身权利就成了这些犯罪所危害的同类客体。我国《刑法分则》根据这一同类客体的原理将犯罪分为十大类。只有依据同类客体，才能对犯罪作科学的分类，建立严格的、科学的刑法分则体系，把多种多样的犯罪从性质和危害程度上互相区别开来，便于我们对犯罪进行了解、研究，掌握各类犯罪的基本特点。

我国《刑法分则》第三章“破坏社会主义市场经济秩序罪”和第六章“妨害社会管理秩序罪”这两章犯罪，在下面分别设有八节、九节犯罪。第三章各节犯罪的同类客体均是社会主义市场经济秩序，第六章各节犯罪的同类客体均是社会管理秩序。但是，这两章犯罪的每一节犯罪，在同类客体之外还有一个“次层次”的同类客体。如《刑法分则》第三章第四节“破坏金融秩序罪”,其“次层次”的同类客体即为金融秩序。

### (三) 犯罪的直接客体

犯罪的直接客体是指某一犯罪行为所直接侵犯的具体的社会主义社会关系,即我国《刑法》所保护的某种具体的社会关系。如故意杀人罪所直接危害的是他人的生命权利,故意伤害罪所直接危害的是他人的健康权利,这些受到故意杀人罪、故意伤害罪直接危害的社会关系就是这两种犯罪所危害的直接客体。犯罪的直接客体揭示了具体犯罪所危害社会关系的性质以及该犯罪的社会危害性的程度。研究犯罪的直接客体,对于区分各种具体犯罪的界限,在量刑中决定刑罚的轻重,都具有重要的意义。

犯罪现象是复杂的。多数犯罪行为只直接侵犯一种具体社会关系。如盗窃罪,直接侵犯的是公私财产权;故意杀人罪,直接侵犯的是他人的生命权利。但是,也有些犯罪行为直接侵犯两种以上的具体社会关系。这就使我们有必要根据犯罪行为所直接侵犯的具体社会关系的单复,将犯罪的直接客体划分为简单客体和复杂客体。

简单客体是指一种犯罪行为只直接侵犯一种具体的社会关系。

复杂客体是指犯罪行为直接侵犯两种以上的具体社会关系。如抢劫罪,不仅直接侵犯公私财产权,也直接侵犯他人的人身权利;绑架勒索罪,也同时直接侵犯他人的人身权利和财产权利。又如,《刑法》第 253 条规定的邮政人员侵犯通信自由,构成私自开拆、隐匿、毁弃邮件、电报罪,不仅直接侵犯了他人的通信自由,而且妨害了邮政部门的正常活动。在复杂客体中,各个客体有主有次,不能等量齐观。立法者正是根据主要客体来把某一犯罪列入有关类的犯罪中,如把抢劫罪列入侵犯财产罪中,把绑架勒索罪列入侵犯公民人身权利、民主权利罪中。所以,主要客体也就是立法者在制定某一具体犯罪构成时重点予以保护的社会关系。主要客体有助于我们正确认识某一犯罪的性质。次要客体是立法者在制定某一具体犯罪构成时也要同时予以保护的另一种具体社会关系。对于具有复杂客体的犯罪来说,除主要客体外,次要客体也是犯罪构成的必要要件,对于定罪量刑也有决定作用。以抢劫罪为例,如果某种行为只侵犯财产关系,而不侵犯他人的人身权利,那就不成其为抢劫罪,当然也就不能依据《刑法》第 253 条定罪量刑了。

## 实训练习

### 一、关键概念

犯罪客体

### 二、案例分析题

甲的私人轿车在维修点例行保养。乙是修理工,与甲有隙,于是偷偷剪短其刹车线。请问,乙的行为构成故意杀人罪还是破坏交通工具罪?

### 三、判断分析题

刑法上的犯罪客体就是指各种权益。 ( )

# 模块二　犯罪客体与犯罪对象运用实务

**教学重点**

本模块教学的重点是犯罪客体和犯罪对象的联系和区别。

**教学目标**

要求学生能够区别犯罪客体和犯罪对象的异同。

**活动设计**

理论部分：通过案例导入，引入犯罪客体和犯罪对象的概念，阐述犯罪客体的内容。

实训部分：掌握关键概念，分析经典案例，参与案例讨论，熟悉犯罪客体和犯罪对象的异同。

**案例导入**

某地发生一起凶杀案，地上躺着一具女尸，现场一片狼藉。请问，本案的犯罪客体和犯罪对象分别是什么？

**相关法律条文**

根据我国刑法理论，犯罪行为直接作用的具体人或者具体物是犯罪对象，犯罪对象折射的应当受到社会保护的合法权益是犯罪客体。具体到本案中，犯罪客体指的是人的生命权，犯罪对象指的是女尸。

**理论部分**

## 一、犯罪客体与犯罪对象

### (一) 犯罪对象的概念

犯罪对象是指《刑法分则》规定的犯罪行为直接作用的具体人或者具体物。

大多数具体的犯罪行为都直接作用于一定的标的，使之发生损毁灭失或归属、位置、状态、行为方式等的改变，使《刑法》所保护的社会关系受到危害，进而阻碍、影响社会的正常运行，对社会造成危害。人们对于某种行为是否构成犯罪的认定过程往往开始于对犯罪对象的感知，通过对其受犯罪作用情况的检验分析，进而认识其所代表的、受《刑法》保护的社会关系受危害的情况，确定该行为是否构成犯罪和构成犯罪的性质。从类型上看，犯罪对象包括物体和人体两种。物体是指货币、物品等一切具有价值、归属关系的东西，按其归属关系可以分为国家所有物、集体所有物、混合所有物、个人所有物；按其存在形态可以分为货币、实物、生产资料、生活资料、动产与不动产等。人体是指人的身体，受犯罪行为作用主要表现在其生命、健康、名誉、安宁等受到损害或者胁迫。

犯罪对象不同于犯罪所得之物、犯罪所用之物。犯罪所得之物是指犯罪人通过犯罪行为所取得的财产或者物品，即赃物，如受贿罪中受贿人收受的财物即为犯罪所得之物。犯罪所用之物是指犯罪人进行犯罪活动所使用的金钱或者物品。如进行走私犯罪所用来运输走私货物的汽车等交通工具等即是。

**（二）犯罪客体与犯罪对象的区别**

犯罪客体与犯罪对象是两个既有联系又有区别的概念。

犯罪客体与犯罪对象的联系在于：作为犯罪对象的具体物是作为犯罪客体的具体社会关系的物质表现；作为犯罪对象的具体人是作为犯罪客体的具体社会关系的承担者。通常来说，犯罪客体总是通过一定的犯罪对象表现它的存在，也即犯罪分子的行为就是通过犯罪对象即具体物或者具体人来侵害一定的社会关系的。

犯罪客体与犯罪对象的区别则主要表现在以下五个方面。

第一，犯罪客体决定犯罪性质，犯罪对象则未必。分析某一案件，单从犯罪对象去看是分不清犯罪性质的，只有通过犯罪对象所体现的社会关系即犯罪客体，才能确定某种行为构成什么罪。如同样是盗窃电线，某甲盗窃的是库房里备用的电线，某乙盗窃的是输电线路上正在使用中的电线，那么前者构成盗窃罪，后者则构成破坏电力设施罪，两者的区别就在于犯罪对象所体现的社会关系不同：一是侵犯公共财产所有权；一是危害公共安全。

第二，犯罪客体是任何犯罪构成的必要要件，犯罪对象则不是任何犯罪都不可缺少的，它仅仅是某些犯罪的必要要件。如《刑法》第 152 条的走私淫秽物品罪，其犯罪对象只能是具体描绘性行为或者露骨宣扬色情的淫秽性的书刊、影片、录像带、录音带、图片及其他淫秽物品，否则就不可能构成此罪。而偷越国（边）境罪，脱逃罪，违反国境卫生检疫规定罪，非法集会、游行、示威罪等，就很难说有什么犯罪对象了。但这些犯罪无疑都侵害了一定的社会关系，具有犯罪客体。

第三，任何犯罪都会使犯罪客体受到危害，而犯罪对象则不一定受到损害。如盗窃犯将他人的电视机盗走，侵犯了主人的财产权利，但作为犯罪对象的电视机本身则未必受到损害。而一般情况下，盗窃犯总是把窃来的东西好好保护，以供自用或者卖得高价。

第四，犯罪客体是犯罪分类的基础，犯罪对象则不是。由于犯罪客体是每一犯罪的必要要件，它的性质和范围是确定的，所以它可以成为犯罪分类的基础。我国《刑法分则》规定的十类犯罪正是主要以犯罪同类客体为标准进行划分的。如果按犯罪对象则无法进行分类。犯罪对象不是每一犯罪的必要要件，它在不同的犯罪中可以是相同的，如走私淫秽物品罪和制作、贩卖、传播淫秽物品罪，犯罪对象都是淫秽物品；在同一犯罪中它也可以是不同的，如盗窃罪，犯罪对象可以是各种各样的公私财物（如货币、衣物、珠宝等）。正因为犯罪对象在某些犯罪中具有不确定性质，加之少数犯罪甚至没有犯罪对象，所以它不能成为犯罪分类的基础。

第五，犯罪对象是具体的人或者物，因此可以凭借人的感觉器官来感知。犯罪客体则是生命权、财产权、公共安全等凭借人的思维才能认识的观念上的东西，两者具有具体与抽象的差别。

## 实训练习

### 一、关键概念

犯罪对象

### 二、判断分析题

1. 任何犯罪都会使犯罪客体受到损害，而犯罪对象则不一定受到损害。（ ）

2. 犯罪对象不一定受到侵害、犯罪对象未必能决定犯罪的性质是关于犯罪对象的正确表述。（ ）

3. 犯罪对象是指犯罪行为所直接作用的具体人或者物，一切犯罪行为都会侵害到具体的人或者物，所以一切犯罪都有犯罪对象。（ ）

### 三、案例分析题

文某在偷剪正在使用的军用、民用通讯电线六千多米，构成破坏通讯设施罪；李某盗窃仓库里堆放的军用、民用通讯电线六千多米，构成盗窃罪。请问，为什么文某和李某的行为性质相似，罪名却不同？

# 项目六　犯罪客观要件实务

## 模块一　犯罪客观要件的运用实务

**教学重点**

本模块教学的重点是犯罪客观要件的概念，不作为犯罪的构成条件。

**教学目标**

要求学生能够正确理解犯罪客观要件的概念，理解犯罪客观方面在认定犯罪中的重要地位。

**活动设计**

理论部分：通过案例导入，引出犯罪客观方面的理论。

实训部分：掌握关键概念，分析经典案例，参与案例讨论，熟悉犯罪客观方面的概念。

**案例导入**

甲与乙有仇，想置乙于死地。甲听说用针扎木制小人可以咒死仇人，于是依法炮制。请问，甲的行为构成犯罪吗？

**相关法律条文**

根据刑法理论，犯罪首先是人的行为，是有害于社会的行为。而甲属于迷信犯，不会对社会产生任何危害，不能作为犯罪处理。

**理论部分**

### 一、犯罪客观要件概述

#### （一）犯罪客观要件的概念

犯罪客观要件是指《刑法》规定的构成犯罪在客观活动方面所必须具备的条件。

它回答的是犯罪客体在什么条件下、通过什么样的行为受到侵害，并且造成了什么样的危害结果。

### (二) 犯罪客观要件的分类与内容

并不是与犯罪有关的一切客观事实都是犯罪客观要件，而是把那些最基本的、足以表明社会危害性质及其程度的客观事实，在《刑法》中规定为犯罪的客观要件。根据这些要件是否为犯罪构成所必须，可以分成两大类：一是必备要件，是指一切犯罪构成在客观方面都必须具备的要件，包括危害行为、危害结果，以及危害行为与危害结果之间的因果关系；二是选择要件，是指不是每一个犯罪在客观方面都必备的要件，而只是某些犯罪所必备的要件，如犯罪的特定时间、地点、特定方法(手段)等。例如，根据《刑法》第340条的规定，违反保护水产资源法规，在禁渔区、禁渔期或者使用禁用的工具、方法捕捞水产品，情节严重的，构成非法捕捞水产品罪。

### (三) 犯罪客观要件的意义

1. 犯罪客观方面是区分罪与非罪的重要依据

如果不具备犯罪客观方面的要件，就失去了构成犯罪和承担刑事责任的客观基础。对一切犯罪来说，危害行为的有无是决定犯罪成立与否的标志，无行为则无犯罪。因为仅有思想而没有将思想外化为行为，就不可能有社会危害性，自然不成立犯罪。对于某些犯罪来说，危害结果及特定的犯罪方法、时间、地点的有无也是区分罪与非罪的重要标准。如过失犯罪以具备特定危害结果为要件，如果没有发生法律所规定的危害结果，过失犯罪就不能认定。又如，捕捞水产品的行为若不是在禁渔区、禁渔期或者使用禁用的工具、方法实施的，就不成立《刑法》第340条的非法捕捞水产品罪。

2. 犯罪客观方面是区分此罪与彼罪以及犯罪完成与未完成形态的重要界限

我国《刑法》中的许多犯罪在犯罪客体、犯罪主体和犯罪主观方面的要件上往往是相同的，法律之所以把它们规定为不同的犯罪，主要就是基于犯罪客观方面的要件不同。如抢劫罪、盗窃罪、诈骗罪、抢夺罪等以非法占有为目的而侵犯财产的各种犯罪之间的区别就是如此。在成立犯罪的前提下，犯罪完成与未完成形态的标准也主要在于犯罪客观要件是否具备。又如，故意杀人罪的既遂与未遂的区分标准就在于是否发生被害人死亡的结果，受贿罪的既遂与未遂的区分标准就在于行为人是否收受了他人的财物。

3. 犯罪客观方面是认定和分析犯罪主观要件的重要根据

犯罪客观方面是犯罪主观方面的客观外化，主观上的犯罪意图只有通过客观上的危害行为才能实现。因此，要查清罪犯的主观方面必须认真分析其客观方面。通过考察罪犯实施的行为、行为所造成的结果以及行为实施的各种客观条件，才能正确地揭示出罪犯的心理态度。

4. 犯罪客观方面是量刑的重要根据

就不同的犯罪来讲，《刑法》对不同的犯罪规定了轻重不同的刑罚，主要是依据其客观方面的要件不同从而影响它们的社会危害性程度不同。就同一性质的犯罪来讲，犯罪客观方面对量刑的影响体现在以下两个方面：其一，从立法上看，《刑法》往往把是否具备某种危害结果作为某些犯罪是否加重处罚的根据；其二，从司法实践中看，同一种性质犯罪的不同案件，因为它们所实施的方式、手段以及时间、地点、条件、具体对象的不同而影响它们的社会危害性，从而导致刑罚的轻重不一。此外，故意犯罪的客观方面是否齐备是区分犯罪完成与未完成形态的标准，《刑法》对犯罪预备、犯罪未遂、犯罪中止和犯罪既遂分别规定了不同的量刑标准。

### 实训练习

**一、关键概念**

犯罪客观要件

**二、案例分析题**

1. 被告人甲驾驶单位汽车，在一转弯处不慎将正在系鞋带的乙撞倒，经医院抢救，鉴定结论为轻伤。请问，甲的行为是否构成交通肇事罪？

2. 被告人李某，男，22岁，原系某汽修厂工人。2009年6月2日李某在网上发现成某有非常便宜的二手轿车出售。于是成某约定李某某日凌晨在公园见面和交易，交易中李某发现该车的成色很新但是没有买车手续，于是压低价格以2万元买下了时值十多万的汽车。后李某因涉嫌犯罪被抓捕，但拒不承认购买的是赃车。请问，李某的行为应当如何认定？

3. 陈某与蒋某是某厂的职工。由于分房闹了矛盾。陈某对蒋某恨之入骨。陈某在车间扬言迟早要宰了蒋某。蒋某听说后深感恐惧，要求公安机关以意图杀人为由逮捕陈某，公安机关拒绝了蒋某的要求。请问，陈某的行为是否构成犯罪？蒋某应当怎么办？

## 模块二　危害行为和危害结果的运用实务

### 教学重点

本模块教学的重点是危害行为、危害结果的理论和分类。

### 教学目标

要求学生能够正确理解危害行为、危害结果的理论和分类。

### 活动设计

理论部分：通过案例导入，引出危害行为、危害结果的理论。

实训部分：掌握关键概念，分析经典案例，参与案例讨论，熟悉危害行为、危害结果的理论和分类。

### 案例导入

甲男和乙女谈朋友，后因感情不和甲男意欲分手，乙女威胁说：“你要分手，我就跳河死给你看！”甲男执意离去，乙女悲伤欲绝，纵身跳入河中，瞬间不见了踪影。甲男看了看，转身离去，后乙女被淹死。请问，甲男的行为构成犯罪吗？

**相关法律条文**

根据《刑法》第232条的规定，故意杀人的，构成故意杀人罪。甲男因先前行为负有救助的义务，却放任乙女死亡的危害结果发生，具有和积极作为同样的危害性，因而构成故意杀人罪。

**理论部分**

## 一、危害行为

我国《刑法》第13条明确指出，犯罪是依照法律应当受刑罚处罚的危害社会的行为。危害行为是我国《刑法》中犯罪客观方面首要的因素，是一切犯罪构成在客观方面都必须具备的要件。没有危害行为就没有犯罪构成，自然也无刑事责任可言。

### （一）危害行为的概念

危害行为是指基于人的意识实施的危害社会的行为。

### （二）危害行为的含义

根据上述定义，危害行为具有以下两个方面的含义。

1. 客观上，危害行为是人的危害社会的行为

第一，我国《刑法》不承认“思想犯罪”。单纯的思想如果不同人的行为联系起来，就不可能对社会产生实际的影响，不可能实际危害社会。只有人的行为才可能对社会产生实际的影响。“思想犯”不是罪犯，只是对有不法思想但并未付诸实施的人的一种特殊称谓。刑法不涉及行为的纯思维活动，也不对思想犯进行任何处罚。如有人在脑子里谋划实施犯罪，但没有付诸行动的就属于“思想犯”，而不能予以处罚。第二，我国《刑法》惩罚的行为，不是其他任何性质的行为，而是危害社会的行为。

2. 主观上，危害行为是表现人的意志和意识的行为

人的无意志和无意识的身体活动，即使客观上造成了损害，也不是刑法意义的危害行为，不能被认定为犯罪。

这类无意识和无意志的行为包括以下三个方面。

（1）人在睡梦中或者精神错乱状态下的举动。

（2）人在不可抗力作用下的举动。如消防队员在执行救火任务中，因唯一通道上的桥梁被水冲毁，未能及时赶到对岸起火的工厂灭火。这种未履行其职责的举动不能认为是犯罪。银行职员被捆绑，眼看现金被抢劫无法报警，该职员不负刑事责任。

（3）人在身体受外力强制下的举动。如甲潜入某高级研究所实验室盗窃，被工作人员乙发现，二人搏斗，乙因身单力薄，被甲猛力推倒在仪器上，乙的身体碰坏了十分贵重的仪器。乙对此不负刑事责任。

这三种情况，由于缺乏人的意识和意志因素，不能被认为是危害社会的行为。

但如果人在受到精神强制、威胁时实施危害社会的行为，除了符合紧急避险条件的属于合法行为以外，其他的都应当认为是犯罪。因为这时行为人的行为是受他的意志和意识支配的。

### (三) 危害行为的表现形式

刑法理论将《刑法》中的危害行为表现形式分为两种，即作为与不作为。

1. 作为

作为是指行为人积极实施《刑法》所禁止的危害社会的行为。

作为形式在犯罪中较多见，并且许多的犯罪只能表现为作为形式，如抢劫罪、贪污罪等。不能把作为等同于亲手实施的行为，作为除了包括犯罪人本人亲手实施的积极活动外，还包括其借助自然力(如风势、水势)、借助动物、借助不具备犯罪主体条件的他人(如儿童、精神病人)或者借助他人的过失行为来实施犯罪行为，这些情况仍应该被视为利用者本人实施了作为的犯罪行为。

2. 不作为

不作为是指行为人负有实施某种行为的特定法律义务，能够履行而不履行的危害行为。不作为违反的是《刑法》的命令性规范，即当为而不为。如负有扶养义务的行为人对不具有独立生活能力的人拒绝扶养，而情节恶劣的，就是一种典型的不作为。从犯罪构成的角度看，我国《刑法》中的由不作为的行为形式实现的犯罪有两种类型：一种是《刑法》明文规定只能由不作为构成的犯罪，在《刑法》上被称为纯正(真正)不作为犯，如遗弃罪等；一种是既可以由作为实现，也可以由不作为实现的犯罪，在《刑法》上被称为不纯正(真正)不作为犯，如故意杀人罪、决水罪等。

行为人负有实施某种行为的特定义务是不作为犯罪成立的前提条件。在不作为犯罪中，作为义务反映了不作为犯罪的基本犯罪事实和构成要素的本质特征。特定义务的来源包括以下四个方面。

第一，法律明文规定的义务。法律明文规定的义务不仅是指《刑法》明文规定的义务，而且是指由国家制定或者认可并由国家强制力保证其实施的一切行为规范的总和，包括宪法、法律、行政法规、条例、规章等。如根据《中华人民共和国婚姻法》的规定，父母对子女有抚养教育的义务，子女对父母有赡养扶助的义务。因此，行为人拒绝抚养、赡养的行为，可能构成不作为犯罪。

第二，职务或者业务上要求的义务。具有一定职务或者从事某种业务的人负有某种特定的义务。如值班医生负有抢救病人的职责，游泳场的救生员负有抢救落水人的义务，值勤消防队员负有灭火的义务。严格来讲，职务上或者业务上的义务亦属于法律明文规定的义务，因为这类义务一般都由各种法规、条例、规则所规定，其效力的根据仍在于法律的规定。但是，职务上或者业务上要求的行为的前提是担任相应的职务或者从事相应的业务，因此，与一般法律明文规定的义务相比，又有显著的不同。

第三，法律行为引起的义务。法律行为是指在法律上能够产生一定权利义务的行为。如果一定的法律行为产生某种特定的积极义务，行为人不履行该义务，从而使《刑法》所保护的社会关系受到侵害或者威胁，就可能成立不作为犯罪。如约定抚养他人婴儿的人对该婴儿负有抚养义务，如果不尽此种义务致使婴儿死亡的，就应承当相应的刑事责任。法律行为在实践中主要表现为合同行为,广义的包括自愿承担义务行为。

第四,先行行为引起的义务。这种义务是指由于行为人的某种行为使《刑法》所保护的某种社会关系处于危险状态时,行为人负有的排除危险或者防止危险结果发生的特定义务。如果行为人不履行这种义务,就是以不作为的形式实施的危害行为。如行为人驾驶汽车将行人撞伤,就负有将行人送往医院抢救的义务。

不作为成立犯罪除了存在特定的义务以外,还须具备下列两个条件。其一,行为人有履行特定义务的实际可能而未履行。法律不强人所难。如果行为人根本没有履行特定义务的能力,那就不可能成立不作为的犯罪。而在存在履行特定义务实际可能的情况下,行为人却未实施刑法规范所要求的作为,致使《刑法》所保护的社会关系受到侵犯,自然应负刑事责任。至于行为人能否履行义务,则应从行为当时行为人履行义务的主观能力与客观条件两方面进行判断。其二,行为人的不作为具有严重的社会危害性。严重的社会危害性是犯罪最基本的属性,是刑事违法性和应受惩罚性的基础。不作为之所以能成为与作为等价的行为,就在于它有严重的社会危害性。



## 二、危害结果

### (一)危害结果的概念

危害结果是指危害行为给《刑法》所保护的社会关系所造成的具体损害事实。

### (二)危害结果的特征

1. 因果性

危害结果是由危害行为造成的。不是危害行为造成的,就不是危害结果。但不是任何危害行为都必然造成危害结果。

2. 侵害性

危害结果是表明《刑法》所保护的社会关系遭受侵害的事实,因而是反映行为的社会危害性的事实。

3. 现实性

危害结果是危害行为已经实际造成的侵害事实。对于危害行为可能造成而还没有造成的所谓侵害"事实",不能被认为是危害结果。

4. 多样性

危害结果形形色色、多种多样。但不论表现形式如何,只要已经出现的事实是由危害行为造成的,并且说明危害行为对合法利益的侵害性,该事实就是危害结果。

### (三)危害结果的种类

1. 物质性危害结果和非物质性危害结果

根据危害结果的现象形态不同,分为物质性危害结果和非物质性危害结果。

物质性危害结果是指现象形态表现为物质性变化的危害结果,往往是有形的,可以具体认定和测量的。如致人死亡、致人伤害、毁损财物等。



非物质性危害结果是指现象形态表现为非物质性变化的危害结果,往往是无形的，不能或者难以具体认定和测量。如对人格的损害、名誉的毁损等。

2. 直接危害结果和间接危害结果

根据危害结果和危害行为的联系形式不同，分为直接危害结果和间接危害结果。

直接危害结果是危害行为直接造成的侵害事实，它与危害行为之间具有直接关系。如甲开枪击中乙的胸部，致乙死亡，乙的死亡便是甲的杀人行为的直接危害结果。

间接危害结果是由危害行为间接造成的侵害事实，在危害行为与间接危害结果之间存在独立的另一现象作为联系的中介。如甲开车将乙撞倒在公路上，乙被随之而来的另一车辆压死，乙的死亡是甲行为的间接危害结果；甲男强奸乙女后，乙女因羞愤而自杀身亡，乙的死亡是甲行为的间接危害结果。

3. 严重危害结果和非严重危害结果

根据危害结果的严重程度不同，分为严重危害结果和非严重危害结果。

严重危害结果通常是指致人重伤、死亡或者使公私财产遭受重大损失，以及使其他重大的合法权益遭受严重侵害。

非严重危害结果一般是指致人轻伤，使公私财产遭受较小损失以及使其他一般的合法权益遭受损害。

区分两者的意义在于，过失行为造成严重危害结果的，才构成犯罪；尚未造成严重危害结果的，则不成立犯罪。在故意犯罪中，危害结果是否严重往往影响法定刑是否升格，影响在同一法定刑内的量刑。

4. 属于犯罪构成要件的危害结果和不属于犯罪构成要件的危害结果

以危害结果是否属于具体犯罪构成要件要素为标准，分为属于犯罪构成要件的危害结果和不属于犯罪构成要件的危害结果。

属于犯罪构成的危害结果是指成立某一具体犯罪所必须具备的危害结果。如根据《刑法》第 397 条的规定，国家机关工作人员的滥用职权或者玩忽职守行为，只有造成了公共财产、国家与人民利益的重大损失，才构成滥用职权罪或者玩忽职守罪。“重大损失”就是属于构成要件的危害结果。

不属于犯罪构成要件的危害结果是指不是成立犯罪所必须的、构成要件之外的危害结果。这种危害结果是否发生以及轻重如何并不影响犯罪的成立，但影响量刑。如抢劫罪的成立并不要求发生致人重伤、死亡的结果。

## 实训练习

**一、关键概念**

危害行为　危害结果

**二、案例分析题**

1. 甲男和乙女谈朋友，后来关系恶化。某日，乙女约见甲男，威胁甲男若不娶自己为妻她就立马从桥上跳下去死掉。甲男不以为然。后乙女悲愤难忍，纵身一跃，一会儿不见了踪影。甲男看看后独自离开，后乙女被淹死。请问，甲男的行为是否构成犯罪？

2. 护士李某见自己的仇人王某来医院就诊打点滴，趁其睡着之机，故意不及时换下空瓶，致使空气进入王某的体内。请问，李某的行为应当如何认定？

3. 王某的父亲喜欢喝酒，经常喝得酩酊大醉。王某对此非常不满。有一天，王父喝了酒回家，王某与其父争吵起来，并说一起去找村长。刚出家门，王父突然返回家中，出来后声称自己喝了毒药，说完倒在地上，王某认为其父在吓唬他，无动于衷，群众劝他送医院，他说没钱，不送。直到公安人员赶来，王某才送其父去医院。王父于送医途中身亡。请问，王某的行为是否构成犯罪？

## 模块三　刑法上的因果关系的运用实务

### 教学重点

本模块教学的重点是刑法上因果关系的理论和分类。

### 教学目标

要求学生能够正确理解因果关系的理论，能熟练应用、解决问题。

### 活动设计

理论部分：通过案例导入，引出刑法上因果关系的理论。

实训部分：掌握关键概念，分析经典案例，参与案例讨论，熟悉刑法上因果关系的理论。

### 案例导入

甲向其妻乙提出离婚，乙不同意。某日，甲与乙发生争吵并扭打起来，被人劝开后，乙当着甲的面服下慢性毒药，甲看见后不理不睬，当晚外出看电影至深夜12点，又到附近小餐馆喝酒，回家后到另一屋睡觉。到次日上午，乙终于因毒力发作死亡。请问，甲的行为构成犯罪吗？

### 相关法律条文

根据《刑法》第232条的规定，故意杀人的，构成故意杀人罪。甲的见死不救的不作为具有和故意杀人的作为同样的社会危害性，因而构成故意杀人罪。

### 理论部分

### 一、刑法的因果关系的概念





刑法的因果关系是指人的危害社会的行为与危害结果之间存在的引起与被引起

的关系。

我国《刑法》的罪责自负要求：一个人只能对自己行为所造成的危害结果负责任。因此，当危害结果发生时，要使某人对该结果负责，就必须查明他所实施的危害行为与该结果是否具有因果关系。这种因果关系是在危害结果发生时使行为人负刑事责任的必要条件。

在实践中，对于危害行为与危害结果之间的因果关系通常并不难确定。如甲开枪击中乙的要害部位，乙当场死亡，甲的行为和乙死亡之间的因果关系显而易见。但在某些案件中，由于犯罪情况特殊、复杂或者罪犯有意制造混乱和假象，查明因果关系就必须依靠科学的分析和论证，有时还要借助科学技术鉴定的手段。

## 二、在解决刑法因果关系问题上应当注意的问题

### (一) 因果关系的客观性

因果关系是客观存在的，因此必须从实际出发客观地加以判断和认定。如在公共汽车上，一位老人批评两个青年不遵守秩序，两青年便侮辱、漫骂这位老人，致使老人心脏病突发而当场死亡。这个案例中，老人犯病死亡的结果是由两青年的侮辱行为引起的，两者之间有因果关系。

### (二) 因果关系的相对性

在某一对现象中作为原因的，其本身又可以是另一现象的结果。需要把具体案件的原因和结果从普遍联系的整个链条中抽出来。

### (三) 因果关系的时间序列性

危害结果不能在危害行为之前发生。如甲把乙打倒在地致使乙不省人事，后来丙路过，看到仇人乙躺在地上，以为他昏过去了，便用尖刀扎乙。后查明，丙在用刀扎乙时，乙实际上已经死亡了。由于丙的杀害行为是在乙死亡结果之后实施的，因而两者之间不可能有因果关系。当然，先于危害结果出现的危害行为，也不一定就是该结果的原因；在结果之前的行为只有引起和决定结果发生的作用，才能证明是结果发生的原因。

### (四) 因果关系的条件性和具体性

任何刑事案件的因果关系都是具体的、有条件的。如甲、乙二人在打篮球中发生争执，甲一气之下朝乙的腹部打了一拳，乙当时倒地疼痛难忍，甲与他人急送乙去几十里外的医院，乙中途死亡。尸体解剖发现乙患先天性脾脏过大，这种脾脏在遭外力打击时极易破裂。医生还说，若抢救及时，也可以得救。

### (五) 因果关系的复杂性

因果关系的复杂性是指一因多果，或者一果多因，或者多因多果。如放火烧了房屋，烧伤多人；针对被烧坏的房屋而言，放火是原因；针对多人被烧伤的结果而言，着火的房屋是原因。

### (六) 因果关系的必然联系与偶然联系

偶然因果关系是指一种因果关系在发展过程中与另一因果关系纠合在一起而产

生另一结果，这种结果尽管不是前一种行为所必然导致的，而是可能发生或者可能不发生，可能这样发生也可能那样发生的，但是终于这样发生了。如王某持刀追杀李某，李某不顾一切往前跑时，在过十字路口时被前面一辆正常行驶的卡车撞死。

**（七）关于不作为犯罪的因果关系问题**

不作为的原因在于应该阻止而没有阻止事物向危险方向发展，以至于引起了危害结果的发生。不作为犯罪的因果关系的前提是行为人负有特定义务。如铁路扳道工不按时扳道岔而引起列车出轨或者相撞，由于保育员的疏忽大意致使孩子从楼上掉下去。

**（八）刑法因果关系与刑事责任**

我国《刑法》中的犯罪构成是主客观诸要件的统一，具备犯罪构成才能追究刑事责任。解决了《刑法》上的因果关系，只是确立了行为人对特定危害结果负刑事责任的客观基础，不等于行为人的行为已构成犯罪。即使具备因果关系，如果行为人缺乏故意或者过失，仍不能构成犯罪，使其负刑事责任。



## 三、刑法的其他客观要件

刑法的其他客观要件是指犯罪特定的时间、地点和方法（手段）等因素。

任何犯罪都是在一定时间、地点并采取一定的方法实施的。对于多数犯罪来说，犯罪的时间、地点和方法并不是犯罪构成的要件，不影响犯罪的成立，如杀人罪。但是，在法律把特定的时间、地点和方法明文规定为某些犯罪构成必备的要件时，这些因素就具有犯罪构成必备要件的意义。如《刑法》第 340 条、第 341 条规定的非法捕捞水产品罪和非法狩猎罪。《刑法》第 257 条规定的暴力干涉他人婚姻自由罪，是否使用暴力干涉，成为区分罪与非罪的标志。

对大多数犯罪来说，犯罪的时间、地点、方法等因素不是犯罪构成的要件，但这些因素往往影响犯罪行为本身社会危害程度的大小，因而考察他们对量刑也有重要意义。如在公共场合、要害部门杀人产生的社会危害性显然比在偏僻地方更大。

## 实训练习

**一、关键概念**

刑法上的因果关系

**二、案例分析题**

1. 马某，男，39 周岁。1997 年 11 月 20 日，李某在背后说马某的坏话，马某知道后找李某讲理，李某不但不认错，反而倚仗自己身强力壮，打了马某。马某对李某怀恨在心。一天，马某见李某 10 周岁的女儿在路边玩，想借机报复但怕自己打伤人犯法，便去诱骗和怂恿旁边的精神病人钱某去打李某的女儿。钱某在诱使下拿起棍子对准李某女儿的小腿狠劲打去，不料将其大动脉血管打断，流血不止。群众忙上前救助，等送到医院时，小女孩因流血过多，抢救无效身亡。李某为此向公安机关控告马某和钱某。公安机关经鉴定认为钱某是精神病人,遂将其释放,也没有追究马某的刑事责任。请问,马某的行为是否构成犯罪?

2. 被告人高某,男,24周岁,某市建筑工人。高某将所骑的摩托车停放在本市城区中山南路民用电器贸易中心门前的便道上。此时恰逢三轮车工人康某为该贸易中心拉货至门前。康某认为摩托车"碍事",欲将车挪开。高某不让动。争执中,摩托车被碰倒,高某便用右手打了康某左胸一拳。康某仰面摔倒在马路沿儿下,当即"伸胳膊,蹬腿,张嘴"。在群众的协助下,高某将康某送往医院,经抢救无效死亡。尸体检验报告称:(1) 死者康某患有高度血管粥样硬化,形成夹层动脉瘤,因瘤破裂,引起大出血,心包填塞死亡;(2) 死者胸部左侧有皮内出血,符合被拳击伤的情况,此一拳可使夹层动脉瘤破裂。请问,被告人高某的行为是否构成犯罪?

# 项目七　犯罪主体要件实务

## 模块一　犯罪主体要件运用实务

**教学重点**

本模块教学的重点是犯罪主体的概念。

**教学目标**

要求学生能够掌握《刑法》对犯罪主体的规定。

**活动设计**

理论部分：通过案例导入，引出犯罪主体的理论。

实训部分：掌握关键概念，分析经典案例，参与案例讨论，熟悉犯罪主体的概念。

**案例导入**

甲已满 14 周岁不满 16 周岁，参与运送他人偷越边境，造成被运送人死亡。请问，是否应当追究甲的刑事责任？

**相关法律条文**

根据《刑法》第 17 条第 2 款的规定，已满 14 周岁不满 16 周岁的人，只对 8 种故意犯罪承担刑事责任。甲是运送他人偷越边境过失致人死亡的行为，因而不承担刑事责任。

**理论部分**

### 一、概念

犯罪主体是指实施危害社会的行为并且依法应当承担刑事责任的人。犯罪主体要件是指《刑法》规定的、实施犯罪行为的主体本身必须具备的条件。这是两个不同的概念，只是实施犯罪和承担刑事责任者的人身特征才是犯罪主体要件。

由于犯罪主体要件是《刑法》明文规定的，所以认定犯罪时，不能任意增减主体要件。《刑法总则》规定了犯罪主体的一般要件，如《刑法》第 17 条对犯罪主体的年龄条件(刑事责任年龄)作了规定,第18条对辨认控制能力(刑事责任能力)作了规定;《刑法分则》的部分条文规定了犯罪主体的特殊要件,如有的条文规定犯罪主体必须是国家机关工作人员,有的条文规定犯罪主体必须是现役军人等。犯罪主体要件是实施犯罪行为的人本身必须具备的条件,包含人的自然属性(如年龄、性别等)与社会属性(身份、单位的性质等)的条件。

根据《刑法》的规定,犯罪主体分为两类,即自然人犯罪主体与单位犯罪主体,因此,犯罪主体要件也相应地分为自然人犯罪主体要件与单位犯罪主体要件。自然人犯罪主体又分为两种情况:一般犯罪主体与特殊犯罪主体;单位犯罪主体也可以分为两种情况:无特别限定的企业、事业单位、机关、团体与特定的企业、事业单位、机关、团体。

## 二、犯罪主体要件的意义

### (一) 犯罪主体要件对于定罪量刑具有重要意义

如《刑法》第229条规定的提供虚假证明文件罪的主体,必须是承担资产评估、验资、验证、会计、审计和法律服务等职责的中介组织的人员,如果不是上述人员,就不能单独成立本罪。

### (二) 犯罪主体要件对于区分此罪与彼罪具有重要意义

实施同样的危害行为,由于身份不同,罪质就各异。如同样是购买假币的客观行为,一般公民构成购买假币罪;而银行或者其他金融机构工作人员购买伪造的货币,则构成金融机构工作人员购买伪造的假币罪。

### (三) 犯罪主体要件的个案差异在量刑时有一定的影响作用

如已满14周岁不满18周岁的人犯罪,应当从轻或者减轻处罚;而尚未完全丧失辨认控制能力的精神病人,则可以从轻或者减轻处罚。

## 实训练习

### 一、关键概念

犯罪主体要件

### 二、案例分析题

1. 1999年4月12日中午,刘某在朋友家喝酒,与同伴张某发生争执。后张某出去了,刘某十分生气扬言要用枪崩了张某。于是刘某回家拿了一支猎枪,看见张某在街上正与人说话,便边走边骂。恰遇李大爷路过,说了刘某几句,刘某声称:"多管闲事,我崩了你。"随即举枪射击,李大爷被击中倒地,张某上前扶李大爷时也被击中一枪。李大爷死亡,张某受重伤致残。有人说刘某是醉酒伤人,不负刑事责任。请问,刘某应当负刑事责任吗?

2. 某事业单位职能部门的财务机构,为增加部门收入,开会决定私设小金库,年终分红每人私下分配达两万多元。请问,单位的分支机构或者职能部门的违法行为也能够构成犯罪吗?

# 模块二　自然人犯罪主体要件的运用实务

**教学重点**

本模块教学的重点是自然人犯罪主体要件的概念。

**教学目标**

要求学生能够掌握《刑法》对自然人犯罪主体要件的规定。

**活动设计**

理论部分：通过案例导入，引出自然人犯罪主体要件的理论。

实训部分：掌握关键概念，分析经典案例，参与案例讨论，熟悉自然人犯罪主体要件的概念。

**案例导入**

叶某，男，1989年2月13日生，小学六年级学生。2003年2月13日，叶某晚上在与同学唐某玩耍时发生冲突，叶某趁唐某不注意掏出随身携带的水果刀朝其刺去，唐某当场死亡，叶某被抓获归案。司法机关认为，叶某在14周岁生日当天杀人，与不满14周岁的人相比，其刑事责任能力无本质区别，且其杀人手段残忍。请问，是否应当追究叶某的刑事责任？

**相关法律条文**

我国《刑法》第17条规定："已满16周岁的人犯罪，应当负刑事责任。

已满14周岁不满16周岁的人，犯故意杀人、故意伤害致人重伤或者死亡、强奸、抢劫、贩卖毒品、放火、爆炸、投毒罪的，应当负刑事责任。

已满14周岁不满18周岁的人犯罪，应当从轻或者减轻处罚。

因不满16周岁不予刑事处罚的，责令他的家长或者监护人加以管教；在必要的时候，也可以由政府收容教养。"

本案中叶某生日当天还不满14周岁，按照《刑法》的相关规定，不承担刑事责任。

**理论部分**

## 一、刑事责任能力

刑事责任能力是指行为人构成犯罪和承担刑事责任所具备的刑法意义上辨认和

控制自己行为的能力。辨认能力是指行为人具备对自己的行为在《刑法》上的意义、性质、后果的分辨认识能力。控制能力是指行为人具备决定自己是否以行为触犯《刑法》的能力。达到一定年龄而精神正常的人，都有能力认识自己若杀人、放火是要为《刑法》所禁止和制裁的，都有能力选择和决定自己是否实施这些触犯刑法的行为。

## 二、与刑事责任能力有关的因素

决定人有无刑事责任能力的因素包括人的年龄情况、精神状况和重要的生理功能状况等。

### （一）年龄因素

我国《刑法》对刑事责任年龄采取了三分法。

(1) 不满 14 周岁属于完全不负刑事责任年龄阶段。处于幼年时期的人，还不具备辨认和控制自己行为的能力，对不满 14 周岁的人所实施的危害社会的行为，概不追究刑事责任；必要时可依法责令其家长或者监护人加以管教，也可以根据需要对接近 14 周岁的人由政府收容教养。

(2) 已满 14 周岁不满 16 周岁属于相对负刑事责任年龄阶段。达到这个年龄阶段的人，已经具备了一定的辨别大是大非和控制自己重大行为的能力，因此要求他们对自己实施的严重危害社会的行为即"故意杀人、故意伤害致人重伤或者死亡、强奸、抢劫、贩卖毒品、放火、爆炸、投毒罪"负刑事责任。

《刑法》规定的已满 14 周岁，是指实足年龄，一律按照公历的年月日计算。1 周岁以 12 个月计，每满 12 个月即满 1 周岁。每满 12 个月即满 1 周岁应以日计算，即过了 14 周岁生日，从第二天起，才认为已满 14 周岁。

(3) 已满 16 周岁属于完全负刑事责任年龄阶段。对一切犯罪行为负刑事责任。

未成年犯罪应当从轻或者减轻处罚，因为未成年人虽有一定的辨认和控制自己行为的能力，但毕竟还未成年，思想还没有完全成熟，容易接受外界的不良影响，但可塑性很强，容易教育和改造。

### （二）精神障碍

人即使达到负刑事责任的年龄，如果存在精神障碍，可能影响其责任能力。

刑事责任能力会因患精神病而丧失或者减轻。这里的"精神病"是指由于精神障碍而导致的精神异常状态。我国《刑法》对精神病人的责任能力采用三分法，即分为以下三种情形。

1. 完全无刑事责任的精神病人

我国《刑法》第 18 条第 1 款规定："精神病人在不能辨认或者不能控制自己行为的时候造成危害结果，经法定程序鉴定确认的，不负刑事责任，但是应当责令他的家属或者监护人严加看管和医疗；在必要的时候，由政府强制医疗。"根据这一规定，认定精神障碍者为无责任能力，必须同时具备两个以下标准。

(1) 医学标准。

医学标准亦称生物学标准，简言之即实施危害行为者是精神病人，确切地讲，是指从医学上看,行为人是基于精神病理的作用而实施特定危害社会行为的精神病人。

(2) 心理学标准。

心理学标准亦称法学标准,是指从心理学、法学的角度看,患有精神病的行为人的危害行为,不但是由其精神病理机制直接引起的,而且由于精神病理的作用,使其行为时丧失了辨认或者控制自己触犯《刑法》之行为的能力。

2. 完全负刑事责任的精神障碍人

根据我国《刑法》第 18 条的规定和有关的司法精神病鉴定实践及司法实践经验,责任能力完备而应完全负刑事责任的精神障碍人包括以下两类。

(1) 精神正常时期的"间歇性精神病人"。

我国《刑法》第 18 条第 2 款规定:"间歇性的精神病人在精神正常的时候犯罪,应当负刑事责任。"我国司法精神病学一般认为,《刑法》中所说的"间歇性精神病",是指具有间歇发作特点的精神病,包括精神分裂症、躁狂症、抑郁症、癫痫性精神病、周期精神病、分裂情感性精神病、癔症性精神病等。所谓"间歇性精神病人的精神正常时期",包括上述某些精神病(如癫痫性精神病)的非发病期。"间歇性精神病人"在精神正常的时候实施《刑法》所禁止的危害行为的,其辨认和控制自己行为的能力即责任能力完全具备,不符合无责任能力和限制能力所要求的心理学(法学)标准,因而法律要求行为人对其危害行为依法负完全的刑事责任。

(2) 大多数非精神病性精神障碍人。

按照我国司法精神病学的理论,非精神病性精神障碍的主要种类有:① 各种类型的神经官能症,包括癔症、神经衰弱、焦虑症、疑病症、强迫症、恐惧症、神经症性抑郁、人体解体性神经症等,但癔症性精神错乱除外;② 各种人格障碍式变态人格(包括器质性人格障碍);③ 性变态,包括同性恋、露阴癖、窥淫癖、恋物癖、恋童癖、性虐待癖等;④ 情绪反应(未达到精神病程度的反应性精神障碍);⑤ 未达到精神病程度的成瘾药物中毒与戒断反应;⑥ 轻躁狂与轻性抑郁症;⑦ 生理性醉酒与单纯慢性酒精中毒;⑧ 脑震荡后遗症、癫痫性心境恶劣以及其他未达到精神病程度的精神疾患;⑨ 轻微精神发育不全等等。非精神病性精神障碍人,大多数并不因精神障碍使其辨认或者控制自己行为的能力丧失或者减弱,而是具有完备的责任能力。因而不能对其行为不负刑事责任,也不能对其行为负减轻的刑事责任,而应在原则上令行为人对其危害行为依法负完全的刑事责任。但在少数情况下,非精神病性精神障碍人也可成为限制责任能力人甚至无责任能力人,从而影响到减轻刑罚或者不负刑事责任。

3. 限制刑事责任的精神障碍人

限制刑事责任的精神障碍人又称减轻(部分)刑事责任的精神障碍人,是介乎无刑事责任的精神病人与完全刑事责任的精神障碍人中间状态的精神障碍人。我国《刑法》第 18 条第 3 款规定:"尚未完全丧失辨认或者控制自己行为能力的精神病人犯罪的,应当负刑事责任,但是可以从轻或者减轻处罚。"这里的"精神病人"应作广义的理解,一般包括以下两类:一是处于早期(发作前趋期)或者部分缓解期的精神病(如精神分裂症等)患者,这种患者精神病理机制的作用使其辨认或者控制行为的能力有所减弱;二是某些非精神病性精神障碍人,包括轻度至中度的精神发育迟滞(不全)者,脑部器质性病变(如脑炎、脑外伤)或者精神病(如精神分裂症、癫痫症)后遗症所引起的人格变态者,神经官能症中少数严重的强迫症和癔症患者等。

**(三) 聋哑、失明**

又聋又哑的人或者盲人犯罪,可以从轻、减轻或者免除处罚。人可能由于重要的生理功能的丧失而影响其学习知识和开发智力,并因而影响其刑法意义上的辨认和控制行为能力的不完备。

**(四) 醉酒人的刑事责任问题**

《刑法》18 条第 4 款规定:“醉酒的人犯罪,应当负刑事责任。”

醉酒一般分生理性醉酒和病理上醉酒。病理性醉酒是精神病的一种,可以成为行为人不负刑事责任的理由。但生理上醉酒人实施的危害行为应负刑事责任,因为:第一,医学证明,生理性醉酒人的辨认能力和控制能力只是有所减弱,但并未完全丧失;第二,生理性醉酒人在醉酒后可能实施危害行为应当预见到,甚至有所预见,故在醉酒状态后实施危害行为时具备故意或者过失的主观要件;第三,醉酒是人为的,完全可以戒除;第四,日常生活中,醉酒的人较多,如对其不追究刑事责任,不利于社会风气的改善和维护社会秩序,甚至有的人会借酒进行违法犯罪,给社会造成危害。



## 实训练习

**一、关键概念**

犯罪主体　刑事责任年龄

**二、案例分析题**

1. 张某盗窃作案的时间是 2011 年 10 月 9 日。原籍公安机关提供的身份证明上,他的出生日期为 1995 年 10 月 6 日。但他的父亲却说,身份证明上的生日是农历,儿子的公历生日应该是 1995 年的 11 月 17 日。请问,本案应当如何处理?

2. 樊某因母亲病故,精神受到很大的刺激。2003 年 2 月 2 日晚,樊某两次自杀未遂后,怀疑妻子与王某有不正当关系,产生了杀害妻子与王某的念头,遂拿起铁锅盖,将妻子砸伤。然后从家中拿上斧头窜至王某家,砸坏王某住的西窑窗户,并持砖头与王某互相对砸。王某欲跑出窑门时,樊某用斧头朝王某的头部、身上乱砍数下。王某挣扎着跑到樊某母亲住的中窑门前,樊某上前又朝王某的左腿上猛砍一斧,最终将王某砍死。作案后,樊某又去跳沟自杀未遂。请问,本案应当如何处理?

# 模块三　单位犯罪主体要件的运用实务

**教学重点**

本模块教学的重点是单位犯罪主体要件的概念。

## 教学目标

要求学生能够掌握《刑法》对单位犯罪主体要件的规定。

## 活动设计

理论部分：通过案例导入，引出单位犯罪主体要件的理论。

实训部分：掌握关键概念，分析经典案例，参与案例讨论，熟悉单位犯罪主体要件的概念和特征。

## 案例导入

不具有法人资格的私营企业，实施了融资借贷行为。请问，能否追究该私营企业的刑事责任？

## 相关法律条文

根据《最高人民法院关于审理单位犯罪案件具体应用法律有关问题的解释》第1条的规定，独资、私营企业只有具备法人资格才可以成为单位犯罪的主体。所以，不具有法人资格的私营企业不能成为单位犯罪的主体。



## 理论部分

### 一、单位犯罪的概念

单位犯罪是相对于自然人犯罪而言的一个范畴。

《刑法》第30条规定："公司、企业、事业单位、机关、团体实施的危害社会的行为，法律规定为单位犯罪的，应当负刑事责任。"

单位犯罪是指由公司、企业、事业单位、机关、团体为本单位谋取非法利益，经单位集体研究决定或者主要负责人员决定，由单位直接责任人员具体实施的犯罪。

### 二、单位犯罪的特征

(1) 单位犯罪是公司、企业、事业单位、机关、团体犯罪，是单位作为一个整体犯罪的，而不是单位的各个成员的犯罪之和。

(2) 单位犯罪是经单位集体研究决定或者主要负责人员决定，由单位直接责任人员具体实施的犯罪。

(3) 单位犯罪一般是出于为本单位谋取非法利益。有些单位犯罪不是为本单位谋取利益，《刑法》通常只规定处罚直接责任人员，不再处罚单位。

### 三、单位犯罪的处罚原则



《刑法》第31条规定："单位犯罪的，对单位判处罚金，并对其直接负责的主管人员和其他直接责任人员判处刑罚。本法分则和其他法律另有规定的，依照规定。”

这是我国《刑法》关于单位犯罪的一般处罚原则，即采取双罚原则，对单位判处罚金，同时对单位直接负责的主管人员和其他直接责任人员判处刑罚。

但是，当《刑法分则》条文另有规定不采取双罚制而采取单罚制的，则属例外情况。如《刑法》第162条规定的妨害清算罪，就只能处罚其直接责任人员。如果涉嫌犯罪的单位已经被撤销、注销或者吊销、破产的，则不再追究单位的责任，只追究直接负责的主管人员和其他直接责任人员。

## 实训练习

**一、关键概念**

单位犯罪主体要件

**二、案例分析题**

1. 张某成立了一个咨询公司，以公司名义对外招摇撞骗，涉嫌构成多种犯罪。请问，本案中的咨询公司能够构成单位犯罪吗？

2. 某公司董事长及总经理组织员工对前来征税的税务工作人员使用暴力，拒不交纳税款。请问，该单位的行为是否构成犯罪？

# 项目八　犯罪主观要件实务

## 模块一　犯罪主观要件的运用实务

**教学重点**

本模块教学的重点是犯罪主观要件的概念。

**教学目标**

要求学生能够正确理解犯罪主观要件的概念，能够熟练地掌握并运用犯罪理论。

**活动设计**

理论部分：通过案例导入，引出法律条文，阐述犯罪主观要件的理论。

实训部分：掌握关键概念和特征，分析经典案例，参与案例讨论，熟悉犯罪主观要件、犯罪故意、犯罪过失的概念。

**案例导入**

月黑风高，阴雨连绵。甲驾驶汽车行驶在封闭的高速公路上，突然感觉车子颤动了一下，后来才知道，在高速行驶的路面上，居然有一个瘦小的乞丐用草袋盖住自己睡觉。甲没有发觉，开车压死了他。请问，是否要追究甲的刑事责任？

**相关法律条文**

我国《刑法》第16条规定："行为在客观上虽然造成了损害结果，但是不是出于故意或者过失，而是由于不能抗拒或者不能预见的原因所引起的，不是犯罪。"本案中，甲的行为是无过错行为，既无故意，也无过失，所以不应当承担刑事责任。

**理论部分**

### 一、犯罪主观要件的概念

犯罪主观要件是指《刑法》规定成立犯罪必须具备的，犯罪主体对其实施的危害行为及其结果所持的心理态度。犯罪主观要件的基本内容是故意与过失，此外还有犯罪目的和动机。

## 二、犯罪主观要件的特征

（1）犯罪主观要件是《刑法》规定的要素，《刑法总则》明确规定了故意与过失两种心理态度。

（2）犯罪主观要件的内容是心理态度，由认识因素和意志因素构成。

（3）犯罪主观要件说明行为人主观恶性，是应当受到谴责的心理态度。

（4）犯罪主观要件是所有的犯罪必须具备的要件，不能客观归罪。

## 三、犯罪主观要件的意义

（1）犯罪主观要件是区分罪与非罪的标准之一。

（2）犯罪主观要件是区分此罪与彼罪的标准之一。

（3）犯罪主观要件对区分罪数、量刑都有重要影响。

## 实训练习

**一、关键概念**

犯罪主观要件

**二、案例分析题**

某医院妇产科护士甲值夜班时，一新生婴儿啼哭不止，甲为了止住其哭闹，将仰卧的婴儿翻转成俯卧，并将棉被盖住婴儿头部。半小时后，甲再查看时，发现该婴儿已无呼吸，该婴儿经抢救无效死亡。经医疗事故鉴定委员会鉴定，该婴儿系俯卧使口、鼻受压迫，窒息而亡。请问，甲对婴儿的死亡结果有无主观罪过？

# 模块二　犯罪故意的运用实务

**教学重点**

本模块教学的重点是犯罪故意的概念。

**教学目标**

要求学生能够正确理解犯罪故意的概念，熟练地掌握并运用犯罪故意的理论。

**活动设计**

理论部分：通过案例导入，引出法律条文，阐述犯罪故意的理论。

实训部分：掌握关键概念和特征，分析经典案例，参与案例讨论，熟悉犯罪故意的概念。

**案例导入**

黄某意图杀死张某，当其得知张某当晚在单位值班室值班时，即放火将值班室烧毁，其结果却是将顶替张某值班的李某烧死。请问，黄某对李某的死亡应当认定为什么犯罪故意？

**相关法律条文**

我国《刑法》第14条规定："明知自己的行为会发生危害社会的结果，并且希望或者放任这种结果发生，因而构成犯罪的是故意犯罪。故意犯罪，应当负刑事责任。"尽管黄某的意图是杀害张某，是积极追求张某死亡结果的发生，而不是积极追求李某的死亡，但是由于黄某没有采取积极措施，排除有人被烧死的结果的发生，所以张某对李某的死亡所持的心态是间接故意。

## 一、犯罪故意

犯罪故意是指明知自己的行为会发生危害社会的结果，并且希望或者放任这种结果发生的一种心理态度。

犯罪故意包括两项内容：一是意识因素方面，即行为人明知自己的行为会发生危害社会的结果；二是意志因素方面，即行为人希望或者放任这种危害结果的发生。

根据犯罪故意的意志因素的不同，可将犯罪故意区分为直接故意和间接故意。

### （一）直接故意

直接故意是指行为人明知自己的行为必然或者可能发生危害社会的结果，并且希望这种结果发生的心理态度。如甲想杀乙，用枪顶在乙的脑袋上射击，他明知这种行为必然致乙死亡，并且追求乙死亡后果的发生，甲的心理态度即为直接故意；小丁想枪杀某人，但只能于晚上趁某人回家途中隔小河射击，由于光线不好，距离较远，小丁的射击技术又不太好，因此，他对能否射杀某人没有把握，但他不愿放过这个机会，希望能杀死某人，并在这种心理的支配下实施了射杀行为。

### （二）间接故意

间接故意是指行为人明知自己的行为可能会发生危害社会的结果，并且放任这种结果发生的心理态度。"放任"，不是希望，不是积极的追求，而是行为人在明知自己的行为可能发生特定危害结果的情况下，为了达到自己的既定目的，仍然决意实施这种行为，对阻碍危害结果发生的障碍不去排除，也不设法阻止危害结果的发生，而是听之任之，任由危害结果的发生。换句话说，间接故意的放任心理就是有意听任危害结果的发生，发生了危害结果也并不违背行为人的意志。

实践中，间接故意通常存在以下三种情况。

（1）为实现某一个犯罪意图而放任另一个危害结果的发生。如丈夫为了杀妻，在妻子碗里投放毒药，明知妻子会喂孩子吃饭，由于杀妻心切而放任孩子的死亡。

（2）为实现某一个非犯罪意图而放任危害结果的发生。如猎人为了击中猎物，对正在猎物旁边割草的小孩可能被击中的结果不管不顾，结果却击中小孩。

(3) 并非明确追求具体结果，而是在瞬间的情绪冲动中不计后果地实施危害行为，放任危害结果的发生。如在打架斗殴或者械斗中，一方利用利器将另一方砍伤的情形。

应当指出，虽然在理论上把故意分为直接故意和间接故意两种形式，但是在判决书上，不需要分别判定间接故意犯罪和直接故意犯罪，而是统称为故意犯罪就可以了。

## 实训练习

**一、关键概念**

犯罪故意

**二、案例分析题**

1. 甲贩运假烟，驾车路过某检查站时，被工商执法部门拦住检查。检查人员乙正登车检查时，甲突然发动汽车夺路而逃。乙抓住汽车车门的把手不放，甲为了摆脱乙，在疾驶时突然急刹车，导致乙头部着地身亡。请问，甲对乙死亡的心理态度是何故意？

2. 养花专业户李某为防止偷花，在花房周围私拉电网。一日晚上，白某偷花不慎触电，不治身亡。请问，李某对这种危害结果的主观心理态度是什么？

# 模块三　犯罪过失的运用实务

### 教学重点

本模块教学的重点是犯罪过失的概念。

### 教学目标

要求学生能够正确理解犯罪过失的概念，能够熟练地掌握并运用犯罪过失的理论。

### 活动设计

理论部分：通过案例导入，引出法律条文，阐述犯罪过失的理论。

实训部分：掌握关键概念和特征，分析经典案例，参与案例讨论，熟悉犯罪过失的概念。

### 案例导入

甲为了上厕所，将不满1周岁的女儿放在墙外靠着篱笆站立。刚进入厕所，甲就听到女儿的哭声，她急忙出来，发现女儿倒在地上，疑是站在女儿身边的4岁男孩乙所为。甲一手扶起自己的女儿，一手用力推乙，导致乙倒地，头部刚好碰在一块石头上，流出鲜血，并一动不动。甲认为乙可能死了，就将其抱进一个山洞，用稻草盖好，正要出山洞，发现稻草动了一下，甲以为乙没死，于是拾起一块石头猛砸乙的头部，之后用一块磨盘压在乙的身上后离去。案发后，经法医鉴定，甲在用石头砸乙之前，乙已经死亡。请问，本案中甲是何主观心态？

**相关法律条文**

我国《刑法》第 15 条规定："应当预见自己的行为可能发生危害社会的结果，因为疏忽大意而没有预见，或者已经预见而轻信能够避免，以致发生这种结果的，是过失犯罪。过失犯罪，法律有规定的才负刑事责任。"甲推乙致其倒地身亡，显然是出乎意料，其主观方面是反对危害结果发生的，构成过失犯罪；后来甲发现稻草动了一下，用石头猛击乙的头部，构成故意杀人罪，是对象不能犯的未遂。

**理论部分**

## 一、犯罪过失的概念

《刑法》第 15 条规定："应当预见自己的行为可能发生危害社会的结果，因为疏忽大意而没有预见，或者已经预见而轻信能够避免，以致发生这种结果的，是过失犯罪。过失犯罪，法律有规定的才负刑事责任。"据此，过失犯罪是在过失心理支配下实施的犯罪。犯罪过失则是指应当预见自己的行为可能发生危害社会的结果，因为疏忽大意而没有预见，或者已经预见而轻信能够避免，以致发生这种结果的心理态度。

过失犯罪均以发生危害结果为要件，而故意犯罪并非一概要求发生危害结果；刑法规定"过失犯罪，法律有规定的才负刑事责任"，"故意犯罪，应当负刑事责任"，说明刑法以处罚故意犯罪为原则，以处罚过失为例外的原则；并且过失犯罪的处罚规定也比较轻。

## 二、犯罪过失的种类

我国《刑法》根据行为人是否已经预见危害结果，将过失分为疏忽大意的过失和过于自信的过失。

### （一）疏忽大意的过失

疏忽大意的过失是指行为人应当预见到自己的行为可能会发生危害社会的结果，因为疏忽大意而没有预见，以致发生这种结果的心理态度。

疏忽大意的过失是一种无认识的过失，即行为人没有预见到自己的行为可能发生危害社会的结果；没有预见的原因并非行为人不能预见，而是在应当预见的情况下由于疏忽大意才没有预见；如果行为人小心谨慎、认真负责，就会预见进而避免危害结果的发生。

判断行为人是否具有疏忽大意的过失，并不是先判断行为人是否疏忽大意，而是先判断行为人是否应当预见自己的行为可能发生危害结果，如果应当预见而没有预见，就说明行为人疏忽大意了。因此，认定疏忽大意过失的关键是确定应当预见的前提与应当预见的内容。

应当预见的前提是行为人能够预见。应当预见显然是一种预见义务，这种义务不仅包括法律、法令、职务与实务方面的规章制度所确定的义务，而且包括日常生活准则所提出的义务。但是，国家只是要求那些有能力履行义务的人履行义务，即应当履行是以能够履行为前提的，所以，预见义务以预见可能为前提。而预见可能因人而异，需要具体确定。在判断行为人能否预见自己的行为可能发生危害结果时，应当把行为人的知能水平与行为本身的危险程度以及行为时的客观环境结合起来进行考察。有些行为人，按其知能水平来说，能够预见危险程度高的行为可能发生危害结果，但不能预见危险程度低的行为可能发生危害结果；有些行为人，在一般条件下能够预见某种行为可能发生危害结果，但在某种特殊情况下，由于客观环境的限制，却不能预见某种行为可能发生危害结果；在同样客观环境下或者对于危险程度相同的行为，有的行为人知能水平高因而能够预见危害结果，有的行为人知能水平低因而不能够预见危害结果。因而需要具体情况具体分析。

应当预见的内容是法定的危害结果。过失犯罪以发生危害结果为构成要件，构成要件是由《刑法》规定的，所以，行为人应当预见的结果不是一般意义的结果，也不是任何危害结果，而是《刑法分则》明文规定的危害结果。如在过失致人死亡时，行为人所应当预见的是自己的行为可能发生他人死亡的危害结果。

行为人能够预见因而应当预见自己的行为可能发生危害社会的结果，因为疏忽大意而没有预见，因而导致危害结果发生的，就成立疏忽大意的过失犯罪。

**（二）过于自信的过失**

过于自信的过失是指行为人预见到自己的行为可能会发生危害社会的结果，但轻信能够避免，以致发生这种结果的心理态度。

过于自信的过失被称为有认识的过失。行为人已经预见自己的行为可能发生危害社会的结果，同时又轻信能够避免危害结果，这就是过于自信过失的认识因素。已经预见是事实，轻信能够避免是行为人在已经预见危害结果的同时还实施该行为的主观原因。轻信能够避免是指在预见到结果可能发生的同时，又凭借一定的主、客观条件，相信自己能够避免结果的发生，但所凭借的主客观条件并非真实可靠。

轻信能够避免主要表现为：过高估计自己的主观能力；过低估计现实的客观条件；认为结果发生的可能性很小，可以避免结果发生。轻信能够避免又表明行为人既不希望也不放任危害结果的发生，从实质上讲，行为人是反对危害结果发生的，这便是过于自信过失的意志因素。

## 实训练习

**一、关键概念**

犯罪过失

## 二、案例分析题

1. 被告人陈某携带自制的火药枪打野鸡。返回途中,恰遇被害人胡某迎面而来。胡某问陈某:“打到野鸡没有?”陈某答:“没打着。”二人搭话时,陈某手中火药枪的枪口正对着胡某的头部。由于陈某疏忽大意,致使手中的火药枪走火,枪内散弹正好击中相距4米处的胡某的头部,胡某中弹后当即倒地身亡。请问,陈某对胡某的死亡是何心理态度?

2. 24周岁的青工张某非常喜欢邻居家4周岁的男孩小涛。一日,张某带小涛到一座桥上玩,张某提着小涛的双手将其悬于桥栏处,开玩笑说要把他扔到河里去,小涛边喊"害怕"边挣扎,张某手一滑,小涛掉入河中,张某急忙去救。小涛已溺水而死。请问,从刑法理论上看,张某对小涛的死亡结果在主观要件上所持的心理态度是什么?

# 模块四 无罪过事件运用实务



### 教学重点

本模块教学的重点是无罪过事件的概念和种类。

### 教学目标

要求学生能够正确理解无罪过事件的概念,熟练地掌握并运用犯罪过失的理论。

### 活动设计

理论部分:通过案例导入,引出法律条文,阐述无罪过事件的理论。

实训部分:掌握关键概念和特征,分析经典案例,参与案例讨论,熟悉无罪过事件的概念。

### 案例导入

甲驾驶一马车进城,途中,一顽童朝马身上扔鞭炮,结果马受惊狂奔,甲无法控制马车,致使行人乙被马车撞成重伤。请问,应当如何认定甲的行为性质?

### 相关法律条文

我国《刑法》第16条规定:“行为在客观上虽然造成了损害结果,但是不是出于故意或者过失,而是由于不能抗拒或者不能预见的原因所引起的,不是犯罪。”甲的行为就是意外事件,由于缺乏主观过错,所以不承担刑事责任。

**理论部分**

## 一、无罪过事件的概念

我国《刑法》第 16 条规定:“行为在客观上虽然造成了损害结果,但是不是出于故意或者过失,而是由于不能抗拒或者不能预见的原因所引起的,不是犯罪。”这就是意外事件,刑法理论统称为无罪过事件。

古代实行结果责任,相当于现在的客观归罪,只要造成损害结果,不管有无犯罪故意,一律追究刑事责任。我国现行《刑法》否认了严格责任,实行主、客观相一致的原则。

英美法系实行严格责任,也是结果责任的反映。大陆法系适用期待可能性理论,就是说,根据行为时的具体情况,如果不能期待行为人实施其他合法行为,就不能追究行为人的责任。行为人在当时的具体情况下不可能实施合法行为,只能实施违法行为,则不能将其认定为犯罪。

## 二、无罪过事件的种类

### (一) 意外事件

意外事件是指行为在客观上虽然造成了损害结果,但是不是出于故意或者过失,而是由于不能预见的原因引起的,不是犯罪。

意外事件具有以下三个特征。

第一,行为在客观上造成了损害结果。行为人的行为与损害结果之间具有因果关系。如果损害结果不是由行为人的行为造成的,则谈不上意外事件。

第二,行为人在主观上既没有故意也没有过失。

第三,引起损害结果的主要是不能预见的原因。也就是说,行为人的行为并不是引起损害结果的唯一原因。行为之外且行为人不能预见的原因对于损害结果的发生起到了关键的作用,从而成为引起结果的主要原因。

### (二) 不可抗力

不可抗力是指行为人虽然预见到了危害结果的发生,但无法控制或者无法抗拒这种结果的发生,行为人不具有罪过,因而不承担刑事责任。如甲赶马车在公路上走,由于汽车鸣笛,马惊了(该马以前从未为此而受惊),尽管他采取了很多的措施,刹车和勒马缰绳等,都无济于事,马车还是轧死了人。这就不能归罪于甲。不可抗力虽然已经预见到危害结果的发生,但却是在不可能排除或者防止的情况下发生的。

成立不可抗力事件必须同时符合以下两个条件。

第一,行为人在客观上造成了损害结果,即对《刑法》所保护的社会关系造成一定的损害,不是行为人的故意或者过失造成的,而是由于不能抗拒的原因。所谓不能抗拒的原因,是指行为人不能控制或者超出其控制能力的原因。

第二,不可抗力事件中不能抗拒的原因的来源比较广,也可以来源于自然力。

## 实训练习

### 一、关键概念

无罪过事件

### 二、案例分析题

1. 某风景旅游区，游客甲因突然受到他人冲撞，身体失去平衡，将在悬崖边观景的游客乙挤落悬崖致死。请问，应当如何认定游客甲的行为性质？

2. 严某曾与高某的弟弟打过架。高某知道弟弟挨打后，便对严某怀恨在心。一天中午，高某在一朋友家喝完酒回家，恰在一条水渠边遇到严某，即对其辱骂，并动手打了严某两巴掌。严某连连退让，却不慎落入水渠，高某还在岸上辱骂不休。由于水流较急，严某站立不稳，被水往下游冲了十几米远，这时，高某才意识到问题的严重性。马上跳入水中救人，但为时已晚，严某已经死亡。请问，对于严某的死亡，高某在主观方面是否有罪过？

# 项目九　排除犯罪的事由实务

## 模块一　正当防卫的处理实务

### 教学重点

本模块教学的重点是构成正当防卫的概念和构成。

### 教学目标

要求学生能够正确理解正当防卫的概念，熟练地应用正当防卫的构成条件进行实务分析。

### 活动设计

理论部分：通过案例导入，引出排除犯罪事由中正当防卫的理论。

实训部分：掌握关键概念，分析经典案例，参与案例讨论，熟悉正当防卫的构成条件。

### 案例导入

甲与乙为地界产生纠纷，后发展成相互厮打，后被人拉开。乙感到自己吃了亏，折了面子，遂回家拿出一把剔骨刀要砍杀甲。甲见状赶忙逃走并躲了起来，直到傍晚才回到村中，不想乙还是持刀追了过来。眼看乙就要追上来了，甲急忙从路边的村民丙的手中夺过锄头朝乙头上打去，乙当即倒地身亡。请问，甲用锄头击打乙的行为是否需要承担刑事责任？

### 相关法律条文

我国《刑法》第 20 条第 1 款规定："为了使国家、公共利益、本人或者他人的人身、财产和其他权利免受正在进行的不法侵害，而采取的制止不法侵害的行为，对不法侵害人造成损害的，属于正当防卫，不负刑事责任。"综合分析本案中甲当时所处的环境，其实施的是正当防卫行为。

### 理论部分

### 一、正当防卫的概念

根据我国《刑法》第 20 条第 1 款的规定，正当防卫是指为了保护国家、公共利益、本人或者他人的人身、财产和其他权利免受正在进行的不法侵害,采取对不法侵害人实施的不明显超过必要限度的损害行为来制止不法侵害行为的行为。

从上述概念看出,正当防卫的主要特征有以下两点。

(1) 客观上是防卫人的行为是同不法侵害作斗争的正义、合法的行为,其给不法侵害者造成的损害,乃是制止不法侵害行为所必要的,并且是不明显超过必要限度的,不仅不具有社会危害性,反而对社会有益。

(2) 主观上是防卫人实施正当防卫的目的,在于为了使国家、公共利益、本人或者他人的人身、财产或者其他权利免受正在进行的不法侵害。其主观上不仅不具有危害社会的故意,反而是为了保卫社会权益。因此,正当防卫属于排除犯罪性的行为,受法律保护。

## 二、正当防卫的构成条件

正当防卫是法律赋予公民的权利,也是公民道德上的义务,对于负有相关职责的人员来说更是法律上的义务。正当防卫的构成条件是指决定防卫行为的实行和正当性的相关事实因素。刑法理论一般认为正当防卫的构成条件有以下五个部分。

### (一) 正当防卫的起因条件

(1) 必须有不法侵害行为发生,对于合法行为不能实施防卫。不法侵害既包括犯罪行为,也包括其他违法行为。如果把不法侵害仅限于犯罪行为,实际上限制甚至剥夺了公民的正当防卫权利,不利于同犯罪作斗争。

(2) 侵害行为具有紧迫性。即此侵害行为紧急发生,并在不间断的发生,具有积极攻击性,并往往带有暴力,可能造成损害结果的发生,才宜进行正当防卫。如假冒注册商标罪、重婚罪等虽然是犯罪,但这些不法行为不具有紧迫性,就不能对之进行正当防卫。

(3) 不法侵害行为必须是真实存在,而不是假想的、臆造的。不存在不法侵害,行为人误认为存在不法侵害,而对臆想中的侵害者进行防卫,则属于假想防卫。如果主观上的过失,依过失犯罪论处;没有过失,则按照意外事件处理。

(4) 不法侵害行为通常应是人的不法行为。受到他人豢养的或者野生的动物侵袭进行打击,谈不上不法侵害,受害人的打击也只是紧急避险或者民事上排除侵害的行为而非正当防卫。

(5) 只能对具有暴力性、破坏性和紧迫性的不法侵害实行正当防卫。

### (二) 正当防卫的时间条件

正当防卫的时间条件是指正当防卫只能在不法侵害正在进行时实行。所谓不法侵害正在进行,是指不法侵害已经开始,尚未结束。已经开始是指不法侵害人已经着手直接实施不法侵害行为,已经对法律所保护的权益构成了现实的威胁。

不法侵害尚未结束是指不法侵害行为或者其导致的危害状态尚处于继续中防卫人可以用防卫手段予以制止或者排除。关于确定不法侵害结束的标准,应当以不法侵害对合法权益所形成的现实危险是否排除为标准来判断不法侵害是否终止。在实践中，下列情形一般均应视为不法侵害已经终止：一是不法侵害已经完结；二是不法侵害自动中止侵害；三是不法侵害人已被人制服；四是不法侵害人已经丧失继续侵害的能力。如果在不法侵害尚未开始就实施防卫，在理论上叫事前防卫；在不法侵害行为已经结束的情况下而对侵害人实施的反击或者打击，叫事后防卫。对于事前防卫和事后防卫，应当按防卫人的主观认识和客观危害来确定其是否应当承担刑事责任，或者承担何种责任。

**（三）正当防卫的对象条件**

正当防卫的对象条件是指正当防卫可以针对哪些人进行。正当防卫的对象只能针对实施不法侵害行为者本人，而不包括动物、财产和法人，更不能及于无辜第三人。

**（四）正当防卫的主观条件**

正当防卫的主观条件也称防卫意图，是指防卫人意识到不法侵害正在进行，为了保护国家、公共利益、本人或者他人的人身、财产等合法权利，而制止正在进行的不法侵害的心理状态。因此，防卫意图又包括以下两个方面的内容。

(1) 对于正在进行的不法侵害的认识。

(2) 对于制止正在进行的不法侵害的决意，即正当防卫的意志因素或者防卫目的，包括保护合法权益和制止不法侵害两个方面。

在司法实践中，应该注意以下三种不能视为正当防卫的情况。

(1) 防卫挑拨。

防卫挑拨是指行为人出于侵害的目的，以故意挑衅、引诱等方法促使对方进行不法侵害，尔后借口防卫加害于不法侵害人的行为。

(2) 相互的非法侵害行为。

相互的非法侵害行为是指双方都出于侵害对方的非法意图而发生的相互侵害行为。如果非法侵害的一方已经放弃侵害，而非法侵害的另一方仍继续加害，这种情形下的反击可以成立正当防卫。

(3) 为保护非法利益而对合法打击行为所实施的防卫。

这类行为明显缺乏防卫意图的正当性，不能成立正当防卫。如司法机关在对两盗一抢行为、贩毒、走私等非法行为的打击，就不能进行防卫。

**（五）正当防卫的限度条件**

限度条件是指正当防卫不能明显超过必要限度且对不法侵害人造成重大损害。是否明显超过必要限度并造成重大损害是区别防卫的合法与非法以及正当与过当的标志。正当防卫的必要限度在原则上应以制止不法侵害所必需为标准，同时要求防卫行为与不法侵害行为在手段、强度等方面，不存在过于悬殊的差异。

## 三、特殊防卫

我国《刑法》第 20 条第 3 款规定：“对正在进行行凶、杀人、抢劫、强奸、绑架以及其他严重危及人身安全的暴力犯罪，采取防卫行为，造成不法侵害人伤亡的，不属于防卫过当，不负刑事责任。”这就是刑法理论上的特殊防卫制度。

(1) 特殊防卫的对象必须是对正在进行行凶、杀人、抢劫、强奸、绑架以及其他严重危及人身安全的暴力犯罪的人。

(2) 防卫人在特殊防卫中维护的权益必须仅限于严重危及人身安全,而不包括严重危及财产权及其他权益,也不包括公共利益。

(3) 法律没有防卫限度的限制规定,即使造成不法侵害人伤亡后果的,不属于防卫过当,不负刑事责任。

## 四、防卫过当及其刑事责任

根据《刑法》的 20 条第 2 款的规定,正当防卫明显超过必要限度造成重大损害的,应当负刑事责任,但是应当减轻或者免除处罚。防卫过当是指正当防卫行为明显超过必要限度并造成重大损害的防卫行为。防卫过当构成的是过失致人死亡罪或者过失致人重伤罪,我国《刑法》规定对于防卫过当行为应当减轻处罚或者免除处罚。



### 实训练习

**一、关键概念**

正当防卫

**二、案例分析题**

1. 某市幼儿园保育员李某带领幼儿王某外出游玩。途中幼儿王某失足坠入路旁粪池,李某见状高声呼救,却不肯跳入粪池救人。约 20 分钟后,张某听到呼救后赶来,一看此景,非常气愤,责骂李某身为教师却不救人。张某随手给了李某重重一棍,然后跳入粪池救人,但为时已晚,幼儿王某已被溺死,教师李某被打成重伤。请问,张某的行为属于正当防卫吗?

2. 某日深夜,男青年杨某尾随下夜班的青年女工王某至无人处,拦住王某,拔出尖刀,逼迫王某与其发生关系。王某便假装顺从,但乘杨某思想放松,忙于解衣时,反从杨某身上拔出尖刀,刺向杨某,致杨某死亡。请问,王某的行为属于正当防卫吗?

# 模块二 紧急避险的处理实务

**教学重点**

本模块教学的重点是构成紧急避险的概念和构成。

**教学目标**



要求学生能够正确理解紧急避险的概念,熟练地应用紧急避险的构成条件进行实务分析。

**活动设计**

理论部分：通过案例导入，引出排除犯罪事由中紧急避险的理论。

实训部分：掌握关键概念，分析经典案例，参与案例讨论，熟悉紧急避险的构成条件。

**案例导入**

刘某是某县委共青团干部。某日，刘某骑车路过一个小树林时被赵某持刀拦下欲行强奸。刘某趁其不备，用自行车上的气筒将其打晕后逃至附近一个村庄，由于天色已晚，被迫到一户人家借住。户主是个老太太，她将刘某安排在一个炕上与其女儿一起居住。刘某因受惊吓不能入睡，忽听有人敲门，老太太开门后发现儿子赵某满头是血，便问原因，儿子说是被一个女人打的，并描述了这个女人的特征。老人说屋内有个借住的女人很像，赵某便悄悄进屋准备杀害刘某。刘某听到他们母子俩的谈话后，便悄悄与赵某的妹妹调换了睡觉的位置，致使赵某错将自己的妹妹杀死。然后，赵某与其母亲一块将尸体抬出院外掩埋后逃走。请问，刘某的行为是否构成紧急避险？

**相关法律条文**

为了使国家、公共利益、本人或者他人的人身、财产和其他权利免受正在发生的危险，不得已采取的紧急避险行为，造成损害的，不负刑事责任。紧急避险对合法权益造成的损害必须小于所保护的利益，刘某的行为是牺牲他人同等生命权利，因而不是紧急避险。

**理论部分**

## 一、紧急避险的概念和成立条件

所谓紧急避险，是指为了使国家、公共利益、本人或者他人的人身、财产和其他权利免受正在发生的危险，不得已而采取的在必要限度内损害他人较小合法利益的行为。

紧急避险之所以不负刑事责任，是因为从主观上看，实行紧急避险的目的是为了使国家、公共利益、本人或者他人的人身、财产和其他合法权利免受正在发生的危险；从客观上看，它是在处于紧急危险的状态下，不得已而采取的以损害较小的合法权益来保护较大的合法权益的行为。

## 二、紧急避险的成立条件

紧急避险是采用损害一种合法权益保护另一合法权益，因此，必须符合法定条件才能排除其社会危害性。

**（一）起因条件（避险起因）**

只有当合法权益遭受损害危险时才可以实施紧急避险。一般来说，造成危险的原因是以下几种：一是自然界的力量，如火灾、洪水、狂风、海啸、山崩、地震等；二是人的行为，而且必须是危害社会的不法行为；三是动物的自然侵袭，如牛马践踏、猛兽追扑、毒蛇袭击等；四是人的生理、病理原因，如为了抢救危重的伤病员而未经物主同意擅自用车或者强行拦车送伤病员到医院。如果实际上并不存在着危险，由于对事实的认识错误，行为人善意地误认为存在危险，因而实行了所谓的避险行为，在刑法理论上称为假想避险。对于假想避险的性质和责任问题，适用对事实认识错误的解决原则。

**（二）避险对象**

紧急避险是采取损害一种较小合法权益的方法来保全另一种较大的合法权益，将其面临的危险合法地转嫁给另一个与危险可能无关的第三者。因此，避险行为所损害的对象不是危险的来源，而是指向第三者的合法权益。这是紧急避险与正当防卫之间的明显区别。

**（三）主观条件**

主观条件是指行为人实行紧急避险的目的在于使国家、公共利益、本人或者他人的人身、财产和其他合法权利免受正在发生的危险。因此，行为人实行紧急避险，必须是为了保护合法利益免受危险。如果为了保护非法利益，不允许实行紧急避险。如脱逃犯为了逃避公安人员的追捕而侵入他人住宅罪的行为，就不是紧急避险。

**（四）时间条件（避险时间）**

紧急避险的时间条件是指正在发生的危险必须是迫在眉睫，对国家、公共利益、本人或者他人的人身、财产和其他合法权利已直接构成了威胁。对于尚未到来或者已经过去的危险，都不能实行紧急避险，否则就是避险不适时。如海上大风已过，已经不存在对航行的威胁，船长才命令把货物扔下海去，这就是避险不适时，船长对由此而造成的重大损害应负避险不适时的责任。

**（五）限度条件**

限度条件是指紧急避险行为不能超过其必要限度，造成不应有的损害。一般认为标准是：紧急避险行为所引起的损害应当小于所避免的损害，如果大于或者等于所避免的损害，就属于避险不当。

法律之所以允许损害一个合法权益，只有在两利保其大、两弊取其小的场合。所以，紧急避险所保全的权益，必须明显大于紧急避险所损害的权益。

**（六）禁止条件**

《刑法》第 21 条第 3 款规定："第一款中关于避免本人危险的规定，不适用于职务上、业务上负有特定责任的人。"所谓在职务上、业务上负有特定责任，是指某些人依法承担的职务或者所从事的业务活动本身要求他们与一定的危险进行斗争。如军人就必须服从命令参加战斗，面对沙场的危险；消防员就必须奋勇扑火，面对烧伤的危险；民航客机发生故障，机组人员必须与乘客一起，面对伤亡的危险；医生、护士在治疗疾病时，必须面对病菌感染的危险等。

## 三、避险过当及其刑事责任

避险过当是指避险行为超过必要限度造成不应有的损害的行为。根据《刑法》第21条第2款的规定，紧急避险超过必要限度造成不应有的损害的，应当负刑事责任，但是应当减轻或者免除处罚。

## 实训练习

### 一、关键概念

正当防卫

### 二、案例分析

1. A女获知B男要杀自己，为了保全自己的生命，A女故意让保姆到自己的房间过夜，致使B男错杀该保姆。请问，B男的行为是否构成犯罪？

2. 某饭馆突然失火，火焰顿时随风烧向众多邻居的房屋。当消防队赶来抢救时，火舌已伸向第三家邻居。此时，附近建筑工地某施工队队长甲带领工人奔向现场后，并未参加灭火，却命令工人们迅速拆毁近邻第四家的房屋，并用铲车铲出一条隔离空道。当火焰蔓延到第三家邻居房屋尾部时，火才被消防队员们奋力扑灭。请问，甲的行为是否构成犯罪？请说明理由。

# 项目十　故意犯罪的停止形态实务

## 模块一　故意犯罪的停止形态的运用实务

**教学重点**

本模块教学的重点是故意犯罪的停止形态的概念、特征和种类。

**教学目标**

要求学生能够正确理解故意犯罪的停止形态的概念，理解故意犯罪形态的意义。

**活动设计**

理论部分：通过案例导入，引出故意犯罪停止形态的理论。

实训部分：掌握关键概念，分析经典案例，参与案例讨论，熟悉故意犯罪停止形态的理论。

**案例导入**

吴某趁珠宝柜台的售货员接待其他顾客时，伸手从柜台内拿出一个价值 3 800 元的戒指，握在手中，然后继续在柜台边假装观看，几分钟后售货员发现少了一个戒指并怀疑吴某，便立即报告保安人员，吴某见状，迅速将戒指扔回柜台内后逃离现场。请问，吴某的盗窃行为属于哪种犯罪形态？

**相关法律条文**

我国《刑法》第 22 条第 1 款规定："为了犯罪，准备工具，制造条件的，是犯罪预备。"第 23 条第 1 款规定："已经着手实行犯罪，由于犯罪分子意志以外的原因而未得逞的，是犯罪未遂。"本案中，犯罪嫌疑人吴某以非法占有为目的，秘密窃取财务，使财物的所有人失去控制，犯罪已经得逞，属于犯罪既遂。

**理论部分**

### 一、故意犯罪形态、故意犯罪过程和故意犯罪阶段的概念

故意犯罪形态又称故意犯罪的停止形态，是指故意犯罪在其发生、发展和完成犯

罪的过程及阶段中,因主客观原因而停止下来的各种犯罪形态。正确理解故意犯罪停止形态,应当区分故意犯罪停止形态和故意犯罪的过程、故意犯罪的阶段。故意犯罪停止形态与故意犯罪的过程、故意犯罪的阶段有联系也有区别。

故意犯罪过程是指故意犯罪发生、发展和完成所经过的程序、阶段的总和,是故意犯罪运动、发展、变化的连续性在时空上的表现。

故意犯罪的阶段是指故意犯罪发展过程中因主客观具体内容的不同而划分的各个段落。

故意犯罪的过程和阶段,以行为人开始实施犯罪的预备行为为起点,以行为人完成犯罪为终点,可以分为两个阶段:一是犯罪预备阶段;二是犯罪实行阶段。故意犯罪停止形态与故意犯罪过程和阶段的联系主要在于:故意犯罪的停止形态是在故意犯罪过程和阶段中产生的,各种犯罪形态的产生及其界定,依赖犯罪过程和阶段的存在及其不同的发展程度。两者的区别是:故意犯罪的停止形态是故意犯罪已经停止下来的各种不同结局和形态,属于相对静止范畴的概念;故意犯罪的过程和阶段是故意犯罪发生、发展和完成的进程及进程中划分的段落,是相对运动发展的概念。

## 二、故意犯罪的停止形态的种类

《刑法分则》所规定的犯罪构成是以犯罪既遂为模式的,因此犯罪既遂是完全符合犯罪构成的,是犯罪的完成形态。不同类型的犯罪,构成既遂的标准不同。故意犯罪的停止形态,按其停止下来时犯罪是否已经完成为标准,可以区分为两种类型:一是犯罪的完成形态,即犯罪既遂形态;二是犯罪的未完成形态,包括犯罪预备、犯罪未遂及犯罪中止形态。故意犯罪就会出现不同的形态,即犯罪预备、犯罪未遂、犯罪中止和犯罪既遂。

## 三、故意犯罪的停止形态的特征

### (一) 停止形态只能存在于故意犯罪中

故意犯罪停止形态只能存在于犯罪过程中,只有直接故意犯罪才存在故意犯罪的停止形态,过失犯罪和间接故意犯罪不可能有犯罪预备、犯罪未遂与犯罪中止形态,也就没必要肯定其有犯罪既遂,对他们而言,只有犯罪成立与否的问题。

### (二) 故意犯罪停止形态具有局限性

由于受犯罪构成客观方面和主观方面的限制,并非一切犯罪都必须有犯罪的预备、未遂和中止。不仅犯罪的未完成形态只存在于直接故意犯罪中,而且只有一部分直接故意犯罪才存在故意犯罪的停止形态问题,即使存在故意犯罪停止形态,也并非三种未完成形态都存在,有的有未遂形态,应当就没有未遂形态,有的有中止形态,有的无中止形态,有的有预备形态,应当无预备形态。

### (三) 故意犯罪形态具有结局性和排他性

故意犯罪形态都是犯罪的停止形态,就同一犯罪行为而言,如果构成了一种犯罪形态后，不可能再构成另一种犯罪形态，具有结局性和排他性。如甲欲杀乙，买了一把菜刀，等候在乙回家的路上，结果被民警发现抓获，甲此时的行为属于犯罪的预备形态，因此，就他杀害乙的整个行为而言，被发现时处于预备形态，且只能是这种形态，而不可能再有未遂、中止或者既遂的形态。

## 四、故意犯罪的停止形态的意义

犯罪的预备、未遂和中止，虽然都是犯罪的未完成形态，但是这些行为都是对社会具有危害性的行为，因此，对于预备犯、未遂犯和中止犯追究其刑事责任时完全必要的。当然由于这几种犯罪的未完成形态社会危害性程度不同，处罚程度也应当不同。一般情况下，犯罪未遂比犯罪预备和犯罪中止的社会危害性大，而犯罪预备又比犯罪中止的社会危害性大，对于前者就应当较重。所以，研究故意犯罪的停止形态，就要区别各个不同犯罪形态的界限，掌握对不同犯罪形态的处罚原则，根据案件的不同情况，区别对待。这对于正确量刑，准确打击犯罪，具有重要的现实意义。



## 实训练习

**一、关键概念**

故意犯罪的停止形态

**二、案例分析题**

1. 南某携带三角形铁块闯入徐某家，乘其不备，用三角形铁块击打徐某后脑部，欲抢徐某的手包。徐某被击打后转身训斥南某，并告知其行为是要坐牢的。南某见状立即扔下手中的三角形铁块，摸了摸徐某被击肿的后脑部，表示不再抢徐某的手包，并要求徐某不报案，随后迅速逃离徐某家。经清点，徐某的手包内有人民币 300 元、美元 300 元。经某市第二人民医院检验，徐某系轻微伤。请问，本案被告人南某入户抢劫的行为是什么犯罪停止形态？

2. 甲意图陷害乙，遂捏造了乙受贿 10 万元并与他人通奸的所谓犯罪事实，写了一封匿名信给检察院反贪局。检察机关经初查发现根本不存在受贿事实，对乙未追究刑事责任。甲欲使乙受到刑事处罚的意图未能得逞。请问，甲的行为是什么犯罪停止形态？

# 模块二　犯罪预备的处理实务

**教学重点**



本模块教学的重点是犯罪预备的概念、特征、种类和处罚原则。

## 教学目标

要求学生能够正确理解犯罪预备的概念，掌握犯罪预备的特征、种类和处罚原则，学会认定犯罪预备形态。

## 活动设计

理论部分：通过案例导入，引出故意犯罪预备形态的理论。

实训部分：掌握关键概念，分析经典案例，参与案例讨论，熟悉犯罪预备形态的理论。

## 案例导入

被告人李某和刘某在打工期间想回家，由于缺钱，于是共谋抢劫。经过策划，两人决定假意雇出租车，然后在偏僻的地方实施抢劫。某日晚7时许，李某携带弹簧刀与刘某一起雇乘兰某的出租车。当行至偏僻地时，兰某不肯再往前走，双方发生争吵，后被围观群众扭送到当地派出所。请问，本案两被告人是抢劫未遂还是犯罪预备？

## 相关法律条文

我国《刑法》第22条第1款规定："为了犯罪，准备工具、制造条件的，是犯罪预备。"本案中被告人李某和刘某还未着手实施犯罪，属于为犯罪制造条件的犯罪预备阶段。

## 理论部分

### 一、犯罪预备的概念与特征

《刑法》第22条第1款规定："为了犯罪，准备工具、制造条件的，是犯罪预备。"根据《刑法》的规定和有关理论，所谓犯罪预备形态，是指行为人为了实施犯罪而开始为犯罪准备工具、制造条件，由于行为人意志以外的原因而尚未着手实行犯罪即告终结的犯罪形态。成立犯罪预备应当同时具备以下四个特征。

#### (一) 行为人主观上是为了实行犯罪

这是行为人承担刑事责任的主观基础。行为人进行犯罪预备活动的意图和目的是为了顺利着手实施和完成犯罪。可见，预备犯的主观方面既有进行犯罪预备活动的意图，又具有进而着手实行和完成犯罪的意图。但是后者尚未实际展开而只是在犯罪预备活动中间接的得到反映；而前者，即为了顺利地着手实施和完成犯罪而进行犯罪预备活动的意图与目的，这才是预备犯主观方面主要的内容和特征所在。犯罪预备行为的发动、进行与完成都是受此种目的的支配的。

#### (二) 行为人客观上实施了犯罪预备行为

这是行为人承担刑事责任的客观基础。所谓犯罪预备行为，是指为了犯罪的实行和完成而准备工具和制造便利条件的行为。行为人已经开始实施犯罪的预备行为，即为犯罪的实行和完成创造便利条件的行为。

犯罪预备不同于犯意表示。犯意表示是指以口头、文字或者其他方式对犯罪意图的单纯表露。两者的区别在于：犯罪预备行为具有社会危害性，已具备特定的犯罪构成，我国《刑法》规定原则上要作为犯罪处理；而犯意表示还不是行为，无论是从行为人的主观意图还是客观表现上看，都不是在为犯罪实施创造条件，不具有社会危害性，对犯意表示不能处罚。不过需要注意的是，以下两种类似于犯意表示的行为不能认定为犯意表示而应以犯罪论处。一是某些具体犯罪的构成中所包含的口头或者书面语言形式的实行行为。如侮辱罪、诽谤罪、煽动分裂国家罪以及教唆犯罪里所包含的言语行为，作为强奸罪、抢劫罪等犯罪的手段行为的威胁性言语行为。这些特定的语言在特定的犯罪构成中属于犯罪的实行行为，具备这些言语不但构成犯罪，而且不是犯罪预备，而是已经实行犯罪的其他犯罪形态。二是单个人犯罪中制订犯罪计划的书面语言，以及共同犯罪中勾结共同犯罪人、交流犯罪思想、商议犯罪计划的口头语言或者书面语言。这些语言都已经超出犯意表示的范畴，而是在为实施犯罪创造条件的犯罪预备行为，足以构成犯罪的，应当以犯罪论处。

**（三）行为人未能着手实行犯罪，是由于行为人意志以外的原因所致**

犯罪在实行行为尚未着手时停止下来，是由于行为人意志以外的原因所致，即是被迫而非自愿在着手实行行为前停止犯罪。这是犯罪预备与犯罪预备阶段的犯罪中止的关键区别所在。所谓意志以外的原因，是指足以阻碍行为人着手实行和完成犯罪的非行为人意志所能控制的因素。犯罪分子意志以外的原因主要有：(1) 被害人的反抗；(2) 第三者的阻止；(3) 自然力的阻碍；(4) 物质的阻碍；(5) 犯罪人能力不足；(6) 认识发生错误等。如张三意图实施拦路抢劫行为，身带匕首在某处守候时，因被巡逻的警察怀疑而抓获，就属于因第三者的阻止而犯罪（抢劫）未得逞。如果上述因素不足以阻碍行为人继续准备着手实行犯罪的，行为人也认识到这一点的（排除行为人存在认识错误而构成犯罪预备的情形），应认定为犯罪预备阶段中止。

**（四）行为人尚未着手犯罪的实行行为，即犯罪活动在具体犯罪实行行为着手前停止下来**

犯罪预备形态可能发生的时空范围，即开始实施犯罪的预备行为起直至犯罪实行行为着手之前。

以上四个方面，必须同时具备，才构成犯罪预备。而对于符合犯罪预备条件的人，就是预备犯。

## 二、犯罪预备行为的种类

**（一）为实施犯罪而准备工具的行为**

为实施犯罪而准备工具是最常见的犯罪预备行为，如为杀人而购买毒药，为抢劫而事先制造枪支弹药等。

**（二）其他为实施犯罪而创造便利条件的行为**

如为实施犯罪而事先调查被害人的行踪、准备犯罪的场所；追踪、守候、想方设法接近被害人；确定最佳地点和最佳时间；筹集资金、学习攀登、搏斗、诱骗等技巧；勾引、纠结、培训、收买同伙；预谋、计划等。

## 三、预备犯的处罚原则

根据《刑法》第22条的规定，对于预备犯，可以比照既遂犯从轻、减轻处罚或者免除处罚。至于具体如何处罚，司法机关可以根据案件的具体情况，结合行为人的主观恶性和客观行为等因素酌情予以裁量。

## 实训练习

**一、关键概念**

犯罪预备

**二、案例分析题**

1. 甲与乙有仇遂寻机报复。一天甲得知乙一人在家，便携带匕首向乙家走去，途中突然腹痛，只得返回家中。请问，甲的行为属于犯罪的何种形态？

2. 甲在打工时与乙相识，闲聊时甲吹嘘自己有探墓的技巧。后乙起意盗掘文物，便来邀请甲。甲向他人借取了相关的探墓设备，随乙一起到某文物保护地点进行了“踩点”，后被公安机关抓获。请问，甲、乙的行为属于犯罪的何种形态？

# 模块三　犯罪未遂的处理实务

### 教学重点

本模块教学的重点是犯罪未遂的概念、特征、种类和处罚原则。

### 教学目标

要求学生能够正确理解犯罪未遂的概念，掌握犯罪未遂的特征、种类和处罚原则，学会认定犯罪未遂形态。

### 活动设计

理论部分：通过案例导入，引出犯罪未遂形态的理论。

实训部分：掌握关键概念，分析经典案例，参与案例讨论，熟悉犯罪未遂形态的理论。

### 案例导入

陈某在网吧QQ上聊天询问谁能联系上卖淫女，张某见有利可图，遂说自己在某县能联系上卖淫女。次日，陈某与张某在某处碰头，并给张某2 000元联系费，让张某去某县接卖淫女，谁料，张某拿上钱后，到某县玩了两天，然后只身返回，并谎称卖淫女被乘警扣押。请问，陈某和张某的行为构成犯罪的什么形态？

**相关法律条文**

根据我国《刑法》第23条的规定，犯罪未遂是指行为人已经着手实行犯罪，由于其意志以外的原因而未得逞的犯罪形态。陈某已经着手实施犯罪，但是由于被张某欺骗未得逞，属于犯罪未遂。

**理论部分**

## 一、犯罪未遂的概念和特征

犯罪未遂是指行为人已经着手实行犯罪，由于其意志以外原因而未得逞的犯罪形态。

犯罪未遂具有以下三个特征。

**（一）行为人已经着手实行犯罪**

行为人已经着手实行犯罪是指行为人开始实施《刑法分则》具体犯罪构成要件客观方面的犯罪行为。行为人是否已经着手实行犯罪，是区分犯罪预备与犯罪未遂的关键特征。认定着手实行犯罪与否的有效办法，是将犯罪预备行为与实行行为加以区别。前者的本质与作用是为《刑法分则》犯罪构成行为的实行与完成创造条件，为其创造现实可能性；后者的本质与作用是直接完成犯罪，变预备阶段实现、完成犯罪的现实可能性为客观现实性。根据两者的区别与联系，结合具体犯罪及案件情况，就可以正确认定着手实行犯罪与否。需要指出的是，在具有双重实行行为的犯罪中，手段行为与目的行为共同构成该罪的实行行为，对这类犯罪而言，应以行为人开始实行手段行为为着手。如抢劫罪中，行为人开始实施暴力、胁迫等手段行为即应视为实行行为的着手，而不是犯罪预备行为。

**（二）犯罪未完成而停止下来**

这是区分犯罪未遂与犯罪既遂的主要标志。在存在既遂与未遂之分的三类直接故意犯罪中，“犯罪未完成”有不同的具体含义和表现形式：一是结果犯，以法定的犯罪结果没有发生作为犯罪未完成的标志，如故意杀人罪以未造成被害人死亡的结果为犯罪未完成的标志；二是行为犯，以法定的犯罪行为未能完成作为犯罪未完成的标志，如脱逃罪以在押人员（犯罪嫌疑人、被告人、罪犯）未达到逃脱监禁羁押的程度为犯罪未完成的标志；三是危险犯，以法定的危险状态尚未具备作为犯罪未完成的标志，如破坏交通工具罪以破坏行为未能造成可导致交通工具倾覆的危险为犯罪未完成的标志。

认定犯罪完成与否应注意以下三个方面。

第一，所谓犯罪未完成，是指具体犯罪构成所包含的作为犯罪完成标志的客观要件尚不完备，而不是说没能发生任何具体的危害结果。如甲意图杀害乙，在刺了乙一刀之后，被周围群众制服扭送公安机关，乙虽然没有死亡，但是造成了重伤。

第二，具体犯罪构成要件的完备，在时间上没有任何长短要求，只要一完备构成要件就意味着犯罪既遂的构成。如在押罪犯已经逃离出监狱大门但立即被抓回就认定为未遂，而一旦脱离监管，就构成既遂。

第三，犯罪既遂是犯罪完成的标志，犯罪既遂后绝不可能再出现犯罪未完成的停止形态，即犯罪停止形态具有不可逆转性。如行为人破坏交通设施已经造成足以使交通工具倾覆的危险状态，但行为人在交通工具尚未实际倾覆之前采取措施消除这一危险状态的，也应认定为犯罪既遂，但对其后消除危险状态的行为在量刑时应予以从宽。

### (三) 犯罪未完成是由于犯罪分子意志以外的原因所致

这是区别犯罪未遂与犯罪实行阶段中止的关键所在。所谓犯罪分子意志以外的原因，包括以下两个方面的具体含义。

1. 应当是阻碍犯罪分子完成犯罪的原因

这是意志以外的原因质的规定性。在实践中，这种原因大致包括以下三种类型：(1) 犯罪分子本人以外的原因，包括被害人、第三人、自然力、物质障碍、环境时机等方面对完成犯罪具有阻碍作用的因素；(2) 行为人自身对完成犯罪具有阻碍作用的因素，如其能力、力量、身体状况、常识技巧等的缺乏或者不佳状况；(3) 行为人主观上的认识错误，如对犯罪工具的性能、犯罪对象情况等存在错误的认识。

2. 应当是足以阻碍犯罪分子完成犯罪的原因

这是意志以外原因量的规定性。如果不足以阻碍犯罪分子完成犯罪，而行为人自动放弃的，不能认定为意志以外的原因而视为犯罪未遂，应认定为犯罪中止。当然，行为人对这些因素是否足以阻碍其完成犯罪存在错误认识的另当别论。总之，犯罪意志以外的原因应当是以上质的规定性和量的规定性的统一。

## 二、犯罪未遂的种类

### (一) 实行终了的未遂和未实行终了的未遂

以是否实行终了为标准划分，可分为实行终了的未遂和未实行终了的未遂。

1. 实行终了的未遂

实行终了的未遂是指把实现犯罪意图必要的行为实施完毕的未遂。如杀人后以为被害人已死而离去，被害人实际未死的情形。在投毒杀人时，毒药已经投放完毕、被害人已经服下毒药但未死的情形；盗窃文物却窃取的是赝品；打开保险柜，柜中空无一物；抢劫时，搜遍全身被害人身无分文的等。

2. 未实行终了的未遂

未实行终了的未遂是指没有把实现犯罪意图必要的行为实施完毕的未遂。如杀人时被害人逃脱的；以保险柜中的财物为目标盗窃，未能打开保险柜的；抢夺、盗窃刚刚着手未窃取财物即当场被抓获的；强奸遭反抗未逞的；实行诈骗被识破，未能获取财物的等。

### (二) 能犯的未遂和不能犯的未遂

以实际能否达到既遂状态为标准划分，可分为能犯的未遂和不能犯的未遂。

1. 能犯的未遂

能犯的未遂是指有实际可能达到既遂的未遂。如甲枪杀乙，被乙挣扎逃脱，如果甲有击中乙将乙杀死的可能，但因为意志以外原因没有击毙乙，是能犯的未遂。类似情况如投放致死量的毒药被识破而未遂的，偷窃财物时因被发现而未遂的。

2. 不能犯的未遂

不能犯的未遂是指因事实认识错误，不可能达到既遂的未遂形态。不能犯的未遂，从主观方面讲，往往是由于事实认识错误造成的，从犯罪过程的形态上讲，行为人因为认识错误这种意志以外的原因而未能得逞，属于犯罪未遂。根据表现形式不同，又可分为以下两种情况。

(1) 工具(手段、方法)不能犯的未遂。

如使用失效的农药或者假农药(本人不知是假的)投毒杀人的，误用哑弹炸人的，在铁道上放不足以颠覆列车的障碍破坏交通工具、交通设施的等。

(2) 对象不能犯的未遂。

如盗开无钱的保险柜的，把赝品误认作真品窃取的，误把尸体当做活人杀害的，误把动物当做人枪杀等。

区别能犯与不能犯的意义，在于其关系罪与非罪的差别。如果是在重视客观危害的古典主义学说中，则主张不能犯不认为犯罪；而如果是在重视主观恶性、人身危险性的新派学说中，则主张对不能犯也应当按照未遂犯定罪处罚。至今，什么样的不能犯应按照未遂犯处罚，什么样的不能犯不能按照未遂犯处罚？即所谓不能犯的可罚性和可罚范围问题，一直是各国学说和司法实务的焦点问题之一。我国通说对不能犯按照未遂犯处罚。但是因为不能犯实际上没有既遂的可能，因此侵害法益的危险性就小得多，从客观上讲，不能犯罪行较轻。所以，在我国也有学者坚持不能犯不能按照未遂犯处罚的观点。从主客观相统一的观点来看，在一般情况下，能犯未遂往往比不能犯未遂具有较大的社会危害性，因此，对能犯未遂一般应比不能犯未遂从重处罚。

**(三)“迷信犯”与“愚昧犯”**

“迷信犯”或者“愚昧犯”是指使用迷信或者愚昧的方式实施所谓的“犯罪”，而按照科学的观念根本不可能对法律利益造成实际损害的情况。如用诅咒方法杀人，给仇人捏个小面人，然后扎了许多针，又念咒又下油锅，希望仇人死亡。行为人恶意是相当深的，但显然不会对人身造成实际损害。所以，不构成犯罪，也就不会是犯罪未遂。

## 三、未遂犯的处罚原则

对于未遂犯，可以比照既遂犯从轻或者减轻处罚。如何正确掌握对未遂犯的处罚原则，在审判实践中，应当从以下几个方面加以注意。

在定罪上，对于未遂犯要与被比照的既遂犯一样，按照所触犯的刑法分则条文来确定罪名，但同时要表明其所处的犯罪形态——未遂。

由于未遂犯的社会危害性比预备犯和中止犯要大，比既遂犯要小，所以在量刑上，未遂犯要轻于既遂犯，而一般重于预备犯和中止犯，根据立法精神，对未遂犯，可以比照既遂犯从轻或者减轻处罚，而非应当从轻或者减轻处罚。在司法实践中，要根据案件的具体情况来酌情考虑。对于可以从轻或者减轻处罚的，在量刑时，需要考虑以下五个问题：(1) 未遂行为距离既遂的远近程度；(2) 未遂行为的不同类型；(3) 行为造成的实际危害后果。对于具有以下五种情形时，也可以不从轻或者减轻处罚：(1) 累犯；(2) 惯犯；(3) 犯罪情节特别恶劣，手段特别残酷的；(4) 危害后果特别严重的；(5) 危害了特别严重的国家利益的。

在罪责相同的前提下，必须与本罪的既遂犯适用同一量刑幅度。

## 实训练习

**一、关键概念**

犯罪未遂

**二、案例分析题**

1. 甲深夜潜入乙家行窃，发现留长发穿花布衣的乙正在睡觉，遂起歹念，便扑在乙的身上强脱其衣。乙惊醒后大声喝问，甲发现是男人，慌忙逃跑被抓获。请问，甲的行为属于什么犯罪状态？

2. 甲意欲行窃，窜至一黄金柜台，谎称购买首饰，刚把一串黄金项链塞至口袋就被营业员发现而形迹败露。请问，甲的行为是否构成犯罪？

# 模块四 犯罪中止的处理实务

## 教学重点

本模块教学的重点是犯罪中止的概念、特征、种类和处罚原则。

## 教学目标

要求学生能够正确理解犯罪中止的概念，掌握犯罪中止的特征、种类和处罚原则，学会认定犯罪中止形态。

## 活动设计

理论部分：通过案例导入，引出犯罪中止形态的理论。

实训部分：掌握关键概念，分析经典案例，参与案例讨论，熟悉犯罪中止形态的理论。

**案例导入**

柴某与李某有仇，预谋杀害李某。某日，柴某佯装请李某吃饭，趁李某不备对其投毒，李某服毒后极端痛苦，柴某惧怕，于是将李某送往医院抢救，最终脱险。经查明，毒物只达到致死量的50%，即使不送到医院，李某也不会死。请问，柴某的行为属于犯罪的何种形态？

**相关法律条文**

根据我国《刑法》第24条的规定，犯罪中止是指在犯罪过程中，行为人自动放弃犯罪或者自动有效地防止犯罪结果发生，而未完成犯罪的犯罪形态。柴某的行为是自动终止，且没有发生李某死亡的危害结果，属于犯罪中止。

**理论部分**



## 一、犯罪中止的概念和特征

犯罪中止是指在犯罪过程中，行为人自动放弃犯罪或者自动有效地防止犯罪结果发生，而未完成犯罪的犯罪停止形态。据此，我们可以看出，犯罪中止具有以下四个特征。

### (一) 犯罪中止必须发生在犯罪过程中

就是说犯罪中止必须具有时空性，这是犯罪中止成立的客观前提条件。即在犯罪行为开始实施之后、犯罪呈现结局之前均可中止。“在犯罪过程中”首先表明，犯罪中止既可以发生在犯罪预备阶段，也可以发生在犯罪实行阶段，这是犯罪中止与犯罪预备、犯罪未遂的重要区别。“在犯罪过程中”也表明，中止前的行为处于犯罪过程中，已经属于犯罪行为，故产生犯意后没有实施任何犯罪行为便放弃犯意的，不成立犯罪中止。“在犯罪过程中”还表明，犯罪还没有形成结局，既不是已经未遂，也不是已经形成了犯罪预备形态，更不是已经既遂。因此，犯罪既遂后自动恢复原状的，不成立犯罪中止。同样，犯罪未遂后也不可能出现犯罪中止。如甲在杀乙的过程中，由于警察到来而逃走，即使甲以后打消了继续杀乙的念头，但由于其故意杀人已经未遂，故不成立故意杀人中止。

### (二) 行为人必须自动放弃犯罪

就是说犯罪中止必须具有自动性。所谓犯罪中止的自动性，是指行为人出于自己的意志而放弃了自认为本可以继续实施和完成的犯罪。这是犯罪中止的主观条件，是犯罪中止与犯罪预备、犯罪未遂的根本区别。犯罪中止的自动性包括两层含义：一是行为人自认为当时可以继续实施并完成犯罪，这是成立自动性的前提条件；二是行为人出于本人意志自愿放弃犯罪，这是成立自动性的关键条件。如甲为了杀乙而向乙的食物中投放毒药，见乙神态痛苦而反悔，将乙送往医院抢救脱险。即使甲投放的毒药没有达到致死量，不送往医院也不会死亡，甲也成立犯罪中止。反之，只要行为人认为不可能既遂而放弃的，即使客观上可能既遂，也是未遂。如丙在实施抢劫行为时听到警车声便逃走的，成立抢劫未遂；即使并非警车而是救护车，丙也不是犯罪中止。行为人中止犯罪的原因是多种多样的，有的出于真诚悔悟，有的因为对被害人产生同情心，有的由于惧怕刑罚处罚，有的为了争取宽大处理，如此等等。一方面，不能将引起行为人中止犯罪的原因当做意志以外的原因从而否认中止的自动性。另一方面，也不能因为存在客观障碍就否认中止的自动性。在存在客观障碍的情况下，有时行为人并没有认识到，而是出于其他原因放弃犯罪的，应认定为中止；有时行为人认识到了但同时认为该客观障碍并不足以阻止其继续犯罪，而是由于其他原因放弃犯罪的，也应认定为中止。

### （三）行为人客观上实施了彻底中止犯罪的行为

就是说犯罪中止必须具有彻底性。所谓彻底性，是指行为人完全放弃了原来的犯罪。这意味着，行为人在主观上彻底打消了原来的犯罪意图，在客观上彻底放弃了自认为本可能继续进行的犯罪行为，而不打算以后再继续实施此犯罪。

### （四）犯罪中止必须是有效地防止犯罪结果的发生

就是说犯罪中止必须具有有效性。所谓犯罪中止的有效性，是指由于犯罪分子彻底放弃犯罪意图，自动放弃犯罪行为，或者采取积极的防止措施从而有效地防止了犯罪结果的发生，这是犯罪中止成立的结果条件，也是犯罪中止与犯罪既遂的区别所在。

## 二、犯罪中止的类型

犯罪中止不只是一种内心状态的转变，还要求客观上有中止行为。根据犯罪中止行为的不同，可将其分为自动放弃犯罪的中止和自动有效地防止犯罪结果发生的中止两种情况。

### （一）自动放弃犯罪的中止

在犯罪预备阶段以及实行行为尚未实行终了，只要不继续实施行为就不会发生犯罪结果的情况下，中止行为表现为放弃继续实施犯罪，即不再继续实施犯罪行为。在这种情况下，行为人必须是真实地放弃犯罪行为，而不是等待时机继续实施该行为。应该注意的是，行为人自动放弃重复侵害行为的，是犯罪中止。即行为人实施了足以导致犯罪结果发生的行为后，犯罪结果并没有发生，行为人也认识到结果还没有发生，认识到还可以继续实施犯罪，但基于某种动机自动放弃继续侵害的，成立犯罪中止，而不是犯罪未遂。

### （二）自动有效地防止犯罪结果发生的中止

自动有效地防止犯罪结果发生的中止是指在犯罪行为实行终了以后，犯罪结果尚未发生之前，犯罪分子有效地防止了犯罪结果的发生，最终没有完成犯罪的一种犯罪停止形态。在实行行为终了、不采取有效措施就会发生犯罪结果的情况下，中止行为表现为采取积极有效措施防止犯罪结果发生。这种有效防止犯罪结果发生的行为，不以行为人单独实施为必要，但行为人必须作出了真挚的努力，其行为对防止犯罪结果发生起到了决定性作用，否则不成立犯罪中止。如行为人在其放火行为还没有既遂的情况下喊了一声“救火呀”，然后自己便逃走了，即使他人将火扑灭，也不能认为行为人的犯罪属于中止形态。

根据犯罪中止行为在犯罪过程中所处的阶段不同，可以将其分为犯罪预备阶段的中止、犯罪实行阶段的中止和犯罪实行行为终了但犯罪结果尚未产生阶段的中止三种。

## 三、中止犯的处罚原则

《刑法》第 24 条第 2 款规定：“对于中止犯，没有造成损害的，应当免除处罚；造成损害的，应当减轻处罚。”根据上述规定，对于中止犯的处理，首先应当认定是否造成损害，然后再决定是适用免除处罚还是减轻处罚。可见，判断是否造成损害是正确适用中止犯处罚原则的关键。这里所说的“没有造成损害”，是指没有造成任何危害结果；“造成损害”是指造成了一定危害结果，但没有造成行为人原本所追求的、行为性质所决定的犯罪结果。如故意杀人罪的中止，虽然防止了死亡结果的发生，却可能造成轻伤或者重伤的伤害结果，对于这种结果就适用应当减轻处罚的情节，而如果造成的是轻微伤，尚未构成轻伤程度的，则应视为“没有造成损害”，适用应当免除处罚情节。另外，对于中止犯的量刑情节属于应当型的量刑情节，必须按照有无损害的情况严格适用，坚决杜绝适用法律的随意性。



## 四、犯罪预备和犯罪中止的区别

在进行了犯罪准备，而后放弃了着手实行的，应当认定为中止犯。如甲女准备了毒药杀害其夫，因为害怕而没有敢下毒，后来放弃杀人念头，把毒药扔掉。因为甲女尚未着手实行犯罪行为就自动放弃犯罪，属于在预备过程的中止。

犯罪撤退不是犯罪中止。在进行了犯罪准备，没有着手实施犯罪实行行为的情况下，因为情况有变，主动撤退，但未放弃犯罪意图，准备时机成熟后继续犯罪的，不是犯罪中止。如甲、乙二人预谋盗窃某银行，在白天“踩点”之后，晚上前来行动时却发现银行有很多人在加班，不便下手，便撤走打算改日再来行窃。这种情况就属于犯罪撤退，而不是犯罪中止。因为犯罪人遭遇意志以外的原因，并未彻底放弃犯罪意图，应当认定为犯罪预备。又如，甲携匕首赴乙家杀乙的途中，因肚子疼痛难忍而回家，属于犯罪撤退，成立预备犯。

即使客观上不能完成犯罪，但自认为能够完成犯罪的情况下，自动停止的，也是自动中止。如甲使用过期失效的农药（本人不知过期失效）投放到乙的杯中，意图杀害乙。后甲改主意，在乙喝水之前将杯中水倒掉。虽然因为农药已经失效，客观上不可能完成犯罪（杀害乙），但甲并不知道，在自认为能完成犯罪的情况下放弃犯罪的，可成立犯罪中止。

在客观上能够完成犯罪，但行为人自认为出现意志以外的原因，不能够完成犯罪的情况下而撤离的，属于犯罪撤退，不成立犯罪中止。

### 实训练习

**一、关键概念**

犯罪中止

**二、案例分析题**

1. 甲为杀人而与乙商量并委托其购买毒药，乙果然为甲买来了剧毒药品。但10天后甲放弃了杀人意图，将毒药抛入河中。请问，甲、乙的犯罪阶段应当如何认定？

2. 乙基于杀人的意图对他人实施暴力，见被害人流血不止而心生怜悯，将其送到医院，被害人经治疗后仍被鉴定为重伤。请问，乙的行为是何停止形态？

## 模块五　犯罪既遂的处理实务

### 教学重点

本模块教学的重点是犯罪既遂的概念、特征和种类。

### 教学目标

要求学生能够正确理解犯罪既遂的概念，掌握犯罪既遂的处罚原则，正确认定犯罪既遂的形态。

### 活动设计

理论部分：通过案例导入，引出犯罪既遂形态的理论。

实训部分：掌握关键概念，分析经典案例，参与案例讨论，熟悉犯罪既遂形态的理论。

### 案例导入

王某于深夜蒙面持刀抢劫某妇女的钱包（内有人民币约两千多元、信用卡1张、身份证1个）。回家之后，查看身份证时，王某发现被害人竟是自己的同事，于是第二天遂将钱包归还被害人，并声称自己是开玩笑。试分析王某的犯罪停止形态。

## 相关法律条文

根据《刑法》第263条的规定，抢劫罪是以非法占有为目的，使用暴力、胁迫或者其他方法公然劫取被害人财物的行为。本案中王某深夜蒙面持刀抢劫钱包的行为已经完全具备了《刑法分则》的要求，形成行为人所追求的、行为性质所决定的危害结果，应当成立犯罪既遂。

## 理论部分

### 一、犯罪既遂的概念和特征

犯罪既遂是指行为人故意实施的犯罪行为已经具备了《刑法分则》中规定的某种犯罪构成的全部要件。

确认犯罪既遂与否，应以行为人所实施的行为是否具备了《刑法分则》所规定的某一犯罪的基本犯罪构成的全部构成要件为标准，而不能以犯罪目的达到或者以犯罪结果发生作为犯罪既遂的标准。

犯罪既遂具有以下特征。

**（一）行为人主观方面必须是直接故意**

不应将过失犯罪、间接故意犯罪的成立也称之为犯罪既遂。我们将犯罪既遂视为与犯罪未完成形态相对应的概念而使用。过失犯罪、间接故意犯罪不存在犯罪未完成形态，也就不应使用犯罪既遂这一概念，只可使用犯罪成立的概念。

**（二）行为人必须已经着手实行犯罪**

这是犯罪既遂成立的时间条件。如果行为人尚未着手实行犯罪，而只是实施了为实施犯罪准备工具、创造条件的行为，就只是犯罪预备，而不能成立犯罪既遂。

**（三）行为人的行为齐备了某种犯罪的基本构成的全部要件**

这是构成犯罪既遂的实质要件。这里说的构成要件的齐备是指《刑法分则》规定的某一犯罪基本犯罪构成要件的齐备。

### 二、犯罪既遂的类型

**（一）举动犯**

举动犯也称即时犯，是指按照法律规定，行为人一着手犯罪的实行行为即告完成并完全符合构成要件，从而构成犯罪既遂的犯罪。举动犯不存在犯罪未遂问题，但存在既遂形态、预备形态及预备阶段的中止形态之别。我国《刑法》中的举动犯一般都是原本属于非实行行为而被《刑法分则》实行行为化的犯罪行为，具体包括两类：一类是原本为预备性质的犯罪构成，如组织、领导、参加恐怖组织罪之组织、领导和参加行为；二是教唆性质的犯罪构成，如煽动分裂国家罪的煽动行为，传授犯罪方法罪中的传授犯罪方法和技巧的行为。

**（二）行为犯**

行为犯是指以法定的犯罪行为的完成作为犯罪既遂标准的犯罪，即不要求造成物质性的和有形的犯罪结果，而是以行为的完成为标志，但这些行为并非一着手即告完成，而是有一个实行的过程，要达到一定程度。在行为犯中，行为人着手实施该具体犯罪构成客观要件的行为后，只有达到一定的程度才能构成犯罪既遂，如果由于其意志以外的原因而未达到这种程度的，不构成犯罪既遂。如脱逃罪以行为人达到脱离监禁羁押的状态和程度为犯罪既遂的标志，偷越国（边）境罪以行为人达到越过边境线的程度为犯罪既遂的标志。

**（三）危险犯**

危险犯是指以行为人实施了《刑法分则》规定的足以造成法定的某种严重危害结果的危险状态的行为，但这种严重的危害结果尚未发生的状态来作为犯罪既遂的标志。在危险犯中，行为人着手实施该具体犯罪构成要件客观方面的行为后，只有导致了该罪构成要件客观方面的法定危险状态才能构成犯罪既遂，如果由于其意志以外的原因未导致该法定的危险状态的，不构成犯罪既遂。如破坏交通工具罪就以造成足以使火车、汽车、电车、船只、航空器发生倾覆危险为既遂的标志，如果行为人着手破坏交通工具行为之后，由于其意志以外的原因而未造成足以造成交通工具倾覆毁坏危险的，只能构成犯罪未遂。

**（四）结果犯**

结果犯是指要求行为人不仅实施《刑法分则》所规定的犯罪构成客观要件的行为，而且必须产生了法定的危害结果才构成既遂的犯罪的形态。在结果犯中，行为人着手实施该具体犯罪构成要件客观方面的行为后，只有导致了该罪构成要件客观方面的法定危害结果才能构成犯罪既遂，如果由于其意志以外的原因未发生该犯罪结果的，不构成犯罪既遂。以故意杀人罪为例，行为人对被害人着手实施杀害行为后，只有导致被害人死亡的，才能构成故意杀人罪的犯罪既遂，如果由于其意志以外的原因未造成被害人死亡的，只能成立故意杀人罪的犯罪未遂。

## 三、既遂犯的处罚原则

犯罪既遂的行为人就是既遂犯。我国《刑法分则》中规定的各种罪的刑事责任，是以既遂犯作为标准的。因此，对于既遂犯，应当根据其所犯的具体犯罪，直接按照《刑法分则》规定的有关条文定罪处罚，但同时还要受《刑法总则》一般量刑原则的指导与约束。

## 实训练习

### 一、关键概念

犯罪既遂

### 二、案例分析题

1. 甲煽动群众抗拒国家法律的实施，被群众扭送到公安机关。试分析甲的犯罪行为状态。

2. 乙抓住妇女李某的手腕，欲绑架李某后出卖。李某为脱身，便假装说："我有心脏病，不会有人要。"乙信以为真，于是垂头丧气地离开现场。请问，应当如何认定乙的犯罪停止形态？

# 项目十一　共同犯罪实务

## 模块一　共同犯罪的运用实务

### 教学重点

本模块教学的重点是共同犯罪的构成要件。

### 教学目标

要求学生能够正确理解共同犯罪的概念和构成要件。

### 活动设计

理论部分：通过案例导入，引入共同犯罪的概念，阐述共同犯罪构成要件。

实训部分：掌握关键概念，分析经典案例，参与案例讨论，熟悉共同犯罪的概念和构成要件。

### 案例导入

张某、孙某和吴某均系某厂职工，三人曾多次密谋盗窃该厂仓库内存放的铱粒。某日深夜，三人共同前往该厂作案。行至途中，吴某因惧怕，借口胃痛不能前往而返回家。当晚11点钟张某、孙某二人趁值班人员不备潜至仓库门口，张某叫孙某在门外隐蔽处放风，自己撬开门锁进入仓库。孙某在门外等了十多分钟不见张某出来，以为张某盗得铱粒后从别的出口溜走，遂离开仓库门口翻墙出厂。厂值班人员听见响动便前去仓库查看，将正在仓库内盗窃铱粒的张某抓获。请问，张某、孙某和吴某的行为是否属于共同犯罪？

### 相关法律条文

我国《刑法》第25条第1款规定："共同犯罪是指二人以上共同故意犯罪。"

本案中有3个犯罪嫌疑人，他们对自己实施的危害行为都持故意的心理状态，都认识到自己和其他的行为人在共同进行某一犯罪活动。尽管吴某中途退出，但由于没有阻止犯罪行为的进行，根据共同犯罪理论，一人既遂，全部既遂，所以张某、孙某和吴某的行为成立盗窃罪的共同犯罪。

## 理论部分

### 一、共同犯罪的概念和构成要件

共同犯罪是指二人以上共同故意犯罪。构成共同犯罪,应当具备以下三个条件。

**(一) 主体要件**

必须是两个以上的人,包括三种情况:(1) 两个以上有刑事责任能力的自然人实施的共同犯罪;(2) 自然人和单位的共同犯罪;(3) 单位和单位的共同犯罪。

**(二) 客观要件**

必须有共同犯罪的行为。各共同犯罪人的行为结成了一个整体,互相联系,共同配合,共同导致了危害结果的发生。

共同行为的表现形式:(1) 共同的作为、共同的不作为,不作为和作为的结合;(2) 有分工或者无分工的行为。无分工的行为中,每一个共同犯罪人都实施了特定犯罪的实行行为,都是实行犯。有分工的情形是指共同犯罪行为中,有的行为人实施了实行行为,有的实施了教唆、帮助或者组织等非实行行为。

**(三) 主观要件**

各共同犯罪人的行为之所以能结成一个整体,就是由于共同犯罪主观要件的存在——共同犯罪的故意。所谓共同犯罪的故意,是指各共同犯罪人通过意思联络,认识到他们的行为会发生危害社会的结果,并且希望或者放任该结果的发生。共同故意也包括认识因素和意志因素。

1. 共同犯罪的认识因素

在共同犯罪中,各共同犯罪人必须认识到以下内容:(1) 认识到不是自己一个人单独实施犯罪,而是和其他人一起共同实施犯罪行为的;(2) 认识到自己的行为会发生危害结果,并且认识到其他人的行为也会引起危害结果;(3) 预见到各共同犯罪人的行为已经结成了一个整体,将会共同导致危害结果的发生。

2. 共同犯罪的意志因素

(1) 行为人在认识到上述因素的基础上,通过自己自由意志的选择,决意参加共同犯罪;(2) 希望或者放任包括自己行为在内的共同犯罪行为共同导致危害结果的发生。

正是由于共同故意的存在,各行为人的行为才结成了一个整体。如果没有共同故意,就没有共同犯罪。所以,下列情形不属于共同犯罪:

(1) 共同过失犯罪不是共同犯罪;

(2) 一方故意一方过失的,不能成立共同犯罪;

(3) 同时犯不是共同犯罪;

(4) 同时实施犯罪,但故意内容不同的,不能成立共同犯罪;

(5) 超出共同犯罪故意的行为不属于共同犯罪。

## 二、几个特殊的问题

### (一) 片面共犯

共同犯罪人的一方有与他人共同实施犯罪的意思，并有协助他人活动的犯罪行为，但他人却不知情，因而缺乏共同犯罪的意思联络。不知情的他人显然不构成共同犯罪，但出于故意给予对方以协助的人是成立共同犯罪的，在刑法理论上称其为片面共犯。

片面的帮助犯是存在的。帮助者有与他人共同犯罪的故意，又有共同犯罪的行为，因此应根据主客观相一致的原则，按片面共犯处理，否则将会使这些犯罪分子失去处罚根据。

但是，片面的教唆犯不可能存在。如果他人由于受到教唆而产生犯罪意图并实施了犯罪，那么教唆者与被教唆者之间已经有了意思联络，不存在一方不知情的片面共犯。

### (二) 间接正犯

间接正犯和直接正犯相对。直接正犯是指行为人基于自身直接的身体活动实行构成要件行为的情况，间接正犯则是利用他人的身体活动实行犯罪活动的人。

间接正犯和共同犯罪有共同之处，如都是利用他人进行犯罪，参与犯罪的人都在两个以上等。但在共同犯罪中，所有参与的人都构成犯罪，而在间接正犯的情况下，被利用的他人不构成犯罪。

间接正犯存在于以下场合：

(1) 利用完全缺乏是非辨别能力者，即利用无责任能力者进行犯罪；

(2) 利用非行为的他人身体活动，如身体的条件反射运动、利用身体被强制时的动作等；

(3) 利用缺乏犯罪构成要件故意的他人、利用他人的过失行为或者无过错行为，如将毒药交给不知情的他人使其将毒药投放到被害人的杯子里；

(4) 利用无目的而有故意的工具，即被利用人欠缺特定目的而被利用，但缺乏目的犯中的特定目的、特定的身份等(这种情况在我国被认为是犯罪中的共犯)；

(5) 利用正当防卫等正当行为，如甲拟杀丙，唆使丙用刀砍乙，预期乙会实施正当防卫而杀丙，果然，乙在防卫时杀死了丙。

### (三) 共同犯罪与身份

《刑法》中规定的有些犯罪除了要求行为人具有刑事责任能力之外，还必须具备特定的身份，这种犯罪主体称为特殊主体，这种犯罪称为身份犯。身份，包括要求构成身份犯罪所必须具备的身份，即作为犯罪构成要件的身份，也有影响刑事责任大小的身份即量刑身份。

1. 共同犯罪与构成要件身份

无身份者可以和有身份者一起共同构成只有有身份者才能构成的犯罪。无身份者可以成为共同犯罪中的教唆犯、组织犯和帮助犯，特殊情况下也可以成为共同犯罪的实行犯。对于这种犯罪的定性，应以实行犯的行为来定性。

2. 共同犯罪与量刑身份

《刑法》中有的条文规定，有身份者实施了某种犯罪行为时应当从重或者从宽处罚，如国家工作人员非法拘禁他人的，从重处罚等。在这种情况下，身份只对有身份者量刑时产生作用，对于无身份者，不能以该身份对其刑进行加减。

## 实训练习

**一、关键概念**

共同犯罪的构成要件

**二、案例分析**

1. 甲、乙共谋伤害丙，进而共同对丙实施伤害行为，导致丙身受一处重伤，但不能查明该重伤是由谁的行为引起。请问，本案应当如何处理？

2. 甲、乙共谋次日杀害丙，但次日甲因腹泻未能前往犯罪地点，乙单独一人杀死了丙。请问，甲、乙是否是共同犯罪？

3. 医生甲故意将患者的药量增加10倍，护士乙发现后请甲改正。甲说那家伙(指患者)太坏了，他死了我负责。乙没有吭声，便按甲开的处方给患者用药，导致患者死亡。请问，甲、乙的行为是否属于共同犯罪？



# 模块二　共同犯罪形式的运用实务

### 教学重点

本模块教学的重点是共同犯罪的形式分类。

### 教学目标

要求学生能够正确理解共同犯罪的形式。

### 活动设计

理论部分：通过案例导入，引入共同犯罪的形式，阐述共同犯罪形式分类。

实训部分：掌握关键概念，分析经典案例，参与案例讨论，熟悉共同犯罪的形式。

### 案例导入

孙某纠集李某等5人组成“天龙会”，自封“大天王”，要求李某等人发挥主观能动性为天龙会创收。李某等人在3个月时间内抢劫6次，杀死1人，重伤3人，劫得财物若干。上述犯罪行为孙某有的知道，有的不知道，其中参与抢劫1次。请问，对孙某应当如何处理？

**相关法律条文**

根据我国《刑法》第 26 条的规定，组织、领导犯罪集团进行犯罪活动的或者在共同犯罪中起主要作用的，是主犯。三人以上为共同实施犯罪而组成的较为固定的犯罪组织，是犯罪集团。对组织、领导犯罪集团的首要分子，按照集团所犯的全部罪行处罚。

据此，只要是犯罪集团性质范围内的犯罪活动，无论首要分子是否知悉具体犯罪事实，都应当为其领导行为而承担全部责任。孙某应当对犯罪集团的所有罪行承担责任。

**理论部分**

## 一、共同犯罪形式的概念

共同犯罪的形式是指共同犯罪的结构或者共同犯罪人之间的结合形式。从不同的角度可以作出不同的分类。

## 二、共同犯罪形式的划分

### (一) 必要的共同犯罪和任意的共同犯罪

这是以共同犯罪可否任意形成为标准进行划分的。

必要的共同犯罪是指《刑法分则》规定必须有二人以上才能构成而不能由一人实施的犯罪。在我国《刑法》中主要有以下三类。

1. 聚众犯罪

聚众犯罪是指以不特定多数人的聚合行为作为构成要件的情况，如聚众劫狱罪、组织越狱罪、聚众扰乱社会秩序罪等。一类是只要参加就可以构成的聚众犯罪，如聚众劫狱罪、组织越狱罪。另一类是组织者和积极参加者构成而一般参与者不构成犯罪，如聚众扰乱社会秩序罪、聚众冲击国家机关罪、聚众斗殴罪、聚众淫乱罪等。

2. 对行性共同犯罪

对行性共同犯罪又称对行犯、对向犯，是基于双方的对行行为而构成的犯罪。对行性共同犯罪又包括两种情况：(1) 对双方的对行行为给予同样的评价，规定同样的法定刑，如重婚罪；(2) 对双方的对行行为给予不同的评价，使其法定刑也不同，如行贿、受贿，拐卖妇女、儿童和收买被拐卖的妇女、儿童等。

3. 集团性共同犯罪

集团性共同犯罪是指以组织、领导或者参加犯罪集团作为构成要件的共同犯罪，主要有组织、领导、参加黑社会性质组织罪，组织、领导、参加恐怖组织罪，以及参加间谍组织的行为。

必要的共同犯罪规定在《刑法分则》中，因此又称分则性共同犯罪。《刑法》对这类共同犯罪人已经根据其性质、作用的大小规定了不同的法定刑，因此量刑时直接根据《刑法分则》中规定的法定刑，不再根据《刑法总则》的关于共同犯罪人的规定对其从轻或者从重处罚。

任意的共同犯罪又称总则性共同犯罪，即《刑法分则》规定一人能够单独实施的犯罪，由两个以上的人实施时所成立的共同犯罪，如两个以上的人共同伤害、共同盗窃等。

### （二）事前通谋的共同犯罪和事先无通谋的共同犯罪

这是以共同犯罪故意形成的时间为标准进行划分的。

事前通谋的共同犯罪是指共同犯罪人在着手实施犯罪之前已经形成了共同故意的犯罪。

事先无通谋的共同犯罪是指临时产生共同犯罪故意的共同犯罪，即共同犯罪人在开始实施共同犯罪的过程中形成了共同犯罪的故意，因此严格地说，应是事中通谋的共同犯罪。

### （三）简单的共同犯罪和复杂的共同犯罪

这是以共同犯罪人之间有无分工为标准进行划分的。

简单的共同犯罪是指所有的共同犯罪人都实施了犯罪的实行行为，都是实行犯。在简单的共同犯罪中没有教唆犯、帮助犯、组织犯，所有的人都是实行犯，每一个人的行为都符合《刑法分则》规定的某种犯罪的犯罪构成，因此不存在修正的犯罪构成，《刑法总则》中关键要注意其量刑问题。

复杂的共同犯罪是指各共同犯罪人在共同犯罪中的分工不同，处于不同的地位，实施了不同的行为。其中，有一人或者数人实施了实行行为，但也必须有人实施了非实行行为即教唆行为、帮助行为、组织行为。在复杂的共同犯罪中，其他行为只要有一种就可以，但必须要有实行行为。

### （四）一般的共同犯罪和有组织的共同犯罪

这是以共同犯罪人之间有无组织形式为标准进行划分的。

一般的共同犯罪是指共同犯罪人暂时结合在一起，在实施完某一具体犯罪后即行散伙的共同犯罪。

有组织的共同犯罪是指三人或者三人以上以多次实行某一种或者几种犯罪行为为目的结合在一起的具有一定组织性的犯罪团体。

犯罪集团是指三人以上为共同实施犯罪而组成的较为固定的犯罪组织。犯罪集团具有以下特征：

(1) 由三人或者三人以上组成；

(2) 具有一定程度的组织性，成员之间有领导与被领导的关系；

(3) 结成组织的目的是为了实施犯罪；

(4) 具有一定程度的固定性，该组织建立起来后准备长期存在。

## 实训练习

**一、关键概念**

共同犯罪的形式

**二、案例分析题**

1. 收废品的小贩赵某答应收购某铜厂青工罗某偷盗的工业用紫铜。罗某遂偷出价值5 000元的铜块交与赵某。请问，赵某和罗某二人的行为应当如何处理？

2. 甲、乙合谋盗窃一电器仓库，乙先配置一把万能钥匙交给甲，约定当晚12点在仓库门口见面后行窃。后乙因害怕未到现场，甲一个人用万能钥匙打开库房，窃得两万余元的货物。事后，甲分给乙300元，乙推脱后分文未取。请问，如何评价乙的行为？

# 模块三　共同犯罪人的处理实务

**教学重点**

本模块教学的重点是共同犯罪人的种类。

**教学目标**

要求学生能够正确理解共同犯罪人的种类和处罚原则。

**活动设计**

理论部分：通过案例导入，引入共同犯罪人的种类，阐述共同犯罪人的处罚原则。

实训部分：掌握关键概念，分析经典案例，参与案例讨论，熟悉共同犯罪人的种类和处罚原则。

**案例导入**

赵某游手好闲，为了让经商的父亲多给一些钱用而费尽心机。赵某让钱某（不满14周岁）给自己的父亲打电话，谎称自己被警察抓走了。钱某问为什么要撒谎，赵某说："这不关你的事！"钱某给赵某的父亲打了电话。接着，赵某于当日半夜拿菜刀将自己的左手小指齐指甲根部剁下，然后跑到医院包扎。第二天早晨，赵某让孙某把装有半截手指的信封送到赵家楼下的食杂店，委托店主交给赵某的父亲。中午孙某按赵某的意思给赵某的父亲打电话："你的儿子已经被我们绑架了，拿50万元来赎人，否则你儿子便没命了。"赵某的父亲立即报案，公安机关将赵某、钱某和孙某抓获。赵某在被拘留期间，主动交代司法机关还未掌握的另一犯罪事实：赵某在盗窃了李某家5 000

元现金后，为了毁灭罪证而实施了放火行为。钱某在被拘留期间也主动交代自己曾参与一起绑架案，分得赎金3000元。孙某在被拘留期间，检举、揭发了周某的重大犯罪行为，经查证属实。请问，本案中哪些人分别有哪些法定的量刑情节？

**相关法律条文**

我国《刑法》第27条规定："在共同犯罪中起次要或者辅助作用的，是从犯。对于从犯，应当从轻、减轻处罚或者免除处罚。"

第28条规定："对于被胁迫参加犯罪的，应当按照他的犯罪情节减轻处罚或者免除处罚。"

第29条规定："教唆他人犯罪的，应当按照他在共同犯罪中所起的作用处罚。教唆不满18周岁的人犯罪的，应当从重处罚。如果被教唆的人没有犯被教唆的罪，对于教唆犯，可以从轻或者减轻处罚。"

本案中，赵某的法定量刑情节有：(1) 是主犯，因为其在敲诈勒索的共同犯罪中起着策划、组织的作用；(2) 实施敲诈勒索犯罪行为与放火犯罪时都尚不满18周岁，应当从轻或者减轻处罚；(3) 自首情节。

孙某的法定量刑情节有：(1) 是从犯，在敲诈勒索的共同犯罪中起着次要、帮助的作用；(2) 实施敲诈勒索犯罪行为尚不满18周岁，应当从轻或者减轻处罚；(3) 立功(重大)。

本案中钱某不满14周岁，属无刑事行为能力人，不能作为犯罪处理。

**理论部分**

## 一、共同犯罪人的种类

世界各国刑法对共同犯罪人的分类标准有两种：(1) 以分工为标准，将共同犯罪人分为实行犯、教唆犯、帮助犯，有的再加上组织犯，这是大多数国家的做法；(2) 以作用为标准，将共同犯罪人分为主犯和从犯，这是中国古代刑法中的做法。

我国《刑法》对共同犯罪人的分类采取的"以作用分类法为主，以分工分类法为补充"的标准，将共同犯罪人分为主犯、从犯、胁从犯和教唆犯。

## 二、主犯

《刑法》第26条第1款规定："组织、领导犯罪集团进行犯罪活动的或者在共同犯罪中起主要作用的，是主犯。"

根据该规定，主犯包括以下三类人员。

### (一) 组织犯

组织犯即组织、领导犯罪集团的首要分子或者在犯罪集团中起策划、指挥作用的犯罪分子。

组织犯具有以下特征：

(1) 客观上实施了组织行为，即组织、领导、策划、指挥的行为；

(2) 主观上有组织犯罪的故意，即明知自己的行为是组织、领导犯罪集团或者在其中策划、指挥犯罪活动的行为，并且希望犯罪集团成立，希望犯罪集团进行的犯罪活动所造成的危害结果的发生。

#### (二) 犯罪集团中的骨干分子

犯罪集团中的骨干分子虽然不是组织犯，但在组织犯的领导下特别卖力地实施犯罪行为，是组织犯的得力助手，具体的犯罪活动往往是他们指挥进行的。

#### (三) 一般共同犯罪中主要的实行犯

实行犯是指在共同犯罪中，自己直接实施犯罪的实行行为，或者利用他人做工具实施犯罪的实行行为的共同犯罪人。一般共同犯罪中主要的实行犯，其行为对危害结果的发生起到了关键作用。

实行犯具有以下特征：

(1) 必须自己实施犯罪的实行行为；

(2) 必须有实施实行行为的故意。

在简单的共同犯罪中，其行为对于结果的发生起了主要作用的实行犯是主犯。在复杂的共同犯罪中，如果只有一个实行犯，该实行犯必然是主犯；如果有几个实行犯，其行为对结果发生起主要作用的是主犯。

根据《刑法》第 26 条第 3 款、第 4 款的规定，组织、领导犯罪集团的首要分子，按照集团所犯的全部罪行处罚。对于其他主犯，按照其所参与的或者组织、指挥的全部犯罪处罚。

在共同犯罪中，有时可能有几个主犯，此时对不同的主犯仍应区别对待。

### 三、从犯

《刑法》第 27 条第 1 款规定："在共同犯罪中起次要或者辅助作用的，是从犯。"因此，从犯包括两类人员。

#### (一) 在共同犯罪中起次要作用的犯罪分子

在共同犯罪中起次要作用的犯罪分子是指次要的实行犯，他们实施的行为虽然是犯罪的实行行为，但行为对结果的发生所起的原因力作用较小，不是结果发生的主要原因。

#### (二) 在共同犯罪中起辅助作用的犯罪分子

在共同犯罪中起辅助作用的犯罪分子即帮助犯。帮助犯是指自己不直接实施犯罪行为，而是在他人产生犯罪决意后为他人实施犯罪创造便利条件，帮助他人实施犯罪行为的共同犯罪人。

帮助犯具有以下特征：

(1) 客观上实施了犯罪的帮助行为，即在他人犯罪之前或者犯罪的过程中给予帮助，使其易于实施犯罪或者易于完成犯罪的行为；

(2) 主观上有帮助他人进行犯罪的故意，在我国《刑法》中，所有的帮助犯都是从犯。

对于从犯，应当从轻、减轻或者免除处罚。

## 四、胁从犯

根据《刑法》第 28 条的规定，被胁迫参加犯罪的，是胁从犯。

胁从犯是我国《刑法》的独特体例，具有两个特征：一是在主观上行为人虽然明知自己实施的行为是共同犯罪行为，但从其内心而言，行为人不愿意或者不完全愿意参与共同犯罪，只是由于受到他人的暴力威胁才参加了共同犯罪；二是在客观上行为人虽然参与了共同犯罪的实施，但是其犯罪行为显得比较消极，缺乏积极主动精神。

根据《刑法》的规定，对于胁从犯，应当按照他的犯罪情节减轻或者免除处罚。这里的"犯罪情节"包括被胁迫的程度和参加犯罪后所起作用的大小。

## 五、教唆犯

### (一) 教唆犯的概念

根据《刑法》第 29 条第 1 款的规定，教唆他人犯罪的，是教唆犯。所以，教唆犯是指故意引起他人犯罪决意的犯罪分子。

### (二) 教唆犯的成立条件

1. 客观上实施了教唆行为，或者其教唆行为引起被教唆人实施所教唆的犯罪

教唆的方式包括建议、劝说、请求、利诱、威胁、怂恿、收买、雇佣等。

教唆的对象必须是本来没有犯罪意图的特定的人，必须是有责任能力人，必须是特定的人，必须教唆他人犯特定的罪，必须教唆他人故意犯罪——包括教唆他人实施犯罪的实行行为、组织行为、教唆行为和帮助行为。

2. 主观上必须有教唆他人犯罪的故意

教唆犯故意的内容包括：(1) 认识到他人没有犯罪故意，或者犯罪故意不坚定，被教唆人本来已经有犯罪故意而教唆人不知道，误以为对方没有犯罪故意而加以教唆的，仍然成立教唆犯(认识错误)；(2) 认识到被教唆人是具有刑事责任能力的人，明知对方没有刑事责任能力而教唆的，是间接正犯；(3) 预见到自己的教唆行为将引起被教唆人产生特定的犯罪意图并实施所教唆之罪；(4) 希望或者放任被教唆人去实施自己所教唆的犯罪；(5) 希望或者放任被教唆人实施的行为引起危害社会的结果。

### (三) 教唆犯的刑事责任

教唆他人犯罪的，应按其在共同犯罪中的作用处罚。如果教唆犯的作用比实行犯的作用大或相当于实行犯，应当按照主犯的处罚原则处罚教唆犯；如果教唆犯的作用小于实行犯，则以从犯的处罚原则处罚教唆犯。但是，不再把教唆犯认定为主犯或从犯。

教唆不满 18 周岁的人犯罪的，对教唆犯从重处罚，包括：(1) 教唆已满 16 周岁不

满18周岁的人犯任何罪的；(2) 教唆已满14周岁不满16周岁的人犯特定的8种犯罪的；(3) 教唆已满14周岁不满16周岁的人犯8种特定犯罪以外的其他犯罪的；(4) 教唆不满14周岁的人实施任何严重危害社会的行为的。后两种情况是间接正犯，对教唆人仍然应当从重处罚。

被教唆人没有犯被教唆之罪的，对教唆犯可以从轻或者减轻处罚。这是教唆未遂，包括：(1) 拒绝教唆；(2) 当时接受了教唆，但事后又打消了犯罪意图，没有进行任何犯罪活动；(3) 接受了教唆，但事后实施了其他犯罪行为，没有实施所教唆之罪；(4) 对方已经有犯罪意图，误以为其没有犯罪意图而对其进行教唆(对象不能犯)等。

## 实训练习

**一、关键概念**

共同犯罪人的分类

**二、判断分析题**

1. 胁从犯是指被胁迫、被诱骗参加犯罪的人。（ ）
2. 首要分子不一定是主犯。（ ）
3. 在共同犯罪中不可能只有从犯而没有主犯。（ ）
4. 对于从犯，应当比照主犯从轻、减轻或者免除处罚。（ ）

**三、案例分析题**

被告人王某提出抢劫一辆出租车，徐某、高某均不同意。王某便说，若不同意抢车，他就自杀。于是二人未再反对。王某租乘杨某驾驶的红色奥拓车。在车上，王某提出抢劫该车，徐某不同意，王某又以自杀相威胁，高某表示同意。王某以上厕所为名，让司机杨某停车，车还未停稳，王某随即用黑色皮裤带勒住杨某的颈部。杨某奋力反抗，打开车门往外跑时，王某、徐某、高某将杨某向车内拉，杨某拼命挣扎逃脱。王某驾车带徐某、高某逃跑，途中轿车翻落路边，轿车报废。请问，徐某和高某的行为是胁从犯吗？

# 项目十二　罪数应用实务

## 模块一　罪数判断的运用实务

**教学重点**

本模块教学的重点是理论上的一罪分类。

**教学目标**

要求学生能够正确理解一罪和数罪的区分以及理论上的一罪分类。

**活动设计**

理论部分：通过案例导入，引入共同犯罪的概念，阐述理论上的一罪分类。

实训部分：掌握关键概念，分析经典案例，参与案例讨论，熟悉一罪和数罪的区分以及理论上的一罪分类。

**案例导入**

甲开办一间小汽修店，因修理一进口轿车缺零配件，便于晚间在一停车场将同一型号小轿车备用轮胎一个(价值 1 200 元)和发动机(价值 5 万元)拆下盗走。请问，甲的行为是否属于数罪？

**相关法律条文**

根据《刑法》第 264 条的规定，盗窃公私财物，数额较大或者多次盗窃的，是盗窃罪。甲盗用备用轮胎和发动机的行为，构成盗窃罪而不能构成破坏交通工具罪。因为甲盗窃发动机致使该车无法使用，所以谈不上危害公共安全。由于甲是出于一个犯罪故意，连续实施了性质相同的两个行为，触犯的是同一罪名，刑法理论上称其为连续犯，是处断的一罪。

**理论部分**

### 一、一罪与数罪概述

#### (一) 罪数的概念和意义

罪数是行为人危害社会的行为构成犯罪的单复。构成一罪的，是一罪；构成数罪的，是数罪。一般情况下区分一罪与数罪并不难，但对于一些特殊的情况到底是一罪还是数罪，认定起来则比较困难，确定这些行为是一罪还是数罪，具有十分重要的意义。

### (二) 区分一罪与数罪的标准

中外理论界有不同的观点，如行为标准说、法益标准说、犯意标准说、构成要件标准说、综合说等不同的学说，我国刑法理论界的通说是犯罪构成标准说，认为在区分一罪与数罪时应当以犯罪构成为标准。凡是行为符合一个犯罪构成的，是一罪，符合数个犯罪构成的，是数罪。

## 二、理论上的一罪

理论上的一罪包括继续犯、想象竞合犯和结果加重犯。

### (一) 继续犯

1. 继续犯的概念

继续犯又称持续犯，是指一个已经实现犯罪既遂的行为，在既遂后的相当时间里持续侵犯同一客体或者相同客体的犯罪。《刑法》中的非法拘禁罪、绑架罪是继续犯的适例。

2. 继续犯的特征

(1) 继续犯是一个行为。主观上，支配行为的犯意只有一个；客观上，无论行为持续的时间有多长，都是一个行为，不因行为的持续、行为地的转移、行为时间的间断而成立数个行为。因此，不是一个行为的就不是继续犯，如惯犯。

(2) 持续侵犯同一客体或者相同客体。继续犯的行为在既遂前与既遂后是一个贯通的行为，因而在之前及之后侵犯的客体也是不变的。

(3) 继续犯是犯罪达到既遂之后，犯罪状态在继续中，即行为与不法状态都在继续中。

(4) 继续犯是犯罪行为在相当的时间里的持续。每一种犯罪都会持续一段时间，但继续犯是在相当的时间里发生的。所谓相当时间，是指从犯罪的性质、情节、危害上看构成继续犯所持续的时间。

### (二) 想象竞合犯

1. 想象竞合犯的概念和成立条件

想象竞合犯是指一个犯罪行为触犯了数个罪名的犯罪，即基于一个犯意的发动，实施了一个行为，侵犯了数个客体，触犯了数个罪名的情况。我国《刑法》没有明确规定想象竞合犯。

成立想象竞合犯应具备以下条件：

(1) 实施了一个行为，既可以是故意行为，也可以是过失行为；

(2) 一行为触犯了数个罪名，即触犯了两个以上的罪名，一个行为在外观上、形式上同时触犯了数个罪名。

2. 想象竞合犯的处罚原则

对于想象竞合犯，应按行为所触犯罪名中的一个重罪论处，而不以数罪论处。即从一重罪处罚，在所触犯的数个罪名中，按最重的一个罪名处罚。在数罪中比较轻重，应以法定刑的轻重为准。

### （三）结果加重犯

1. 结果加重犯的概念

结果加重犯是指故意实施了基本的犯罪构成要件的行为，发生了基本的犯罪构成结果以外的重结果，《刑法》对重结果规定了加重的法定刑的犯罪，其适例是故意伤害致人死亡罪。

2. 结果加重犯的构成要件

(1) 须有基本的犯罪构成。结果加重犯以标准的犯罪构成为前提，即行为人实施了基本的犯罪构成中的行为，产生了加重结果，行为人对加重结果承担刑事责任。

(2) 须有加重的结果。加重结果是《刑法》专门规定的行为人在实施某种基本的犯罪构成时，发生的基本的犯罪构成结果以外的重结果。它和标准的犯罪构成紧密联系，但又在标准的犯罪构成以外发生，具有客观上的因果性和依附性，如果没有结果犯，也就没有结果加重犯存在的余地。

(3)《刑法》规定了比基本犯罪较重的法定刑。

3. 结果加重犯的处罚

结果加重犯不构成新的罪名，定罪时仍以基本犯罪的罪名定性；量刑时适用《刑法》中对结果加重犯处刑的条款，不适用基本犯罪的处刑。



## 实训练习

### 一、关键概念

理论上的一罪分类

### 二、案例分析题

1. 被告人甲携带作案工具，窜至某供水站，将一台价值 6 980 元的备用变压器盗拆；后窜至某砖厂，将一台价值 9 400 元的停机待用的变压器盗拆。请问，本案应当如何处理？

2. 被告人甲与被害人乙（均为韩国人）系朋友关系。乙因赌博欠下甲 3 000 万韩元的赌债。后甲、乙来到沈阳市。甲因乙不给钱，遂找到被告人丙、丁、戊（均为韩国人）多次预谋并进行分工。后在沈阳市以设赌局为名将乙骗至沈阳市，将乙关押。乙被迫用电话通知其在韩国的亲友将 3 000 万韩元汇到后被放走。请问，本案应当如何定性？

# 模块二　一罪认定的处理实务

### 教学重点



本模块教学的重点是法定的一罪、处断的一罪。

## 教学目标

要求学生能够正确理解法定的一罪、处断的一罪。

## 活动设计

理论部分：通过案例导入，引入共同犯罪的形式，阐述法定的一罪、处断的一罪。

实训部分：掌握关键概念，分析经典案例，参与案例讨论，熟悉法定的一罪、处断的一罪。

## 案例导入

甲是某刑庭庭长。乙的儿子在一次斗殴中将他人的脾脏刺裂，致人死亡而被捕。乙听说市政法委副书记丙能量大，好办事，遂给丙送去15万元，请求丙救救自己的儿子。丙收到钱后便找到甲，对该案件作了具体指示。甲会意，将起诉意见书中的"用螺丝刀具连刺数下"改为"被迫自卫、无意刺中脾脏"，并以正当防卫的名义，将乙的儿子的案件作了无罪处理。请问，对甲和丙应当如何处理？

## 相关法律条文

根据《刑法》第399条第3款的规定，司法工作人员贪赃枉法，有徇私枉法或者枉法裁判行为的，同时又构成受贿罪的，依照处罚较重的规定定罪处罚，所以甲的行为构成徇私枉法罪。本案中，甲作为国家工作人员，利用职务之便，收受巨额贿赂，构成受贿罪，同时，丙与甲构成徇私枉法罪的共犯，对丙应适用数罪并罚。

## 理论部分

### 一、法定的一罪

法定的一罪包括结合犯和惯犯。

**(一) 结合犯**

1. 结合犯的概念

结合犯是指将刑法上各自独立的数个行为，由法律明文规定结合为一罪的情况，如日本刑法中的强盗强奸罪。我国《刑法》中没有规定结合犯。

2. 结合犯的特征

(1) 所结合的数罪，必须是刑法明文规定为独立的犯罪行为，否则不成立结合犯。

(2) 所结合的数罪必须是数个不同的故意犯罪。

(3) 数个罪名由另一法律条文加以结合，成立新罪，即"甲罪＋乙罪＝丙罪"。

(4) 数个行为成立新的罪名后，它们各自失去原有的独立性而成为新罪的构成要件，成立一罪而不再属于数罪。

**(二) 集合犯**

1. 集合犯的概念

集合犯是指行为人以实施不定次数的同种犯罪为目的,虽然实施了数个同种犯罪行为,刑法规定不作为数罪而是作为一罪处理的犯罪形态。集合犯包括常业犯和营业犯。

2. 集合犯的构成要件

(1) 集合犯的行为人以实施不定次数的同种犯罪为目的。

(2) 集合犯通常实施了数个同种的犯罪行为,如多次非法行医等。

(3) 集合犯必须是刑法将可能实施的数个同种犯罪行为规定为一罪,如非法行医罪。

**(三) 集合犯的种类**

日本刑法理论界对于集合犯有两种分类方法:一种是将其分为常习犯和营业犯两种;另一种是将其分为常习犯、营业犯和职业犯三种。我国刑法理论界有人将其分为常业犯和营业犯。

1. 常业犯

常业犯是指以一定行为为常业的犯罪,即行为人意图实施多次同种犯罪行为,法律规定以反复多次实施同种犯罪行为为构成要件的犯罪。对于这种犯罪来说,只实施了依次行为的,犯罪还不能成立,只有反复实施同种犯罪行为,才能构成犯罪。

2. 营业犯

营业犯是指以营利为目的,意图反复实施一定的行为、以之为业的犯罪。

**(四) 集合犯的处罚原则**

对于集合犯,不论行为人实施了多少次犯罪行为,都只构成一罪,不实行数罪并罚。

## 二、处断的一罪

处断的一罪包括连续犯、吸收犯和牵连犯。

**(一) 连续犯**

1. 连续犯的概念

连续犯是指行为人出于同一故意,连续实施了数个独立成罪的行为,触犯同一罪名的犯罪形态。我国《刑法》未明文规定连续犯,但承认连续犯的存在,如《刑法》89 条的"犯罪行为有连续或者继续状态的……",就是如此。

2. 连续犯的特征

(1) 有同一犯罪故意。

有同一犯罪故意即故意是同一的而不是多种,同一的故意有连续犯罪的意思。故意是同一的,是指从第一次行为到最后一次行为都包括在一个犯意之内,并未另起新的犯意,如出于同一个动机而多次杀人、多次强奸同一被害人等。

(2) 连续实施数个可独立成罪的行为。

连续犯的数行为必须是数个独立的犯罪，如果数行为在《刑法》上不能独立成罪，就不成立连续犯，即使其中的一个行为构成犯罪，也不成立连续犯。

(3) 数个独立行为须触犯同一罪名。

同一罪名是指完全相同的罪名。

3. 连续犯的处罚

对于连续犯的处罚，《刑法》中没有明文规定，理论上和实践中认为，对连续犯应当从一重处，即将连续犯作为量刑时的一个从重情节。

### (二) 吸收犯

1. 吸收犯的概念

吸收犯是指数个不同的犯罪行为，依照一般的日常观念或法条内容，其中一个行为当然地为他行为所吸收，只成立吸收行为的一个犯罪。

2. 吸收犯的特征

(1) 事实上有数个不同的行为，每一行为都单独成罪，都分别符合《刑法分则》规定的有关条文规定的犯罪构成。

(2) 数个犯罪行为之间存在着吸收关系。吸收关系主要有两种情况：① 一般经验上的吸收关系，即依照一般经验法则，一罪是另一罪的当然实行方法或当然实行结果，前行为是后行为的当然发展阶段或者后行为是前行为的当然发展结果；② 法条内容上的吸收关系，即按照法律规定，一罪的犯罪构成为他罪所包括。

3. 吸收犯的处罚

吸收关系表现为重行为吸收轻行为。对吸收犯以重罪论处，轻罪被重罪吸收。

### (三) 牵连犯

1. 牵连犯的概念

以实施某种犯罪为目的，但其方法行为或结果行为又触犯了其他罪名的情况，此时方法行为和目的行为之间、原因行为和结果行为之间就存在着牵连关系，因此称之为牵连犯。

2. 牵连犯的构成要件

(1) 牵连犯以实施某一犯罪为目的。这是牵连犯的本质。牵连犯是为了实施某一犯罪，其方法行为和结果行为又构成了另外一个犯罪。

(2) 须有两个以上的行为，其中一个是目的行为，一个是方法行为；或者一个是原因行为，一个是结果行为。

(3) 两个以上的行为均触犯了《刑法分则》中的有关规定，触犯了两个以上的罪名，构成独立的犯罪，各行为不属于一个犯罪构成的要件。

(4) 两个以上的行为之间须有牵连关系。牵连关系有两种：① 方法行为和目的行为之间的牵连关系；② 原因行为和结果行为的牵连关系。

### (四) 牵连犯的处罚

牵连犯虽然是数个行为，但主观上是犯一罪的意思，客观上不可分离，因此应从一重论处，不实行数罪并罚。但当法律有特别规定时，则应当依照法律的规定，实行数罪并罚，如《刑法》第198条关于保险诈骗罪的有关规定。

## 实训练习

### 一、关键概念

法定的一罪　处断的一罪

### 二、选择题

1. 刑法理论上所说的处断的一罪是指(　　)。

　A. 想象竞合犯　　B. 牵连犯　　C. 连续犯　　D. 吸收犯

2. 下列情形中属于连续犯的有(　　)。

　A. 某甲和村民有仇，在三天之内先后杀死了村长的妻子、儿子和儿媳

　B. 某乙在连续半年时间内，持续对丈夫与其前妻所生孩子以打骂、冻饿、不让吃饭等方式进行虐待

　C. 某丙系国家工作人员，在一个月之内，先后实施了贪污和受贿行为

　D. 某丁以其妻子快要生小孩为由，将其年迈的父亲赶出家门，使父亲沿街乞讨；一周后又将妻子生下的女婴溺死

### 三、案例分析题

1. 李某等人利用工业酒精大量勾兑白酒后，为了尽快将其推向市场，便假冒“五粮液”等名牌商标出售，造成数十人甲醇中毒，多人双目失明。请问，李某等人的行为应当如何处理？

2. 被告人甲、乙合谋利用他人证券交易账户透支公款买卖股票，于2008年2月至8月间，采用透支申报委托、删除成交通告、截留交割凭单及改动计算机数据库等手段，共计买进各种股票计34 500股，挪用公款六百多万元。请问，甲、乙的行为应当如何评价？

# 第三编

# 刑罚论

# 项目十三　刑罚实务

## 模块一　刑罚的运用实务

### 教学重点

本模块教学的重点是刑罚及其刑罚的理论。

### 教学目标

要求学生能够正确理解刑罚的概念，掌握刑罚的目的。

### 活动设计

理论部分：通过案例导入，引入刑罚及其刑罚理论。

实训部分：掌握关键概念，分析经典案例，参与案例讨论，熟悉理解刑罚的概念，掌握刑罚的目的。

### 案例导入

农民王某在外打工多年，却从包工头的手里讨不回属于自己的工钱。一怒之下，他杀害了四人，重伤一人。请问，王某的行为该如何处罚？

### 相关法律条文

我国《刑法》第48条规定："死刑只适用于罪行极其严重的犯罪分子。对于应当判处死刑的犯罪分子，如果不是必须立即执行的，可以判处死刑同时宣告缓期2年执行。死刑除依法由最高人民法院判决的以外，都应当报请最高人民法院核准。死刑缓期执行的，可以由高级人民法院判决或者核准。"

王某故意造成严重的危害结果，且属于罪行极其严重，据此，人民法院一审判处王某死刑。

### 理论部分

### 一、刑罚的概念

刑罚是指掌握政权的统治阶级为惩罚犯罪而规定在《刑法》中的，由专门国家机关适用和执行的最为严厉的强制方法。

刑罚具有以下特征：

(1) 刑罚是最严厉的强制方法。它可以剥夺犯罪人的一切权利，甚至包括生命。可以同时剥夺数种不同的权利，如生命权和财产权、自由权和财产权等。

(2) 刑罚只能由国家最高权力机关以成文法的方式制定，其他任何机关无权制定刑罚。

(3) 刑罚只适用于特定的对象，即犯罪分子。

(4) 刑罚只能由国家特定机关依照法定程序才能适用。

(5) 刑罚只能由特定国家机关执行，我国的刑罚执行机关包括人民法院、监狱、公安机关等。

## 二、刑罚的功能

刑罚的功能是指国家制刑、量刑和行刑的活动对人们产生的积极作用。

### (一) 犯罪人的功能

1. 剥夺功能

剥夺功能又称限制再犯功能，是指剥夺犯罪人的某种权利或者利益，使其丧失再次犯罪的能力和条件。

2. 惩罚功能

惩罚功能即给犯罪人带来一定的痛苦，也是实现特殊预防和一般预防的要求。

3. 教育改造功能

除死刑外，任何一种刑罚都有教育改造功能，以自由刑表现得最为充分。劳动改造、教育改造、感化、矫正，使犯罪分子重新做人。

### (二) 对被害人的功能

被害人有惩罚犯罪人的强烈愿望，国家只有以刑罚惩罚了犯罪人，被害人才能从犯罪造成的痛苦中解脱出来，平息其仇恨和愤怒，该功能就是对被害人的补偿和安抚功能。

### (三) 对社会的功能

1. 威慑功能

威慑功能包括个别威慑和一般威慑。

个别威慑是指对犯罪人产生的威慑作用，在行刑前，这种威慑功能可以使犯罪人放弃犯罪意念、中止犯罪行为或者以自首、立功、坦白、退赃等方式争取宽大处理，在行刑后可以使犯罪人因已经感受到刑罚的痛苦，感受到实施犯罪所必须付出的代价而不敢再次犯罪。

一般威慑是指刑罚对潜在的犯罪人产生的威慑功能，包括立法威慑、司法威慑和行刑威慑。立法阶段更注重一般预防，《刑法》是罪刑价目表；司法阶段通过量刑，对具体的犯罪人适用了刑罚，对其他潜在的犯罪人发生威慑作用；在行刑阶段，行刑活动对潜在的犯罪人也具有威慑作用，如公开执行死刑；但不应过多强调行刑威慑。

2. 教育、鼓励、鉴别功能

教育功能是指适用刑罚有助于强化公民的守法意识，教育公民遵纪守法。鼓励功能是指鼓励公民同犯罪行为作斗争，鼓励公民实施合法行为。鉴别功能是指使公民区分罪与非罪的界限，提高法律水平，减少和消除法盲犯罪的现象。

## 三、刑罚权

刑罚权是指国家基于独立主权，对犯罪人实行刑事制裁的权力。

刑罚权由私刑权发展而来，在原始社会实行复仇制度，惩罚犯罪的权力属于个人。在国家建立之后，私刑权被取消，刑罚权成为国家权力的一种。现代社会，除了个别情况下被害人也享有一定的权利外，刑罚权中所有的内容都属于公权。

刑罚权包括以下四个方面的内容。

### （一）制刑权

制刑权即创制刑罚的权力，包括对刑罚制度的立、改、废。只有国家最高立法机关才享有制刑权。

### （二）求刑权

求刑权是指请求对犯罪人处以刑罚的权力。在现代社会，求刑权由侦查机关和公诉机关行使，表现为侦查机关收集犯罪证据、公诉机关对刑事案件提起公诉。但是被害人在一定情况下也享有求刑权，如对告诉才处理的案件进行告诉，对司法机关不立案、不起诉的案件提起自诉等。

### （三）量刑权

量刑权是审判权的一部分，决定是否科处刑罚、科处何种刑罚。

### （四）行刑权

行刑权对犯罪人执行刑罚的权力。

## 四、刑罚的目的

刑罚的目的是预防犯罪，包括特殊预防和一般预防。

### （一）特殊预防

特殊预防又称个别预防，是指通过刑罚预防已经实施了犯罪行为的犯罪人再次实施犯罪。特殊预防的对象是已经实施了犯罪行为的犯罪人。

特殊预防的方式包括三个方面，即剥夺、惩罚和改造。

(1) 对于罪行极其严重的犯罪分子处死刑，彻底剥夺了其再次犯罪的能力。

(2) 在适用剥夺自由刑时，犯罪人一定时间内与社会隔离，使他们失去了危害社会的机会；并且使他们感受到刑罚的痛苦，而不致再次危害社会。

(3) 适用财产刑时剥夺了犯罪分子再次实施犯罪的物质条件，并且使其感到无利可图而不敢、不愿再次实施犯罪。

(4) 独立适用资格刑时，或者适用限制自由刑时，剥夺了其政治权利或者限制了其人身自由，可以在一定程度上预防其再次犯罪，如犯罪人无法利用其政治权利再次实施犯罪。

(5) 适用各种刑罚措施都应重视对犯罪人的教育改造，除死刑外的其他刑罚措施中都包含着教育、改造的功能，通过教育改造，使犯罪人成为遵纪守法的人，不致再危害社会。这是特殊预防最基本、最重要的方式。特殊预防的实现主要是《中华人民共和国监狱法》(以下简称《监狱法》)的内容。《监狱法》第 3 条规定："监狱对罪犯实行惩罚和改造相结合、教育和劳动相结合的原则，将罪犯改造成为守法公民。"

**(二) 一般预防**

1. 一般预防的概念

一般预防是指通过制定、适用和执行刑罚，威慑潜在的犯罪人，防止他们实施犯罪行为。一般预防的对象是潜在的犯罪人，包括危险分子、不稳定分子和被害人——被害人多具有强烈的报复念头，如果不对其进行疏导和防范，可能会酿成新的犯罪。所以被害人也是一般预防的对象。

2. 一般预防的方式

一般预防的方式包括威慑、安抚和教育。

(1) 通过制定和适用刑罚，威慑潜在的犯罪人，抑制他们的犯罪意念。

(2) 通过制定、适用和执行刑罚，表明国家和社会对犯罪不能容忍，并应对犯罪人予以惩罚，从而对犯罪进行否定评价，以安抚被害人及其亲属，对其心理进行补偿，防止报复性犯罪的发生。

(3) 通过制定、适用和执行刑罚，提高人民群众的法制观念，鼓励他们积极和犯罪作斗争，预防犯罪的发生。

3. 一般预防的实现

(1) 刑罚必然。

对于一切犯罪，都应当科处刑罚，即使社会上发生的一切犯罪行为都受到刑罚的制裁。这是实现一般预防最重要的途径。犯罪人一般具有强烈的侥幸、投机、冒险心理，总是自认为其行为不可能被发觉。犯罪心理学研究表明，侥幸心理是支配犯罪发生的最重要的心理。刑罚必然是破除侥幸心理的最重要途径。

(2) 刑罚及时。

即一旦发生犯罪，应当在尽可能短的时间内将案件破获，将犯罪人交付审判，及时地判处并执行刑罚。刑罚越及时，一般预防的效果也就越明显。

(3) 刑罚公开。

刑罚公开包括立法公开和司法公开。让人们了解"罪刑价目表"，了解犯罪行为必然会受到制裁，了解刑罚的痛苦性，从而使刑罚起到威慑、安抚的效果。

(4) 刑罚适当。

刑罚适当是罪刑相适应原则的要求，也是实现一般预防的要求。刑罚过轻，不足以遏制潜在犯罪人的犯罪意念，相反会促使他们实施犯罪；也不足以安抚被害人。刑罚过重，不符合文明发展的趋势，并且增强了犯罪人和社会公众对刑罚痛苦性的耐受力，造成人们对刑罚反应的迟钝，增加了犯罪的神秘感和吸引力，会促使人们同情犯罪人并对统治的合法性、合理性产生怀疑。所以，威慑并不能靠严刑峻法，而应当依靠刑罚适当。

**（三）特殊预防和一般预防的关系**

特殊预防和一般预防紧密结合，相辅相成。一般地说，在制刑阶段，更强调一般预防，兼顾特殊预防；在量刑阶段，两者并重；在行刑阶段，更强调特殊预防，兼顾一般预防。

## 实训练习

**一、关键概念**

刑罚权　刑罚目的

**二、案例分析题**

1. 因不满未婚妻小蓉（化名）移情别恋，邬某心生妒火，用扁担将小蓉活活打死后连夜潜逃。后因邬某的母亲错认尸体，邬某在外逃亡21年才被警方抓获。请问，本案应当如何处理。

2. 被告人魏某驾驶保时捷小型越野车，由南至北行至莫干山路，由于超速行驶，未注意观察行人动态，车头保险杠左侧撞上由西向东横穿马路的马某，致其因颅脑损伤而死亡。事后，魏某积极赔偿，终获受害人家属的谅解。请问，应当如何评价魏某的行为？



# 模块二　刑罚体系的处理实务

**教学重点**

本模块教学的重点是刑罚的体系。

**教学目标**

要求学生能够正确理解刑罚的体系，重点理解死刑的应用。

**活动设计**

理论部分：通过案例导入，引入刑罚体系的理论阐释。

实训部分：掌握关键概念，分析经典案例，参与案例讨论，熟悉理解刑罚体系概念，掌握几种常见的主刑和附加刑。

**案例导入**



2009年8月，甲在某市连续持注射器扎刺市民，引起该市市民的恐慌。某天，在该市友谊医院附近的巷道内一个水果摊前，甲再次持注射器扎刺正在买水果的妇女刘某的臂部时被抓获。请问，对于甲的行为应当如何定罪处罚？

**相关法律条文**

我国《刑法》第 45 条规定："有期徒刑的期限，除本法第 50 条、第 69 条规定外，为 6 个月以上 15 年以下。"第 55 条第 1 款规定："剥夺政治权利的期限，除本法第 57 条规定外，为 1 年以上 5 年以下。"

王某用注射器扎刺他人、制造恐怖气氛的行为已构成投放危险物质罪，且引起社会恐慌，造成严重后果，依法予以惩处：判处有期徒刑 15 年，剥夺政治权利 5 年。

**理论部分**

刑罚的体系是指刑法典对各种刑罚方法依照一定的标准进行排列所形成的刑罚序列。

我国《刑法》共规定了 5 种主刑、3 种附加刑。5 种主刑是管制、拘役、有期徒刑、无期徒刑和死刑。3 种附加刑是罚金、剥夺政治权利、没收财产。此外，对犯罪的外国人还规定了驱逐出境这种特殊的附加刑。

## 一、主刑

主刑是对犯罪适用的主要刑罚方法。主刑只能独立适用，不能附加适用。对一个犯罪只能适用一个主刑，不能适用 2 个以上的主刑。我国《刑法》共规定了 5 种主刑。

### (一) 管制

管制是指对犯罪分子不予关押，但限制一定的自由，交由公安机关执行并由群众监督改造的一种刑罚方法。管制是主刑中最轻的一种刑罚，也是我国独创的刑罚方法。

1. 管制的期限

管制的期限，为 3 个月以上 2 年以下。管制的刑期，从判决执行之日起计算；判决执行以前先行羁押的，羁押 1 日折抵刑期 2 日。

2. 管制的执行机关

被判处管制的犯罪分子，由公安机关执行。

3. 管制的内容

被判处管制的犯罪分子，在执行期间，应当遵守下列规定：(1) 遵守法律、行政法规，服从监督；(2) 未经执行机关批准，不得行使言论、出版、集会、结社、游行、示威自由的权利；(3) 按照执行机关规定报告自己的活动情况；(4) 遵守执行机关关于会客的规定；(5) 离开所居住的市、县或者迁居，应当报经执行机关批准。对于被判处管制的犯罪分子，在劳动中应当同工同酬。

判处管制，可以根据犯罪情况，同时禁止犯罪分子在执行期间从事特定活动，进入特定区域、场所，接触特定的人。

对判处管制的犯罪分子，依法实行社区矫正。

被判处管制的犯罪分子，管制期满，执行机关应即向本人和其所在单位或者居住地的群众宣布解除管制。

### （二）拘役

拘役是指短期内剥夺犯罪分子的人身自由，就近实行劳动改造的刑罚方法。拘役和行政拘留、民事拘留、刑事拘留存在差别。

1. 拘役的期限

拘役的期限，为1个月以上6个月以下。拘役的刑期，从判决执行之日起计算；判决执行以前先行羁押的，羁押1日折抵刑期1日。

2. 拘役的执行机关和内容

被判处拘役的犯罪分子，由公安机关就近执行。一般关押在拘役所内服刑。在执行期间，被判处拘役的犯罪分子每月可以回家1天至2天；参加劳动的，可以酌量发给报酬。

### （三）有期徒刑

有期徒刑是指剥夺犯罪分子一定期限的人身自由，并强迫其接受教育和改造的刑罚措施。有期徒刑是刑罚体系的中心，任何一种犯罪的法定刑中都有有期徒刑，也是实践中适用最多的刑种。有期徒刑的期限，除《刑法》第50条、第69条的规定外，为6个月以上15年以下。有期徒刑的刑期，从判决执行之日起计算；判决执行以前先行羁押的，羁押1日折抵刑期1日。

判处有期徒刑、无期徒刑的犯罪分子，在监狱或者其他执行场所执行；凡有劳动能力的，都应当参加劳动，接受教育和改造。其他劳改场所是指少年犯管教所、看守所等。

### （四）无期徒刑

无期徒刑是指剥夺犯罪分子终身自由，并强制其参加劳动、接受教育和改造的刑种。无期徒刑的严厉性仅次于死刑，适用对象是罪行极其严重但又不必判处死刑的犯罪分子。

被判处无期徒刑时，先行羁押的期间不能折抵刑期，并且必须附加剥夺政治权利终身。被判处无期徒刑的犯罪分子必须参加劳动，接受教育和改造。事实上，被判处无期徒刑的犯罪分子一般均得到减刑、假释的机会。

### （五）死刑

1. 死刑的概念

死刑是对罪行极其严重的犯罪分子适用的剥夺其生命的刑罚方法。被判处死刑的犯罪分子必须附加剥夺政治权利终身。死刑是最严厉的刑种。我国的死刑政策是“保留死刑，少杀、慎杀”。目前我国《刑法》中死刑罪名共58种。

2. 死刑的限制性规定

(1) 适用条件的限制。

死刑只适用于罪行极其严重的犯罪分子。《刑法修正案（八）》中死刑罪名由68个减到58个，体现了宽严相济的刑法原则，有13个经济性非暴力犯罪将不再判处死刑。

(2) 适用对象的限制。

犯罪的时候不满18周岁的人和审判的时候怀孕的妇女，不适用死刑。审判的时候已满75周岁的人，不适用死刑，但以特别残忍手段致人死亡的除外。

(3) 适用程序上的限制。

死刑除依法由最高人民法院判决的以外，都应当报请最高人民法院核准。但事实上，该规定未得到执行。目前普通刑事犯罪的死刑仍然由省高级人民法院核准，最高法院事实上只核准经济犯罪案件。

(4) 死刑执行制度上的限制。

死刑执行制度上的限制主要体现在规定了死刑缓期执行制度，具体内容如下。

① 死刑缓期执行的适用条件。

对于应当判处死刑的犯罪分子，如果不是必须立即执行的，可以判处死刑同时宣告缓期 2 年执行。具体包括两层含义：一是必须是应当判处死刑的犯罪分子，如果所犯之罪不是死刑罪名，或者虽然是死刑罪名，但其犯罪没有达到"罪行极其严重"的程度，或者是不满 18 周岁的人或者怀孕妇女，审判的时候已满 75 周岁的人，不是以特别残忍手段致人死亡的，不能适用死缓；二是不是必须立即执行，如自首、有立功表现、被害人有过错，犯罪动机有值得怜悯之处、数个主犯中比较靠后的主犯等，以及出于其他方面考虑等。

② 死刑缓期执行的考验期。

死刑缓期执行的期间，从判决确定之日起计算。先行羁押的期间不能计算在 2 年的考验期内。死刑缓期执行减为有期徒刑的刑期，从死刑缓期执行期满之日起计算，先行羁押的期间及 2 年的考验期不能计算在减刑后的有期徒刑刑期内。

③ 死刑缓期执行的核准。

死刑缓期执行的，可以由高级人民法院判决或者核准。

④ 死刑缓期执行的三种结果。

判处死刑缓期执行的，在死刑缓期执行期间，如果没有故意犯罪，2 年期满以后，减为无期徒刑；如果确有重大立功表现，2 年期满以后，减为 25 年有期徒刑；如果故意犯罪，查证属实的，由最高人民法院核准，执行死刑。

对被判处死刑缓期执行的累犯以及因故意杀人、强奸、抢劫、绑架、放火、爆炸、投放危险物质或者有组织的暴力性犯罪被判处死刑缓期执行的犯罪分子，人民法院根据犯罪情节等情况可以同时决定对其限制减刑。

## 二、附加刑

附加刑是补充主刑适用的刑罚方法。附加刑既可以独立适用，也可以附加适用。适用附加刑时，对一个犯罪可以适用 2 个以上的附加刑。我国《刑法》规定的附加刑包括罚金、剥夺政治权利、没收财产，以及对犯罪的外国人适用的驱逐出境。

### (一) 罚金

罚金是财产刑的一种，是指人民法院判处犯罪分子向国家交纳一定数额金钱的刑罚方法。在旧刑法中，罚金刑的地位不高，新刑法在分则中大量增加了关于罚金刑的规定。罚金和罚款不同，前者是一种刑罚措施，后者是一种行政处罚措施。

1. 罚金的适用方式

在《刑法分则》中，规定罚金的方式有以下几种：(1) 选处罚金，在法定刑中，罚金和其他刑罚并列，这时如果适用罚金，只能独立适用；(2) 单处罚金，只能判处罚金，不能适用其他刑罚，单位犯罪中对犯罪的单位只能适用单处罚金；(3) 并处罚金，除了适用主刑外，还应当判处罚金；(4) 并处或者单处罚金，在这种情况下，罚金既可以附加适用，也可以单独适用。

2. 罚金的数额

《刑法》第52条规定："判处罚金，应当根据犯罪情节决定罚金数额。"从刑法对罚金数额的规定看，主要有倍数罚金制、比例罚金制、定额罚金制和无限额罚金制四种方式。

3. 罚金的交纳

根据《刑法》第53条的规定，罚金的交纳有四种方式：(1) 罚金在判决指定的期限内一次或者分期缴纳；(2) 强制交纳，期满不缴纳的，强制缴纳；(3) 随时交纳，对于不能全部缴纳罚金的，人民法院在任何时候发现被执行人有可以执行的财产，应当随时追缴；(4) 减免交纳，由于遭遇不能抗拒的灾祸缴纳确实有困难的，可以酌情减少或者免除。

**(二) 剥夺政治权利**

1. 剥夺政治权利的概念

剥夺政治权利是指人民法院判处剥夺犯罪分子参加国家管理活动和政治活动的权利的刑罚措施。剥夺政治权利既可以单独适用，也可以附加适用。单独适用时，剥夺政治权利是一种轻刑，附加适用时则是一种重刑。

根据《刑法》第54条的规定，剥夺政治权利是剥夺下列权利：(1) 选举权和被选举权；(2) 言论、出版、集会、结社、游行、示威自由的权利；(3) 担任国家机关职务的权利；(4) 担任国有公司、企业、事业单位和人民团体领导职务的权利。

2. 剥夺政治权利的适用方式

剥夺政治权利在以下情况下适用：

(1) 对于危害国家安全的犯罪分子应当附加剥夺政治权利；

(2) 对于故意杀人、强奸、放火、爆炸、投毒、抢劫等严重破坏社会秩序的犯罪分子，可以附加剥夺政治权利；

(3) 被判处死刑、无期徒刑的犯罪分子，应当剥夺政治权利终身；

(4) 独立适用剥夺政治权利的，依照《刑法分则》的规定。

3. 剥夺政治权利的期限及计算

(1) 被判处死刑、无期徒刑的犯罪分子，应当剥夺政治权利终身。

(2) 判处管制附加剥夺政治权利的，剥夺政治权利的期限与管制的期限相等，同时执行。

(3) 在死刑缓期执行减为有期徒刑或者无期徒刑减为有期徒刑的时候，应当把附加剥夺政治权利的期限改为3年以上10年以下。

(4) 除《刑法》第57条规定外，为1年以上5年以下。

附加剥夺政治权利的刑期，从徒刑、拘役执行完毕之日或者从假释之日起计算；剥夺政治权利的效力当然施用于主刑执行期间。

### （三）没收财产

没收财产是指人民法院判决没收犯罪分子个人所有财产的一部或者全部。没收财产是一种比较严厉的附加刑，它只能独立适用，不能附加适用。从《刑法分则》的规定看，没收财产刑的适用方式包括和罚金刑选择并处、并处、可以并处等情形。

人民法院判决没收财产时，可以判决没收部分财产，也可以判决没收全部财产。没收全部财产的，应当对犯罪分子个人及其扶养的家属保留必需的生活费用。在判处没收财产的时候，不得没收属于犯罪分子家属所有或者应有的财产。没收财产以前犯罪分子所负的正当债务，需要以没收的财产偿还的，经债权人请求，应当偿还。

### （四）驱逐出境

驱逐出境是强迫犯罪的外国人离开中国国（边）境的刑罚方法。作为一种特殊的附加刑，驱逐出境不具有普遍适用的价值，它只适用于犯罪的外国人。

## 实训练习

### 一、关键概念

刑罚体系　主刑和附加刑

### 二、案例分析题

1. 裴某尚在管制执行期间，与他人合作写了一本《股市参与技巧》并使用化名出版。请问，应当如何评价裴某的行为？

2. 陈某在抢劫时造成被害人重伤，人民法院以抢劫罪判处陈某有期徒刑15年，并处罚金5万元，赔偿被害人经济损失5万元。经查，陈某只有财产8万元。请问，对本判决的财产部分应当如何执行？

3.《刑法分则》某条文规定：犯A罪，“处3年以下有期徒刑，并处或者单处罚金”。被告人犯A罪，但情节较轻，且其身无分文。请问，对于被告人应当如何处罚？

# 项目十四 刑罚的裁量实务

## 模块一 刑罚裁量的运用实务

### 教学重点

本模块教学的重点是刑罚裁量的原则和情节。

### 教学目标

要求学生能够正确理解刑罚的原则，掌握刑罚裁量的情节。

### 活动设计

理论部分：通过案例导入，引入刑罚的原则和情节。

实训部分：掌握关键概念，分析经典案例，参与案例讨论，熟悉理解刑罚的原则，掌握刑罚裁量的情节。

### 案例导入

王某因犯故意伤害罪被人民法院依法判处有期徒刑5年，服刑3年后被假释。在假释考验期的第1年，王某盗窃一辆汽车未被发现。假释考验期满后的第4年，王某因抢劫被逮捕，他交代了自己在假释考验期限内盗窃汽车的行为。请问，是否需要对王某撤销假释；王某的行为是否构成累犯？属于自首吗？

### 相关法律条文

王某在假释考验期内故意犯罪，应当撤销假释，按照《刑法》第70条的规定，先减后并，和后罪数罪并罚；王某在刑罚执行完毕或者赦免以后5年以内再犯应当判处有期徒刑以上刑罚之罪的，是累犯；王某是归案后交代公安机关尚未掌握的罪行，属特别自首。

### 理论部分

## 一、量刑的原则

### （一）量刑的概念

量刑是指人民法院根据行为人所犯罪行及刑事责任的轻重，在定罪的基础上，依法对犯罪分子判处刑罚的刑事审判活动。量刑具有四个特征：

(1) 量刑是人民法院的一种审判活动，其他任何机关都没有量刑权；

(2) 量刑的对象是犯罪分子，只有对犯罪分子才能决定是否适用刑罚；

(3) 定罪是量刑的前提，只有在解决了定罪问题，才能决定量刑问题；

(4) 刑事责任的大小是量刑轻重的根据。

**(二) 量刑的原则**

罪刑法定原则、罪责刑相适应原则也是在量刑过程中需要遵守的。《刑法》第 61 条明确规定了量刑的原则："对于犯罪分子决定刑罚的时候，应当根据犯罪的事实、犯罪的性质、情节和对于社会的危害程度，依照本法的有关规定判处。"根据该条规定，量刑原则可以概括为"以事实为根据，以法律为准绳"。

## 二、量刑的情节

**(一) 量刑情节的概念**

量刑的情节是指人民法院在对犯罪分子量刑时据以决定处罚轻重或者免除处罚的各种主客观事实。

**(二) 量刑情节的分类**

1. 法定情节和酌定情节

法定情节是指法律明文规定的量刑情节。法定情节包括应当情节和可以情节。在应当情节中，法律明确使用了"应当"一词，或者只规定"从重处罚"。对于可以情节，法律明确使用了"可以"一词。

酌定情节是指法律没有明文规定，但对量刑也具有重要作用的情节。在有些情况下，酌定情节会影响社会危害性或者人身危险性。如犯罪动机，有些犯罪动机值得同情和怜悯，从而使犯罪的社会危害性和行为人的人身危险性有所降低；有些犯罪动机比较卑劣，使犯罪的社会危害性和行为人的人身危险性有所增大；但也有一些情况下，犯罪动机对社会危害性或者人身危险性则不发生影响。

2. 从严情节和从宽情节

从严情节包括从重情节和加重情节，我国法律没有规定加重情节。从宽情节包括从轻情节、减轻情节和免除处罚的情节。根据《刑法》的规定，犯罪分子具有《刑法》规定的从重处罚、从轻处罚情节的，应当在法定刑的限度以内判处刑罚。犯罪分子具有《刑法》规定的减轻处罚情节的，应当在法定刑以下判处刑罚。犯罪分子虽然不具有《刑法》规定的减轻处罚情节，但是根据案件的特殊情况，经最高人民法院核准，也可以在法定刑以下判处刑罚。

## 实训练习

**一、关键概念**

刑罚裁量的原则　刑罚裁量的情节

二、案例分析题

2006 年 4 月 21 日晚，被告人许某来到广州市天河区黄埔大道某银行的 ATM 取款机取款。结果取出 1 000 元。他惊讶地发现银行卡账户里只被扣了 1 元，狂喜之下，许某连续取款 5.4 万元。当晚，许某回到住处，将此事告诉了同伴郭某。两人随即再次前往提款，之后反复操作多次。后经警方查实，许某先后取款 171 笔，合计 17.5 万元，郭某则取款 1.8 万元。事后，郭某向公安机关投案自首并全额退还赃款。请问，本案应当如何处理？

## 模块二　累犯的处理实务

### 教学重点

本模块教学的重点是累犯的处理实务。

### 教学目标

要求学生能够正确理解累犯的概念，掌握累犯在司法实践中的具体应用。

### 活动设计

理论部分：通过案例导入，引入累犯的概念和分类。

实训部分：掌握关键概念，分析经典案例，参与案例讨论，熟悉累犯的分类，能理论联系实际分析累犯案例。

### 案例导入

李某因抢劫罪被人民法院判处有期徒刑 7 年，于 2003 年 10 月刑满释放。2005 年 10 月 24 日，李某又因琐事将刘某的腰部、手部等处打伤，致刘某轻伤乙级。公诉机关以被告人李某涉嫌故意伤害罪及具有累犯情节向人民法院提起公诉。本案审理后，合议庭对被告人李某的行为构成故意伤害罪没有异议，但对其是否构成累犯存在不同的意见。请问，本案应当如何处理？

### 相关法律条文

我国《刑法》第 65 条规定："被判处有期徒刑以上刑罚的犯罪分子，刑罚执行完毕或者赦免以后，在 5 年以内再犯应当判处有期徒刑以上刑罚之罪的，是累犯，应当从重处罚，但是过失犯罪和不满 18 周岁的人犯罪的除外。前款规定的期限，对于被假释的犯罪分子，从假释期满之日起计算。"

李某后来犯的是故意伤害罪（轻伤），其量刑条款是《刑法》第 234 条第 1 款，即处 3 年以下有期徒刑、拘役或者管制。这是一个选择性的量刑条款，如果人民法院认为应当判处有期徒刑，则构成累犯；如果人民法院认为不应当判处有期徒刑，而是判处拘役或者管制的，则不构成累犯。

**理论部分**

## 一、累犯的概念

累犯是指因犯罪被判过一定刑罚的犯罪分子，在刑罚执行完毕或者赦免之后的一定期间内再犯一定之罪的犯罪分子。

对累犯从重处罚，是世界各国刑法普遍的做法，理由如下。

### （一）累犯的人身危险性大于初犯

累犯已经受过刑罚处罚，接受过劳动改造，仍然不思悔改，在短期内再次实施了犯罪行为，说明其人身危险性较大，只有对其判处较重的刑罚，才能达到改造的效果。

### （二）累犯的社会危害性也较大

累犯会耗费国家司法机关在侦破案件、审判和执行方面更多的人力物力，累犯的出现会损害国家司法权威，影响国家法律在公民心目中的威信，累犯的行为会对社会心理秩序和公民个人的心理秩序造成较大的破坏。所以，根据罪刑相适应原则和刑罚个别化原则，对累犯应当从重处罚。

## 二、累犯的成立条件

我国《刑法》规定的累犯包括一般累犯和特殊累犯。

### （一）一般累犯

《刑法》第 65 条规定："被判处有期徒刑以上刑罚的犯罪分子，刑罚执行完毕或者赦免以后，在 5 年以内再犯应当判处有期徒刑以上刑罚之罪的，是累犯，应当从重处罚，但是过失犯罪除外。前款规定的期限，对于被假释的犯罪分子，从假释期满之日起计算。"

根据该规定，成立一般累犯应当具备以下三个条件。

(1) 实质条件，即前罪和后罪都必须是故意犯罪。如果都是过失犯罪，或者有一个是过失犯罪，就不能成立累犯。

(2) 前罪被判处有期徒刑以上刑罚，后罪应当被判处有期徒刑以上刑罚。有期徒刑以上刑罚是指有期徒刑、无期徒刑和死刑。

(3) 后罪发生在前罪刑罚执行完毕或者赦免以后 5 年之内。

被假释的犯罪分子如果在假释考验期内再犯新罪，不能成立累犯。在假释考验期满 5 年内再犯新罪的，成立累犯。前罪被判处缓刑的犯罪分子在缓刑考验期满后 5 年之内再犯新罪的，不能成立累犯。

### （二）特殊累犯

特殊累犯又称特别累犯、危害国家安全罪累犯。《刑法》第 66 条规定："危害国家安全的犯罪分子在刑罚执行完毕或者赦免以后，在任何时候再犯危害国家安全罪的，都以累犯论处。”

根据该规定，成立特殊累犯应具备以下三个条件：

(1) 前罪和后罪都是危害国家安全、恐怖活动犯罪、黑社会性质的组织犯罪的犯罪；

(2) 前罪被判处的刑罚和后罪应当判处的刑罚种类及轻重不受限制，但不能包括免除处罚的情形；

(3) 后罪发生的时间不受限制，但必须是在前罪执行完毕或者赦免之后，在前罪刑罚执行期间再犯危害国家安全罪、恐怖活动犯罪、黑社会性质的组织犯罪的，不能成立特殊累犯。

## 三、累犯的刑事责任

根据《刑法》第 65 条的规定，对于累犯，应当从重处罚，但是过失犯罪除外。

## 实训练习

### 一、关键概念

一般累犯　特殊累犯

### 二、案例分析题

1. 张某犯故意伤害罪被判处有期徒刑 3 年，缓刑 3 年，缓刑期满后的第 3 年他又犯盗窃罪，被判处有期徒刑 7 年。请问，张某是否成立累犯？

2. 王某因犯盗窃罪被判处有期徒刑，执行完毕后第 4 年，再次犯盗窃罪被人民法院判处 2 年零 9 个月有期徒刑。请问，人民法院可否对王某实行减刑、缓刑、假释和保外就医？

# 模块三　自首与立功的处理实务

**教学重点**

本模块教学的重点是自首与立功的处理实务。

**教学目标**

要求学生能够正确理解自首与立功的概念，掌握自首与立功的理论。

## 活动设计

理论部分：通过案例导入，引入自首和立功的概念和分类。

实训部分：掌握关键概念，分析经典案例，参与案例讨论，熟悉立功与自首理论，能实际分析自首和立功的相关案例。

## 案例导入

黄某（19周岁）和赵某（17周岁）合伙盗窃邻村王某家的耕牛。黄某在门外望风，赵某进牛棚牵牛。由于赵某不小心弄出响声，被王某发现。黄某听到王某的吆喝声，不顾等赵某立即逃走。王某手持木棒紧追赵某，赵某为了逃避王某的抓捕，掏出随身携带的水果刀朝王某的身上捅了一刀后逃走。黄某逃到村头刚好遇见巡逻的民警。民警见黄某形迹可疑即将其带回问话，黄某如实将其和赵某合谋盗窃的情况向民警作了交代。请问，黄某的行为应当认定为自首吗？

## 相关法律条文

根据《刑法》第67条第1款的规定，犯罪以后自动投案，如实供述自己的罪行的，是自首。对于自首的犯罪分子，可以从轻或者减轻处罚。其中，犯罪较轻的，可以免除处罚。黄某仅因形迹可疑，被巡逻民警盘问即如实将其和赵某合谋盗窃的情况向民警如实作了供述。根据最高人民法院《关于处理自首和立功具体应用法律若干问题的解释》第1条的规定，黄某的行为属于自首。

## 理论部分

# 一、自首

### （一）自首的概念

自首是指犯罪以后自动投案，如实供述自己的罪行，以及被采取强制措施的犯罪嫌疑人、被告人和正在服刑的罪犯，如实供述司法机关还未掌握的本人其他罪行的行为。自首从宽是各国刑法的一项共同规定。

自首从宽的根据：(1) 自首意味着行为人终止了因自己的犯罪行为而形成的危害社会的持续状态，自行减少了对社会的危害，这是自首从宽处罚的首要根据；(2) 自首是犯罪人犯罪后有悔罪或者自新之心的开始，说明行为人已经初步具备了接受改造、重新做人的前提条件，说明行为人的人身危险性比较小，比较容易接受改造，所以，自首后从宽处罚是刑法目的的必然要求；(3) 自首从宽可以分化瓦解犯罪分子，维护社会治安，自首从宽给已经实施了犯罪行为的人指出了一条改过自新之路，可以促使犯罪人自动投案；(4) 自首可以节省司法机关侦查、审理案件的人力物力，自首犯比较容易接受改造，也减少了执行刑罚的难度，从而实现刑罚的效益。

根据《刑法》的规定，自首包括一般自首和特别自首。

## （二）一般自首的成立条件

一般自首是指犯罪以后自动投案，如实供述自己的罪行的行为。成立一般自首应当具备以下条件。

1. 自动投案

自动投案是指犯罪分子犯罪后，在未被讯问、未被采取强制措施之前，出于本人的意志而向有关机关或者个人交代了自己的犯罪行为，并且将自己置之于有关机关的管束、控制之下的行为。自动投案是成立一般自首的前提。

(1) 投案时间。

投案必须在犯罪行为发生之后、被动归案之前。

(2) 投案对象。

一般是向有侦查权的机关如公安、检察等机关投案，向其他司法机关投案的，向纪律检查机关、行政监察机关投案的，向单位内部的纪律检查部门或者其工作人员，向单位负责人或者基层组织负责人投案的，也属于自动投案。

(3) 投案方式。

一般是自行来到司法机关交代自己的行为并听候处理。在亲属陪同或者规劝下投案的属于自动投案；但被亲属扭送到司法机关的，或者被亲属检举后司法机关将其抓获的，不是自动投案。因伤、因病或者因为其他原因暂时不能来到司法机关，而以电信方式投案的，或者委托他人先行报案的，也属于自动投案，但在这种情况下，犯罪人必须等候司法机关的处理，而不得逃逸。如果在被追捕过程中因走投无路而停止逃跑、等待抓获的，不能成立自动投案。

(4) 投案动机。

投案动机一般是出于悔罪心理，但也可以出于其他动机，如为了争取从宽处罚、由于生活所迫、慑于法律的威严等。不同的投案动机对成立自首没有影响。但如投案是为了包庇同伙，则不能成立自动投案。

(5) 积极归案。

投案后必须将自己置之于司法机关或者有关部门的管束、控制之下。如果投案后脱逃的，不能成立自动投案，更不能成立自首。

2. 如实供述自己的罪行

犯罪人在自动投案后，应当如实供述自己的主要罪行。主要罪行是相对于次要罪行而言的，是指影响定罪量刑的重要犯罪事实和情节。

(1) 在共同犯罪中，除了应交代自己的犯罪事实外，还应当交代所知道的共同犯罪人。主犯除了要交代自己实施的犯罪行为外，还应当如实交代其他共犯的犯罪事实。

(2) 一人犯有数罪时，如果只交代了其中的一部分犯罪事实，只就已经交代的部分成立自首，未交代的不能成立自首。如果如实交代了所有的犯罪事实，则均成立自首。

## （三）特殊自首的成立

特殊自首又称准自首，是指采取强制措施的犯罪嫌疑人、被告人和正在服刑的罪犯，如实供述司法机关还未掌握的本人其他罪行的行为。成立特殊自首应具备的条件是：

（1）主体必须是已经被采取强制措施的犯罪嫌疑人、被告人和正在服刑的罪犯；

（2）必须是如实供述司法机关还未掌握的本人其他罪行。

**(四) 自首和坦白的关系**

广义的坦白是指犯罪人如实供述自己的犯罪事实的行为，包括自首在内。狭义的坦白是指犯罪分子被动归案后，如实供述司法机关已经掌握的本人罪行的行为。狭义的自首属于“犯罪后的态度”，这是酌定情节的一种表现方式。

**(五) 自首的处罚**

对于自首的犯罪分子，可以从轻或者减轻处罚。其中，犯罪较轻的，可以免除处罚。犯罪嫌疑人虽不具有前款规定的自首情节，但是如实供述自己罪行的，可以从轻处罚；因其如实供述自己的罪行，避免特别严重后果发生的，可以减轻处罚。

## 二、立功

立功是指犯罪分子有揭发他人犯罪行为，查证属实的，或者提供重要线索，从而得以侦破其他案件等情形。

除了法律明确规定的这两种情形外，常见的立功还有：阻止他人的犯罪行为的，协助抓获其他罪犯的，其他有利于国家和社会的行为等。

犯罪分子有立功表现的，可以从轻或者减轻处罚；有重大立功表现的，可以减轻或者免除处罚。犯罪后自首又有重大立功表现的，应当减轻或者免除处罚。

## 实训练习

**一、关键概念**

一般自首与特别自首　立功

**二、案例分析题**

1. 甲为使其弟乙逃脱处罚，送给在审理乙涉嫌非法拘禁一案的合议庭审判员丙5万元。在审判委员会上，丙试图为乙开脱罪责，但未能得逞，于是丙将收受的5万元还给甲。甲经过思想斗争，到司法机关主动交代了自己向丙行贿的行为。请问，对甲的行为可否适用《刑法总则》关于自首的处罚规定？

2. 甲和乙共同入户抢劫并致人死亡后分头逃跑，后甲因犯强奸罪被抓获归案。在羁押期间，甲向公安人员供述了自己和乙共同所犯的抢劫罪行，并提供了乙因犯故意伤害罪被关押在另一城市的看守所的有关情况，使乙所犯的抢劫罪受到刑事追究。请问，甲的行为成立特别自首吗？

# 模块四　数罪并罚的处理实务

## 教学重点

本模块教学的重点是数罪并罚的原则和处理情形。

## 教学目标

要求学生能够正确理解数罪并罚的原则，掌握数罪并罚的情形。

## 活动设计

理论部分：通过案例导入，引入数罪并罚的原则和处理情形。

实训部分：掌握关键概念，分析经典案例，参与案例讨论，熟悉数罪并罚的原则，能熟练应用数罪并罚理论。

## 案例导入

丁在判决宣告以前犯有 A、B、C、D 四罪，但人民法院只判决 A 罪 8 年、B 罪 12 年，决定合并执行 18 年有期徒刑。执行 5 年后发现丁还犯有 C 罪与 D 罪，人民法院因 C 罪判决丁 5 年有期徒刑，因 D 罪判决其 7 年有期徒刑。请问，应当如何处理 C 罪和 D 罪？

## 相关法律条文

我国《刑法》第 70 条的规定："判决宣告以后，刑罚执行完毕以前，发现被判刑的犯罪分子在判决宣告以前还有其他罪没有判决的，应当对新发现的罪作出判决，把前后两个判决所判处的刑罚，依照本法第 69 条的规定，决定执行的刑罚。已经执行的刑期，应当计算在新判决决定的刑期以内。"处理 C 罪和 D 罪时，并罚的"数刑中的最高刑期"应是 18 年，而不是 12 年。

## 理论部分

### 一、数罪并罚

#### （一）数罪并罚的概念

数罪并罚是指对一人在一定期限内犯有数罪的，在分别定罪量刑的基础上，依照一定的并罚原则和刑期计算方法，决定最终执行的刑罚的制度。

#### （二）适用数罪并罚的特征

（1）必须是一人犯有数罪。

(2) 数罪是在一定的期限内实施的。根据我国《刑法》的规定,包括判决宣告前犯有数罪、刑罚执行期间发现漏罪、刑罚执行期间再犯新罪三种。

(3) 在对各罪分别定罪量刑的基础上,依照一定的并罚原则和刑期计算方法,决定最终执行的刑罚。

## 二、数罪并罚的原则

### (一) 并科原则

并科原则又称相加原则,对数罪所判的刑罚简单地进行相加,执行的刑罚是各刑罚的总和。

### (二) 吸收原则

重罪之刑吸收轻罪之刑,执行的刑罚是数个刑罚中最重的刑罚。

### (三) 限制加重原则

在决定执行的刑罚时,应当在数个刑罚中的最高刑以上、总和刑以下,选择一个适当的刑期。

### (四) 折中原则

上述三种原则都既有优点,又有缺点,所以各国一般都将三种原则结合起来,对不同的刑种采取不同的并罚方法,这就是折中原则。我国《刑法》也采用该原则。

## 三、适用数罪并罚的三种情形

我国《刑法》中的数罪并罚包括以下三种情形。

### (一) 判决宣告以前犯有数罪的

判决宣告以前一人犯数罪的,除判处死刑和无期徒刑的以外,应当在总和刑期以下、数刑中最高刑期以上,酌情决定执行的刑期,但是管制最高不能超过 3 年,拘役最高不能超过 1 年,有期徒刑总和刑期不满 35 年的,最高不能超过 20 年,总和刑期在 35 年以上的,最高不能超过 25 年。如果数罪中有判处附加刑的,附加刑仍须执行。其中,附加刑种类相同的,合并执行,种类不同的,分别执行。这里规定的原则就是折中原则。具体地说,包括以下情形。

(1) 数罪中,有一罪被判处死刑或者无期徒刑的,只执行死刑或者无期徒刑,其他刑罚不再执行。在这种情况下,由于只执行一个最高的刑罚,所以采取的是吸收原则。

(2) 数罪分别被判处有期徒刑、拘役或者管制的,应当在总和刑期以下、数刑中最高刑期以上,酌情决定执行的刑期,但是管制最高不能超过 3 年,拘役最高不能超过 1 年,有期徒刑总和刑期不满 35 年的,最高不能超过 20 年,总和刑期在 35 年以上的,最高不能超过 25 年。这里采取的限制加重原则。

(3) 数罪中有被判处附加刑的,附加刑仍须执行,其中附加刑种类相同的,合并执行,种类不同的,分别执行。这里采取的并科原则。

### (二) 发现漏罪的

判决宣告以后,刑罚执行完毕以前,发现被判刑的犯罪分子在判决宣告以前还有其他罪没有判决的，应当对新发现的罪作出判决，把前后两个判决所判处的刑罚，依照《刑法》第 69 条的规定，决定执行的刑罚。已经执行的刑期，应当计算在新判决决定的刑期以内。在这里，如果漏罪应当被判处死刑或者无期徒刑，适用吸收原则；如果应被判处有期自由刑，则采取“先并后减”的方式计算刑期。

**（三）再犯新罪的**

判决宣告以后，刑罚执行完毕以前，被判刑的犯罪分子又犯罪的，应当对新犯的罪作出判决，把前罪没有执行的刑罚和后罪所判处的刑罚，依照《刑法》第 69 条的规定，决定执行的刑罚。这里在并罚时采取的是“先减后并”的方式。

## 实训练习

**一、关键概念**

数罪并罚　折中原则

**二、案例分析题**

1. 甲犯 A、B 罪，分别被判处有期徒刑 14 年和 7 年，人民法院决定合并执行 18 年。甲执行 8 年后，又犯 C 罪，被判处有期徒刑 5 年。请问，应当如何处理 C 罪？

2. 乙犯 A、B 罪，分别被判处有期徒刑 14 年和 11 年，人民法院决定合并执行 20 年；在执行 2 年后，人民法院发现乙在判决宣告以前还犯有没有判决的 C 罪，并就 C 罪判处有期徒刑 5 年。请问，乙实际执行的有期徒刑刑期能超过 20 年吗？



# 模块五　缓行的处理实务

**教学重点**

本模块教学的重点是缓刑的条件和法律后果。

**教学目标**

要求学生能够正确理解缓刑的概念，掌握缓刑的适用条件和法律后果。

**活动设计**

理论部分：通过案例导入，引入缓刑的概念和分类。

实训部分：掌握关键概念，分析经典案例，参与案例讨论，熟悉缓刑的适用条件，能理解缓刑的法律后果。

**案例导入**



2000 年 8 月 21 日，甲因犯诈骗罪被人民法院判处有期徒刑 3 年，缓刑 5 年。2005

年6月20日,甲又犯盗窃罪。请问,甲的盗窃罪是否是累犯?对于甲的盗窃罪能否适用缓刑?

**相关法律条文**

我国《刑法》第77条规定:"被宣告缓刑的犯罪分子,在缓刑考验期限内犯新罪或者发现判决宣告以前还有其他罪没有判决的,应当撤销缓刑,对新犯的罪或者新发现的罪作出判决,把前罪和后罪所判处的刑罚,依照本法第69条的规定,决定执行的刑罚。被宣告缓刑的犯罪分子,在缓刑考验期限内,违反法律、行政法规或者国务院公安部门有关缓刑的监督管理规定,情节严重的,应当撤销缓刑,执行原判刑罚。"

由于缓刑不是刑罚执行方式,无论缓刑考验期满后还是期满前,都不能成立累犯。缓刑适用的实质条件是确实不致再危害社会,这是对犯罪人人身危险行的评价。甲在缓刑考验期内重新犯罪,人身危险性较大,因而不能适用缓刑。

**理论部分**

缓刑是指对被判处一定刑罚的罪犯,在一定期限内附条件地不执行原判刑罚的制度。如果在该期限内遵守了一定的条件,所判刑罚就不再执行,否则,仍然要执行所判刑罚。我国《刑法》规定的缓刑制度包括一般缓刑和战时缓刑。

## 一、一般缓刑

### (一)一般缓刑的条件

对于被判处拘役、3年以下有期徒刑的犯罪分子,同时符合下列条件的,可以宣告缓刑,对其中不满18周岁的人、怀孕的妇女和已满75周岁的人,应当宣告缓刑:(1)犯罪情节较轻;(2)有悔罪表现;(3)没有再犯罪的危险;(4)宣告缓刑对所居住社区没有重大不良影响。对于累犯,不适用缓刑。

(1)一般缓刑的适用对象是被判处拘役、3年以下有期徒刑的犯罪分子。由于缓刑制度是为了纠正短期自由刑的弊端,所以不能适用于被判处长期自由刑的犯罪分子,也没有必要适用于被判处管制或者单处附加刑的犯罪分子。

(2)根据犯罪分子的犯罪情节和悔罪表现,对其中不满18周岁的人、怀孕的妇女和已满75周岁的人,应当宣告缓刑:① 犯罪情节较轻;② 有悔罪表现;③ 没有再犯罪的危险;④ 宣告缓刑对所居住社区没有重大不良影响,适用缓刑确实不致再危害社会。这是适用缓刑的实质条件。这里主要考察行为人的人身危险性。

(3)犯罪分子不是累犯和犯罪集团的首要分子。累犯和犯罪集团的首要分子的人身危险性较大,当然不能适用缓刑。

## 二、缓刑的考验期





拘役的缓刑考验期限为原判刑期以上1年以下,但是不能少于2个月。有期徒刑的缓刑考验期限为原判刑期以上5年以下,但是不能少于1年。缓刑考验期限,从判决确定之日起计算。实践中,对缓刑的考验期一般掌握在原判刑期的2倍左右。

## 三、缓刑考验期内的考察

被宣告缓刑的犯罪分子,应当遵守下列规定:(1) 遵守法律、行政法规,服从监督;(2) 按照考察机关的规定报告自己的活动情况;(3) 遵守考察机关关于会客的规定;(4) 离开所居住的市、县或者迁居,应当报经考察机关批准。

被对宣告缓刑的犯罪分子,在缓刑考验期限内,依法实行社区矫正,如果没有《刑法》第77条规定的情形,缓刑考验期满,原判的刑罚就不再执行,并公开予以宣告。

宣告缓刑,可以根据犯罪情况,同时禁止犯罪分子在缓刑考验期限内从事特定活动,进入特定区域、场所,接触特定的人。

被宣告缓刑的犯罪分子,如果被判处附加刑,附加刑仍须执行。

## 四、缓刑的法律后果

根据《刑法》第76条、第77条的规定,缓刑的法律后果包括以下三种。

(1) 被宣告缓刑的犯罪分子,在缓刑考验期限内犯新罪或者发现判决宣告以前还有其他罪没有判决的,应当撤销缓刑,对新犯的罪或者新发现的罪作出判决,把前罪和后罪所判处的刑罚,依照《刑法》第69条的规定,决定执行的刑罚。

(2) 被宣告缓刑的犯罪分子,在缓刑考验期限内,违反法律、行政法规或者国务院公安部门有关缓刑的监督管理规定,或者违反人民法院判决中的禁止令,情节严重的,应当撤销缓刑,执行原判刑罚。

(3) 如果没有上述两种的情形,缓刑考验期满,原判的刑罚就不再执行,并公开予以宣告。但是,被宣告缓刑的犯罪分子,如果被判处附加刑,附加刑仍须执行。

在前两种情况下,缓刑考验期不能折抵刑期,但是被宣告缓刑前先行羁押的期间应该折抵刑期。

## 五、战时缓刑

《刑法》第449条规定:"在战时,对被判处3年以下有期徒刑没有现实危险宣告缓刑的犯罪军人,允许其戴罪立功,确有立功表现时,可以撤销原判刑罚,不以犯罪论处。"该条文即对战时缓刑制度的规定。

战时缓刑和一般缓刑存在的区别如下。

1. 适用对象不同

一般缓刑可以适用于除累犯和犯罪集团的首要分子以外的被判处拘役、3年以下有期徒刑之人;战时缓刑则适用于除累犯以外的被判处3年以下有期徒刑的犯罪军人。

2. 适用时间不同

一般缓刑的适用有期限限制但无适用时间上的限制，战时缓刑只能在战时适用。

3. 适用的本质条件不同

适用一般缓刑的实质条件是根据犯罪分子的犯罪情节和悔罪表现，适用缓刑确实不致再危害社会，适用战时缓刑的实质条件是宣告缓刑没有现实危险。

4. 适用方法和考察内容不同

一般缓刑必须确定考验期，法律并明确规定了对其考察的内容和考察机关，战时缓刑则没有考验期，考察的内容是看犯罪军人是否有立功表现。

5. 法律后果不同

一般缓刑的法律后果是，无论后来是否撤销缓刑、实际执行刑罚，所判之罪都已经存在，战时缓刑如果被撤销，则罪与刑同时消灭。

## 实训练习

### 一、关键概念

缓刑的法律后果　一般缓刑

### 二、案例分析题

1. 张某因交通肇事，一审人民法院于 2005 年 11 月 20 日宣告判处其有期徒刑 2 年，缓刑 3 年。同年 11 月 22 日（即缓刑宣告后的第 2 天），张某与他人发生纠纷，过失致人死亡。请问，如何对张某定罪处罚？

2. 被告人杨某于 2007 年 4 月 17 因交通肇事罪被判处有期徒刑 1 年，缓刑 2 年，在缓刑考验期内发现被告人杨某犯有掩饰隐瞒犯罪所得罪。请问，如何对被告人杨某定罪处罚？

# 项目十五　刑罚的执行实务

## 模块一　刑罚执行的处理实务

### 教学重点

本模块教学的重点刑罚执行的概念和原则。

### 教学目标

要求学生能够正确理解刑罚执行的特征。

### 活动设计

理论部分：通过案例导入，引入刑罚执行的概念，阐述刑罚执行的特点。

实训部分：掌握关键概念，分析经典案例，参与案例讨论，熟悉刑罚的执行理论。

### 案例导入

某日，一网吧发生火灾，由于只有一个门且着火时还被锁着，窗户也都被铁护栏封住，网吧里的人无路逃生。火灾当场烧死 20 人，17 名伤者送医院抢救，后受伤者中又有 5 人死亡。而纵火者是 3 名十三四岁的中学生宋某、刘某和张某，因和网吧服务员发生纠纷后起意报复，故意纵火将网吧点燃。因 3 人在犯罪时均未成年，依法对他们从轻处罚，判处刘某、宋某无期徒刑，剥夺政治权利终身，判处张某有期徒刑 12 年。参与纵火的还有王某，因不满 14 周岁，未追究其刑事责任，被市公安局收容教养。请问，本案中刑罚的执行是否正确？

### 相关法律条文

根据刑罚执行原则中的个别化原则。刑罚执行机关在执行刑罚时，应当根据犯罪的性质、情节和对社会的危害程度以及犯罪分子的年龄、性别、性格特征、生活经历、生理状况及其他个人情况给予不同的处理和教育方式。由于宋某、刘某和张某三人均未成年，根据《刑法》第 17 条第 3 款的规定已满 14 周岁不满 18 周岁的人犯罪，应当从轻或者减轻处罚，所以对这三人应当从轻处罚。而王某因不满 14 周岁，则不追究刑事责任。

**理论部分**

## 一、刑罚执行的概念

刑罚执行是指法定的司法机关将人民法院已经发生法律效力的判决，根据判决所确定的刑罚而将其付诸实施的刑事司法活动。

## 二、刑罚执行的特征

### （一）刑罚执行主体的专门性

刑罚的执行只能是法律规定的刑罚执行机关。在我国，人民法院、公安机关、监狱都是特定刑罚的执行机关。被判处死刑缓期2年执行、无期徒刑、有期徒刑的罪犯，在监狱内执行刑罚。对于被判处管制、剥夺政治权利的罪犯，由公安机关执行。没收财产的人民法院执在必要的时候可以会同公安机关执行。

### （二）刑罚执行对象的特定性

刑事审判是针对具体的犯罪人而启动的，并通过审判活动面对犯罪人在认定其有罪的基础上，再裁定应当判处何种刑罚进行处罚。刑罚执行的对象必须是犯罪人并且已经被定罪量刑，对没有犯罪的人不可能执行刑罚。

### （三）刑罚执行依据的有效性

刑罚执行的依据必须是已经生效的判决或者裁定，尚未生效的、还在上诉期限内的判决或者裁定就不能作为执行的依据。

### （四）刑罚执行的基本内容的特定性

刑罚执行的主要内容是将人民法院刑事判决所确定的刑罚付诸实施，这就是刑罚执行不同于其他刑事司法活动的主要特点。

## 三、刑罚执行的原则

所谓刑罚执行的原则，是指执行机关在惩罚和改造罪犯过程中所必须遵循的具有普遍约束力和严格规范性的运行准则。

### （一）依法执行原则

刑罚执行是整个诉讼活动的最后一个程序，其地位和意义都十分重要。执行刑罚必须依法进行，严格禁止侵犯罪犯权利的各种违法活动。具体表现为：

（1）执行机关必须是合法的刑罚执行机关；

（2）刑罚执行所依据的必须是人民法院具有法律效力的刑事裁判；

（3）刑罚执行内容与方式必须严格依据法律的规定，刑罚执行的程序必须符合刑事诉讼法的规定等。

### （二）教育性原则

贝卡利亚说过："刑罚的目的既不是要摧残折磨一个感知者，也不是要消除业已犯下的罪刑。刑罚的目的仅仅在于：阻止罪犯再重新侵害公民，并归诫其他人不要重蹈覆辙。"刑罚执行的目的不是为了惩罚而是为了教育罪犯。通过刑罚的执行不仅对犯罪从思想、文化、技术等方面进行教育，而且教育其他公民自觉遵守法律、积极同犯罪行为作斗争。

**（三）个别化原则**

刑罚执行个别化是刑罚个别化的重要内容，是量刑个别化的延续。刑罚执行机关在执行刑罚时，应当根据犯罪的性质、情节和对社会的危害程度以及犯罪分子的年龄、性别、性格特征、生活经历、生理状况及其他个人情况给予不同的处理和教育方式。另外，刑罚执行个别化要求罪犯积极接受改造，有悔改或者立功表现，人身危险性减小，如罪犯符合减刑或者假释法定条件，监狱就应对罪犯适用减刑或者假释；反之，如果罪犯拒不接受改造，在服刑期间犯罪，人身危险性较大，监狱应依法提请人民法院裁定延长罪犯服刑期限或者改变刑种。

**（四）人道性原则**



犯罪分子因其实施犯罪行为受到刑罚的惩罚，被剥夺了部分权利，但并不等于就因此丧失了所有的权利。在刑罚执行过程中，必须尊重犯罪人的人格，关心犯罪人的生活，实行文明监管，禁止使用残酷的、不人道的刑罚执行手段。

**（五）社会化原则**

刑罚执行社会化原则是指为了缓解监禁刑本身固有的封闭性与罪犯回归主流社会之间的矛盾，而尽可能慎用监禁刑，扩大监狱行刑的社会参与，以利于罪犯的改造和再社会化。犯罪分子服刑期过后，重新获得公民所应有的一切权利，刑满释放人员的再就业问题，同时还涉及重返社会的监督问题，都离不开社会。因而社会化原则是一个比较重要的原则，一般来说，监狱外执行刑罚是刑罚执行的社会化原则的最集中体现。

## 实训练习

### 一、关键概念

刑罚执行

### 二、案例分析题

王某身为市看守所管教，以未成年监室被监管人员潘某违反监规为由，指使已决监室被监管人员曹某在未成年监室门口使用硬塑料管殴打潘某10下，并对其加戴械具7日。后又以陈某、郭某购买东西违反监规为由，指使曹某在未成年监室门口使用硬塑料管殴打陈某20下、郭某12下。类似情况多次发生。请问，王某的行为是否正确？

## 模块二　减刑制度的处理实务

**教学重点**

本模块教学的重点减刑的概念和条件。

**教学目标**

要求学生能够正确理解减刑的条件。

**活动设计**

理论部分：通过案例导入，引入减刑制度，阐述减刑的特征。

实训部分：掌握关键概念，分析经典案例，参与案例讨论，熟悉减刑制度的概念和条件。

**案例导入**

甲犯抢劫罪，一审被判处有期徒刑 8 年，附加剥夺政治权利 3 年。甲在劳动改造期间，有重大立功表现，依照我国《刑法》的规定，有权决定对罪犯实行减刑的是哪级人民法院？

**相关法律条文**

《刑法》第 79 条规定："对于犯罪分子的减刑，由执行机关向中级以上人民法院提出减刑建议书。人民法院应当组成合议庭进行审理，对确有悔改或者立功事实的，裁定予以减刑。非经法定程序不得减刑。"第 82 条规定："对于犯罪分子的假释，依照本法第 79 条规定的程序进行。非经法定程序不得假释。"可见，有权决定假释的也是中级以上人民法院。

**理论部分**

### 一、减刑的概念和特征

减刑是指对于被判处管制、拘役、有期徒刑、无期徒刑的罪犯，在刑罚执行期间，具有了法定的减刑情节而适当减轻原判刑罚的制度。如被判处 10 年有期徒刑的犯罪人，在执行期间具有悔改表现，便将 10 年有期徒刑减为 9 年有期徒刑。

减刑是对正在服刑罪犯依法予以减轻的一种刑罚制度。减刑制度充分体现了惩办与宽大相结合、惩罚与教育相互结合的刑事政策，对于鼓励犯罪分子加速改造，化消极因素为积极因素，实现刑罚的目的具有积极作用。

减刑具有以下三个方面的特征。

**（一）减刑的对象是正处在刑罚执行期间的罪犯**

这一点是区分减刑与量刑制度中减轻刑罚的根本所在。减轻处罚是人民法院根据犯罪分子所具有的法定或者酌定减轻处罚情节，依法在法定刑以下判处刑罚。它属于刑罚裁量情节及其适用规则问题，其适用对象为判决确定前的未决犯。减刑是在判决确定以后的刑罚执行期间，对正在服刑的犯罪的分子，依法对原判刑罚予以适当减轻。它是一种刑罚执行制度，其适用对象为判决确定以后的已决犯。

**（二）减刑针对的是被判处管制、拘役、有期徒刑、无期徒刑的犯罪分子**

在《刑法》所规定的 5 种主刑中，除了死刑以外的其他种主刑都可以适用减刑。死刑缓期执行，随主刑刑种的性质改变而引起的附加刑的相应的改变，以及罚金刑的酌情减少或者免除，均不属于《刑法》第 78 条规定的减刑制度的范围。另外，根据最高人民法院 1997 年《关于办理减刑、假释案件具体应用法律若干问题的规定》，对判处拘役或者 3 年以下有期徒刑、宣告缓刑的犯罪分子，一般不适用减刑。

**（三）对于减刑的适用，必须符合法律规定的条件**

也就是说，当罪犯具有法律规定的某种行为时，才有可能或者必须提起减刑的程序，减刑既包含实体法上的内容，即对刑罚的运用，也具有程序法上的内容，即根据特定的程序进行处置。

## 二、减刑的条件

减刑分为两种情况：一是可以减刑的条件；二是应当减刑的条件。

**（一）可以减刑的条件**

1. 悔改表现可以减刑

根据 1997 年最高人民法院《关于办理减刑、假释案件具体应用法律若干问题的规定》第 1 条第 1 项的规定，“确有悔改表现”是指同时具备以下四个方面情形：(1) 认罪伏法；(2) 认真遵守监规，接受教育改造；(3) 积极参加政治、文化、技术学习；(4) 积极参加劳动，完成生产任务。

2. 立功表现可以减刑

这里的“立功表现”，根据 1997 年最高人民法院《关于办理减刑、假释案件具体应用法律若干问题的规定》第 1 条第 2 项的规定，是指具有下列情形之一的：

(1) 揭发、检举监内外犯罪活动，或者提供重要的破案线索，经查证属实的；

(2) 阻止他人犯罪活动的；

(3) 在生产、科研中进行技术革新，成绩突出的；

(4) 在抢险救灾或者排除重大事故中表现积极的；

(5) 有其他有利于国家和社会的突出事迹的。

悔改和立功通常是相通的。确有悔改的犯罪人往往通过改造，认识到自己以前的犯罪行为给社会造成的危害，并且发自内心感到愧疚，总想将功补过。但是，受刑人的情况是千差万别的，立功具有一定的机遇性，因此立功与悔改也并不一致。因此，对于可以减刑的条件来说，悔改和立功并不要求同时具备，具备其中之一就可以减刑。

**（二）应当减刑的条件**

应当减刑的条件，是犯罪分子在刑罚执行期间有重大立功表现。根据《刑法》第78条第1款的规定，重大立功表现是指以下六种情形：

（1）阻止他人重大犯罪活动的；

（2）检举监狱内外重大犯罪活动，经查证属实的；

（3）有发明创造或者重大技术革新的；

（4）在日常生产、生活中舍己救人的，即犯罪人在他人的人身遭受严重危险的情况下，奋不顾身，抢救他人。

（5）在抗御自然灾害或者排除重大事故中，有突出表现的；

（6）对国家和社会有其他重大贡献的。

满足这六种情形任意一种即应当减刑。

**（三）减刑的限度条件**

满足上面的条件就可以减刑或者应当减刑，但是减刑必须要有一定的限度，这主要是基于威慑因素的考虑。只有刑罚执行一定的期限，这种刑罚的威慑力才能得以实现。如果减刑没有限度，势必降低刑罚的威慑力，减弱一般预防效果。因而，对减刑设置一定的限度条件是完全必要的。

根据《刑法修正案（八）》第15条的规定：

（1）判处管制、拘役、有期徒刑的，不能少于原判刑期的1/2；

（2）判处无期徒刑的，不能少于13年；

（3）人民法院依照本法第50条第2款规定限制减刑的死刑缓期执行的犯罪分子，缓期执行期满后依法减为无期徒刑的，不能少于25年，缓期执行期满后依法减为25年有期徒刑的，不能少于20年。

1. 减刑的幅度

根据1997年最高人民法院《关于办理减刑、假释案件具体应用法律若干问题的规定》，对有期徒刑罪犯在刑罚执行期间，符合减刑条件的减刑幅度为：如果确有悔改表现的，或者有立功表现的，一般一次减刑不超过1年有期徒刑；如果确有悔改表现并有立功表现，或者有重大立功表现的，一般一次减刑不超过2年有期徒刑。被判处10年以上有期徒刑的罪犯，如果悔改表现突出的，或者有立功表现的，一次减刑不得超过2年有期徒刑；如果悔改表现突出并有立功表现，或者有重大立功表现的，一次减刑不得超过3年有期徒刑。

被判处有期徒刑的犯罪分子，执行原判刑期1/2以上，被判处无期徒刑的犯罪分子，实行执行13年以上，如果认真遵守监视，接受教育改造，确有悔改表现，没有再犯罪的危险的，可以假释。如果有特殊情况，经最高人民法院核准，可以不受上述执行期限的限制。

2. 减刑的起始

有期徒刑罪犯的减刑起始时间为：被判处5年以上有期徒刑的罪犯，一般在执行一年半以上方可减刑。无期徒刑罪犯在执行期间，如果确有悔改表现的，或者有立功表现的，服刑2年以后，可以减刑。

3. 减刑的间隔时间

对于被判5年以上有期徒刑的罪犯，一般在执行1年以上方可减刑，两次减刑之间一般以间隔1年以上为宜；被判处10年以上有期徒刑的罪犯，一次减2年至3年有期徒刑之后，再减刑时，其间隔一般不得少于2年。被判处不满5年有期徒刑的罪犯，可以参照上述规定，适当缩短间隔时间。确有重大立功表现的，可以不受上述时间的限制。

## 三、减刑的程序

《刑法》第79条规定对于犯罪分子的减刑，由执行机关向中级以上人民法院提出减刑建议书。人民法院应当组成合议庭进行审理，对确有悔改或者立功事实的，裁定予以减刑。非经法定程序不得减刑。



## 实训练习

### 一、关键概念

减刑

### 二、案例分析题

1. 罪犯王某，于2003年1月9日被诉犯有绑架罪、非法拘禁罪，被判处有期徒刑11年，剥夺政治权利2年。该犯在服刑中认罪伏法，接受教育改造，学习成绩优良，执行犯人行为规范，劳动改造中表现较好，受表扬3次，被评为狱级改造积极分子2次。执行机关以该犯在服刑中认罪伏法、接受改造、悔改表现突出为由，建议人民法院对该犯减刑。请问，人民法院是否应该同意减刑？

2. 周某1998年因犯贪污罪、受贿罪被判处有期徒刑3年，宣告缓刑4年。判决生效交付执行。周某在考验期内认罪伏法，遵守法律法规和规定，定期参加法制学习，生产劳动积极，接受群众监督。2000年的某天，周某发现一歹徒正在强奸一名妇女，周某立即冲上去，与歹徒搏斗，后与其他群众一起将歹徒扭送公安机关。周某身中三刀。请问，对周某能否适用减刑？

# 模块三　假释制度的处理实务

**教学重点**

本模块教学的重点是假释的概念和条件。

## 教学目标

要求学生能够正确理解假释的条件。

## 活动设计

理论部分：通过案例导入，引入假释制度，阐述假释的概念和条件。

实训部分：掌握关键概念，分析经典案例，参与案例讨论，熟悉假释的条件。

## 案例导入

甲被判处有期徒刑10年，刑罚执行6年后被假释。若甲有下列情形：又犯新罪；发现漏罪；行政违法。请问，哪种情形应当撤销假释？

## 相关法律条文

根据《刑法》第86条的规定，被假释的犯罪分子，在假释考验期限内犯新罪，应当撤销假释，依照《刑法》第71条的规定实行数罪并罚。在假释考验期限内，发现被假释的犯罪分子在判决宣告以前还有其他罪没有判决的，应当撤销假释，依照《刑法》第70条的规定实行数罪并罚。被假释的犯罪分子，在假释考验期限内，有违反法律、行政法规或者国务院公安部门有关假释的监督管理规定的行为，尚未构成新的犯罪的，应当依照法定程序撤销假释，收监执行未执行完毕的刑罚。所以，甲有上述行为的，均应当撤销假释。

## 理论部分

### 一、假释概述

#### (一) 假释的概念

假释是指对被判处有期徒刑、无期徒刑的犯罪分子，在执行一定刑期以后，因认真遵守监规，接受教育改造，确有悔改表现，不致再危害社会，附条件地予以提前释放的制度。

#### (二) 假释与相关概念的区别

1. 假释与释放的区别

假释与释放在性质上是有区别的。假释是有条件的提前释放，还存在收监执行余刑的可能。而释放，无论是宣告无罪释放、刑罚执行完毕释放，还是赦免释放，都是无条件释放，不存在再执行的问题。

2. 假释与减刑的区别

(1) 适用对象不同。假释适用于被判处有期徒刑、无期徒刑的犯罪分子，减刑适用于被判处管制、拘役、有期徒刑、无期徒刑的犯罪分子。

(2) 适用次数不同。假释只能适用1次，而且附有考验期和必须遵守的条件。减刑则可以根据实际情况使用多次。

(3) 内容不同。假释是将犯罪分子提前释放,在考验期内予以考验。减刑则是适当减少犯罪分子的刑期,犯罪分子仍然在监狱里执行相应的刑期。

(4) 法律后果不同。假释附有考验期,如果发生法定情形,就撤销假释。减刑没有考验期限,即使犯罪分子再犯新罪,已减的刑期也不恢复。

3. 假释与缓刑的区别

(1) 适用对象不同。假释适用于被判处有期徒刑、无期徒刑的犯罪分子。缓刑适用于被判处拘役、3 年以下有期徒刑的犯罪分子。

(2) 适用根据不同。假释的根据是犯罪人在服刑过程中的表现,缓刑的根据是犯罪人的犯罪情节和悔罪表现。

(3) 适用的时间不同。假释在刑罚执行过程中适用,缓刑在判决的同时宣告。

(4) 不执行的刑期。假释是附条件地不执行未执行完毕的刑期,缓刑是附条件地不执行原判决的全部刑期。



## 二、假释的条件

### (一) 假释的对象条件

并不是所有的罪犯都可以适用假释,假释只能适用于被判处有期徒刑、无期徒刑的犯罪分子。

### (二) 假释的实质条件

犯罪分子认真遵守监视,接受教育改造。确有悔改表现,假释后不致再危害社会,这是适用假释的实质条件。

犯罪分子同时具备以下四个方面情形的,应当认为"确有悔改表现":认罪伏法;遵守罪犯改造行为规范和监狱纪律;积极参加政治、文化、技术学习;积极参加劳动,爱护公物,完成劳动任务。

不致再危害社会是指犯罪分子在劳动改造期间一贯表现好,确有悔改表现不致重新犯罪的,或者老弱病残(不含自伤致残)并丧失作案能力的。

### (三) 假释的刑期条件

假释只适用于已经执行一部分刑罚的犯罪人。根据《刑法》第 81 条和有关司法解释的规定:

(1) 被判处有期徒刑的犯罪分子,执行原判刑期 1/2 上,才可以适用假释;

(2) 对被判处无期徒刑的犯罪分子,实际执行 10 年以上,才可以适用假释;

(3) 对死缓犯减刑后假释的,其实际执行的刑期不得少于 12 年(不含死刑缓期执行 2 年)。

犯罪分子减刑后又假释的间隔时间,一般为 1 年;对一次减刑 2 年或者 3 年刑期后又适用假释的,其间隔时间不能少于 2 年。对判处有期徒刑的犯罪分子假释,执行原判刑期 1/2 以上的起始时间,应当从判决执行之日起计算,判决执行以前先行羁押的,羁押 1 日折抵刑期 1 日。

另外，应当注意“破格假释”。对于假释实际执行时间的限制有一个灵活性。根据《刑法》第 81 条的规定，如果有特殊情况，经最高人民法院核准，可以不受上述执行刑期的限制。特殊情况是指有国家政治、国防、外交等方面特殊需要的情况。

**(四) 假释的限制条件**

禁止假释的对象有两种：(1) 累犯不得假释，不管对罪犯所判处的是什么刑种与刑期；(2) 故意杀人、强奸、抢劫、绑架、放火、爆炸、投放危险物质或者有组织的暴力性犯罪被判处 10 年以上有期徒刑、无期徒刑的犯罪分子，不得假释。如果存在数个暴力犯罪，数罪并罚达到 10 年，但每一罪不到 10 年的，不能认为是不得假释的情况。如甲某因强奸罪和抢劫罪分别被判处 8 年有期徒刑，决定执行 14 年刑罚，两罪均为暴力犯罪，但是甲某不属于不得假释的人，因为两个暴力犯罪没有一个达到 10 年刑期以上的标准，甲某还是可以被假释的。

## 三、假释的考验期与考察

**(一) 考验期**

有期徒刑的假释考验期限，为没有执行完毕的刑期；无期徒刑的假释考验期限为 10 年。假释考验期限，从假释之日起计算。

**(二) 考察**

在假释考验期内，由公安机关监督被假释的犯罪分子。被宣告假释的犯罪分子，应当遵守下列规定：(1) 遵守法律、行政法规，服从监督；(2) 按照监督机关的规定报告自己的活动情况；(3) 遵守监督机关关于会客的规定；(4) 离开所居住的市、县或者迁居，应当报经监督机关批准。

对犯罪分子决定假释时，应当考虑其假释后对所居住社区的影响。

## 四、假释的法律后果

(1) 被假释的犯罪分子，在假释考验期限内，依法实行社区矫正，如果没有《刑法》第 86 条规定的情形，假释考验期满，就认为原判刑罚已经执行完毕，并公开予以宣告被假释的犯罪分子，在假释考验期限内犯罪，应当撤销假释，依照《刑法》第 71 条的规定，即“先减后并”实行数罪并罚。

(2) 在假释考验期限内，发现被假释的犯罪分子在判决宣告以前还有其他罪没有判决的，应当撤销假释，依照《刑法》第 70 条的规定，即“先并后减”实行数罪并罚。

(3) 被假释的犯罪分子，在假释考验期限内，有违反法律、行政法规或者国务院有关部门关于假释的监督管理规定的行为，尚未构成新的犯罪的，应当依照法定程序撤销假释，收监执行未执行完毕的刑罚。

(4) 被假释的犯罪分子，在假释考验期限内，由公安机关予以监督，如果没有上述三种的情形，假释考验期满，就认为原判刑罚已经执行完毕，并公开予以宣告。

## 五、假释的程序

(1) 执行机关向中级以上人民法院提出假释建议书。

(2) 人民法院应当组成合议庭进行审理,对符合法定假释条件的,裁定予以假释。非经法定程序不得假释。

## 实训练习

### 一、关键概念

假释

### 二、判断分析题

吕某因绑架罪被判处有期徒刑 12 年。入狱后,吕某认真遵守监规,接受教育改造,确有悔改表现。根据《刑法》的规定,对吕某(　　)。

A. 既可以减刑,也可以假释　　B. 可以减刑,但不能假释

C. 可以假释　　D. 既不能减刑,也不能假释

### 三、案例分析题

王某因犯数罪被人民法院依法判处有期徒刑 20 年,服刑 13 年后被假释。在假释考验期的第 6 年,王某盗窃一辆汽车而未被发现。假释考验期满后的第 4 年,王某因犯抢劫罪被捕,他交代了自己在假释考验期间盗窃汽车的行为。

请问:(1) 对王某是否还需要撤销假释?为什么?(2) 对王某假释考验期满后的盗窃罪应当如何处理?(3) 对王某考验期满后的抢劫罪应当如何处理?(4) 对王某最后的刑罚应当如何确定?

# 项目十六　刑罚的消灭实务

## 模块一　刑罚消灭的运用实务

### 教学重点

本模块教学的重点刑罚消灭的概念和事由。

### 教学目标

要求学生能够正确理解刑罚消灭的事由。

### 活动设计

理论部分：通过案例导入，引入刑罚消灭，阐述刑罚消灭的事由。

实训部分：掌握关键概念，分析经典案例，参与案例讨论，熟悉刑罚消灭的概念和事由。

### 案例导入

被告人张某，女，25 岁。2008 年 9 月，张某与婆婆吵架，心生怨恨，当晚在婆婆所喝的茶水中下毒，致使婆婆中毒死亡。案发后，张某经人民检察院批准由公安机关执行逮捕。在羁押期间，张某因精神上受不了打击，在狱中自杀身亡。请问，对于张某的案件人民检察院应当如何处理？

### 相关法律条文

根据《刑事诉讼法》第 15 条的规定，有下列情形之一的，不追究刑事责任，已经追究的，应当撤销案件，或者不起诉，或者终止审理，或者宣告无罪：(1) 情节显著轻微、危害不大，不认为是犯罪的；(2) 犯罪已过追诉时效期限的；(3) 经特赦令免除刑罚的；(4) 依照刑法告诉才处理的犯罪，没有告诉或者撤回告诉的；(5) 犯罪嫌疑人、被告人死亡的；(6) 其他法律规定免予追究刑事责任的。上述案情符合第 5 项的规定，检察院应当作出不起诉的决定。

## 理论部分

### 一、刑罚消灭的概念

刑罚消灭是指由于法定的或者事实的原因,致使代表国家的司法机关不能对犯罪人行使具体的刑罚权。刑罚消灭以行为构成犯罪为前提,在行为不构成犯罪的情况下,不存在刑罚消灭问题。

刑罚权包括制刑权、求刑权、量刑权和行刑权。制刑权是指立法机关制定刑罚的权利。求刑权是指司法机关追究犯罪分子刑事责任,要求其承担刑罚的权利。量刑权是指审判机关追究犯罪分子适用何种刑罚的权利。行刑权是指执行机关对已被判刑执行刑罚的权利。刑罚消灭是指求刑权、量刑权和行刑权的消灭,至于刑罚权中的制刑权,作为立法权的组成部分,对特定的犯罪人而言,是在任何情况下都不可能消灭的。

刑罚不可能无缘无故的消灭,刑罚的消灭必须具备一定的事由,主要是根据法律规定,如超过追诉时效。另外,还有根据特定法律事实的出现,如上述案例中的犯罪嫌疑人的死亡。



### 二、刑罚消灭的事由

根据我国法律的规定,刑罚消灭的主要事由有:(1) 刑罚执行完毕;(2) 缓刑考验期满;(3) 假释考验期满;(4) 犯罪人死亡;(5) 超过追诉时效且未出现延长时效的法定事由的;(6) 赦免;(7) 其他法定事由。

## 实训练习

**一、关键概念**

刑罚消灭

**二、判断分析题**

刑罚消灭是指下列(　　)的消灭。

A. 制刑权　　B. 求刑权　　C. 量刑权　　D. 行刑权

# 模块二　时效的处理实务

## 教学重点

本模块教学的重点时效的概念期限。

## 教学目标



要求学生能够正确理解时效的期限。

## 活动设计

理论部分：通过案例导入，引入刑罚消灭，阐述时效的期限。

实训部分：掌握关键概念，分析经典案例，参与案例讨论，熟悉时效的期限和计算。

## 案例导入

甲实施盗窃行为，根据《刑法》的规定，其法定最高刑为10年有期徒刑。请问，对于甲的犯罪行为的追诉期限为几年？

## 相关法律条文

根据《刑法》第87条的规定，犯罪经过下列期限不再追诉：(1) 法定最高刑为不满5年有期徒刑的，经过5年；(2) 法定最高刑为5年以上不满10年有期徒刑的，经过10年；(3) 法定最高刑为10年以上有期徒刑的，经过15年；(4) 法定最高刑为无期徒刑、死刑的，经过20年。如果20年以后认为必须追诉的，须报请最高人民检察院核准。因此，甲的犯罪行为的追诉期限为15年。

## 理论部分

### 一、时效的概念和意义

时效是指法律规定经过一定的期限，对犯罪不得追诉或者对所判刑罚不得执行的一项制度。

从各国刑法的规定来看，时效分为追诉时效与行刑时效。追诉时效是法律规定的，追究犯罪人刑事责任的有效期限。超过这个期限，除法定最高刑为无期徒刑、死刑的，经过最高人民检察院特别核准必须追诉的除外，都不得再追究犯罪分子的刑事责任。行刑时效是指法律规定的，对被判处刑罚的人执行刑罚的有效期限。超过法定执行期限，刑罚就不得再执行。这里所要谈论的仅指是追诉时效。

我国《刑法》之所以要规定追诉时效制度，主要是从以下三个方面考虑的：(1) 有利于实现刑罚的目的；(2) 有利于司法机关集中精力打击现行的犯罪活动；(3) 有利于人民内部的安定团结。

### 二、追诉时效的期限

我国《刑法》第87条将追诉时效的期限规定为四个不同的档次，即犯罪经过下列期限就不再追诉：

(1) 法定最高刑为不满5年有期徒刑的，经过5年；

(2) 法定最高刑为5年以上不满10年有期徒刑的，经过10年；

(3) 法定最高刑为10年以上有期徒刑的，经过15年；

(4) 法定最高刑为无期徒刑、死刑的，经过20年，如果20年以后认为必须追诉的，须报请最高人民检察院核准。

这里应当注意的是不满5年，不满10年不包括本数。如根据《刑法》第293条的规定，犯寻衅滋事罪的，处5年以下有期徒刑、拘役或者管制。

另外，根据《最高人民法院关于人民法院审判严重刑事犯罪案件中具体应用法律的若干问题的答复(三)》中指出：根据所犯罪行的轻重，应当分别适用《刑法》规定的不同条款或者相应的量刑幅度，按其法定最高刑来计算追诉期限。如果所犯罪行的刑罚，分别规定有几条或者几款时，即按其罪行应当适用的条或者款的法定最高刑计算；如果是同一条文中，有几个量刑幅度时，即按其罪行应当适用的量刑幅度的法定最高刑计算；如果只有单一的量刑幅度时，即按此条的法定最高刑计算。虽然案件尚未开庭审判，但是，经过认真审查案卷材料和必要的核实案情，在基本事实查清的情况下，已可估量刑期，计算追诉期限。

## 三、追诉时效的计算

### (一) 追诉时效的起算

追诉期限从犯罪之日起计算；犯罪行为有连续或者继续状态的，从犯罪行为终了之日起计算。所谓犯罪之日，应理解为犯罪成立之日。

### (二) 追诉时效的中断

时效中断是指在追诉期限内，因发生法定的事由而使已经经过的时效期间归于无效，法定事由消失后时效重新计算的制度。

《刑法》第89条第2款的规定："在追诉期限以内又犯罪的，前罪追诉的期限从犯后罪之日起计算。"可见，我国对于自追诉期限以内又犯罪的，前罪追诉的期限从犯后罪之日起计算，两罪可以是不同类的犯罪，前后两罪分别按各自的追诉时效从犯后罪之日起计算。

### (三) 追诉时效的延长

时效延长是指在追诉期限内，因发生法定事由而使对犯罪分子的追诉不受追诉期限限制的制度。

追诉时效的延长的事由包括以下六种情况：

(1) 公安司法机关立案侦查，或者受理案件，犯罪分子逃避侦查审判的；

(2) 人民检察院、公安机关、国家安全机关已经立案侦查或者在人民法院已经受理案件；

(3) 犯罪分子有逃避侦查或者审判的行为；

(4) 被害人提出控告，公安司法机关应当立案而不予立案的；

(5) 被害人在追诉期限内提出控告；

(6) 人民法院、人民检察院、公安机关应当立案而不予立案。

## 实训练习

### 一、关键概念

追诉时效

## 二、案例分析题

1. 甲在2006年8月20日实施盗窃时被当场抓捕，在审讯期间甲交代自己曾于1985年9月10日抢劫并杀害了一外地富商，对此经查证属实。请问，对甲抢劫并杀害他人的行为应否追诉？应当如何处理？

2. 刘某，男，32岁，工人。刘某于2007年5月12日，以秘密窃取的手段盗窃他人财物。2009年7月4日被捕后，刘某又交代了其于2003年2月3日盗窃集体林木230株。请问，追诉时效尚未届满前，又实施犯罪，能否适用诉讼时效中断？对刘某盗伐林木的行为是否还要追究，为什么？

# 模块三　赦免的处理实务

### 教学重点

本模块教学的重点是赦免的概念。

### 教学目标

要求学生能够正确理解我国的赦免制度。

### 活动设计

理论部分：通过案例导入，引入刑罚消灭，阐述赦免的概念。

实训部分：掌握关键概念，分析经典案例，参与案例讨论，熟悉我国的赦免制度。

### 案例导入

被告人李某犯故意杀人罪，1959年依法被特赦，但是在1981年2月李某又实施了武装暴乱罪。请问，李某的行为是否构成累犯？

### 相关法律条文

根据1979年《刑法》第61条的规定，被判处有期徒刑以上刑罚的犯罪分子，刑罚执行完毕或者赦免以后，在3年以内再犯应当判处有期徒刑以上刑罚之罪的，是累犯，应当从重处罚；但是过失犯罪除外。所以，李某构成累犯，应当从重处罚。

### 理论部分

## 一、赦免的概念

赦免是国家对于犯罪分子宣告免予追诉或者免除执行刑罚的一种法律制度，包括大赦与特赦。大赦是指国家对在某一时期内犯有一定罪行的不特定的犯罪分子的赦免。特赦是指国家对特定的犯罪分子的赦免，即对于受罪刑宣告的特定犯罪分子免除其刑罚的全部或者部分的执行。特赦的效果只是免除刑罚执行，而不免除有罪宣告。

大赦与特赦的主要区别包括以下四个方面：

(1) 赦免的时间不同，大赦判决前后皆可，特赦只能实行于判决之后；

(2) 赦免的范围不同，大赦既可赦其罪又可赦其刑，特赦只赦其刑；

(3) 赦免的对象不同，大赦的对象是一定种类或者不特定种类的不特定犯罪人，特赦的对象是特定的犯罪人；

(4) 是否为累犯不同，大赦后再犯罪不构成累犯，特赦后再犯罪的，如果符合累犯条件，则构成累犯。

## 二、我国的特赦制度

1959—1975 年，我国先后在 1959 年 9 月 14 日、1960 年 11 月 28 日、1961 年 12 月 16 日、1963 年 3 月 30 日、1964 年 12 月 12 日、1966 年 3 月 29 日及 1975 年 3 月 17 日实行了 7 次特赦。1975 年至今几十年间再没有过特赦。而在实践中并未使用过大赦。根据《中华人民共和国宪法》（以下简称《宪法》）第 67 条规定、第 80 条的规定，特赦由全国人民代表大会常务委员会决定，由国家主席发布特赦令。

从这七次实行特赦的情况来看，我国特赦具有以下特点：

(1) 特赦对象主要是战争犯，除第一次特赦包括反革命罪犯与普通刑事犯外，其余 6 次特赦的对象都是战争犯；

(2) 特赦是对确已改恶从善的犯罪分子实行；

(3) 特赦是根据犯罪分子的罪行轻重和悔改表现而予以区别对待，或者免除其刑罚尚未执行的部分予以释放，或者减轻其原判的刑罚。



## 实训练习

### 一、关键概念

赦免制度

### 二、判断分析题

(　)在刑罚执行完毕或者赦免以后，在任何时候再犯危害国家安全罪的，都以累犯论处。

A. 危害国家安全的犯罪分子　　B. 犯故意杀人罪的犯罪分子

C. 暴力性犯罪分子　　D. 被判处有期徒刑以上刑罚的犯罪分子

# 第四编

# 罪刑各论原理与实务

# 项目十七　罪刑各论实务

## 模块一　各论和分论的运用实务

### 教学重点

本模块教学的重点是《刑法总则》与《刑法分则》的关系处理。

### 教学目标

要求学生能够正确理解《刑法总则》和《刑法分则》的关系。

### 活动设计

理论部分：通过案例导入，阐述《刑法总则》与《刑法分则》的关系。

实训部分：掌握关键概念，分析经典案例，熟悉《刑法总则》与《刑法分则》的关系，认识条文结构，学会识别和处理《刑法分则》条文之间的关系。

### 案例导入

甲15周岁，为了满足自己上网打游戏的需要，将一富商的儿子绑架作为人质，勒索未果，杀害了人质。请问，甲的行为是否构成绑架罪？

### 相关法律条文

正确理解《刑法总则》和《刑法分则》的关系，就应当注意到，《刑法总则》指导《刑法分则》，《刑法分则》罪名是在《刑法总则》指导下展开的。《刑法总则》规定的八种犯罪中没有绑架罪，所以，甲的行为不是绑架罪，但是可以构成故意杀人罪。

### 理论部分

我国《刑法》由《刑法总则》和《刑法分则》两部分构成。《刑法总则》规定刑法的任务、基本原则、适用范围、犯罪概念、刑事责任、刑罚种类、刑罚适用等问题，即关于犯罪、刑事责任与刑罚的一般规则和制度。《刑法分则》规定各种具体犯罪的罪名、罪状与法定刑，即规定犯罪、刑事责任与刑罚的特殊性问题。《刑法总则》与《刑法分则》的关系是抽象与具体、一般与特殊、共性与个性的关系。

定罪量刑与《刑法分则》的规定关系密切，但又不能脱离总则指导，具体关系如下：(1) 定罪正确，必须以《刑法总则》为指导；(2) 量刑适当，必须以《刑法总则》为依据；

(3)《刑法分则》是《刑法总则》内容的具体化。

《刑法总则》统率刑法分则，指导《刑法分则》；《刑法分则》是《刑法总则》原理、原则的具体体现，《刑法分则》不得与《刑法总则》相抵触。《刑法总则》是《刑法分则》扩张事由，为《刑法分则》提供一些普遍性的规定。

《刑法总则》是关于犯罪、刑事责任和刑罚的一般原理原则的规范体系，这些规范是认定犯罪、判定刑事责任和适用刑罚所必须遵守的共同规则。刑罚分则是关于具体犯罪和具体法定刑的规范体系，这些规范明确了对各类、各种具体犯罪定罪量刑的标准。《刑法总则》指导《刑法分则》，《刑法分则》是《刑法总则》所确定的原理原则的具体体现，两者相辅相成。只有把《刑法总则》和《刑法分则》紧密地结合起来才能正确地认定犯罪，确定刑事责任和适用刑罚。

## 实训练习

### 一、关键概念

《刑法总则》与《刑法分则》的关系

### 二、案例分析题

1. 被告人张某与前夫离婚并将户口迁出原住址后，由于一直无常住地址，不能办理落户手续。后张某又不慎遗失居民身份证，因户口未落实，无法向公安机关申请补办居民身份证，遂于2002年5月底，以其本人照片和真实的姓名、身份证号码和暂住地地址，出资让他人伪造了居民身份证一张，后被发现而案发。请问，张某的行为应当如何处理？

2.《刑法分则》规定了贩卖妇女、儿童罪。请问，甲拐卖15周岁男性的行为应当如何定罪？

# 模块二　刑法分则体系的运用实务

### 教学重点

本模块教学的重点是刑法分则体系。

### 教学目标

要求学生能够正确理解刑法分则体系排列的原因。

### 活动设计

理论部分：通过案例导入，阐述刑法分则体系。

实训部分：掌握关键概念，分析经典案例，参与案例讨论，熟悉刑法分则条文结构，学会分析和处理条文之间的关系。

## 案例导入

甲经过预谋，为劫取财物当场杀害乙，获取巨额赃款。请问，本案侵犯的两个客体——财物所有权和生命权，哪个是主要客体？

## 相关法律条文

我国《刑法》第263条规定了抢劫罪，是指以不法所有为目的，以暴力、胁迫或者其他方法，强行劫取公私财务的行为；我国《刑法》第232条规定了故意杀人罪。为抢劫财物而杀人，侵犯的是两个客体，我国《刑法》将其规定为抢劫罪，吸收了杀人罪，从中可以看出刑法分则体系的价值取向。

## 理论部分

刑法分则体系是指刑法分则按照一定的标准和规则，将具体犯罪分为若干类，并进行合理排列而形成的有机体。我国《刑法分则》对犯罪进行分类的标准是犯罪行为所侵犯的同类客体，对各类犯罪以及各种具体犯罪的排列标准主要是各类各种犯罪的危害程度。

我国《刑法》以同类客体为标准对犯罪进行分类。我国《刑法分则》以同类客体为标准将具体犯罪分为10类，每一章规定一类犯罪，其排列顺序依次是：危害国家安全罪；危害公共安全罪；破坏社会主义市场经济秩序罪；侵犯公民人身权利、民主权利罪；侵犯财产罪；妨害社会管理秩序罪；危害国防利益罪；贪污贿赂罪；渎职罪；军人违反职责罪。

所谓犯罪的同类客体，是指某一类犯罪所共同侵犯的我国社会主义社会关系的某一方面。同类客体揭示出同一类犯罪在客体方面的共同本质，并在相当程度上反映出各类犯罪不同的危害程度。如背叛国家罪、叛逃罪、间谍罪等具体犯罪，共同侵犯的客体是国家的安全，因此归入危害国家安全罪，其他各类犯罪的分类也是根据这一原则。根据犯罪的同类客体对犯罪进行分类，有利于把握各类犯罪的性质、特征和社会危害程度，便于司法机关正确定罪量刑。

《刑法分则》各类犯罪的排列顺序，基本上按照同类客体的重要性程度的不同，从重到轻排列。我国《刑法分则》以各类犯罪的同类客体的重要性程度为依据，按照由重到轻的顺序进行排列。危害国家安全罪的同类客体是国家安全，而国家安全是我国的根本利益，是最重要的社会关系，因此将危害国家安全罪列在各章之首。《刑法分则》其他章节的排列，基本上也是遵循上述原则。

各类犯罪中的具体罪名的排列，一般也是按照各罪的社会危害性和程度，并适当考虑各罪之间的关系，基本上从重到轻依次排列。《刑法分则》在安排各类犯罪中的具体犯罪排列时，首先考虑的是具体犯罪的社会危害性和程度。

## 实训练习

**一、关键概念**

刑法分则体系

**二、案例分析题**

甲犯危害公共安全罪的过失犯罪,乙犯侵害人身权利中的故意杀人罪。请问,为什么在《刑法分则》中甲的罪名反而排在前面呢?

# 模块三　刑法分则条文结构的运用实务

### 教学重点

本模块教学的重点是刑法分则条文结构。

### 教学目标

要求学生能够正确理解刑法分则条文结构。

### 活动设计

理论部分:通过案例导入,阐述刑法分则条文结构。

实训部分:掌握关键概念,分析经典案例,参与案例讨论,熟悉刑法分则条文结构,学会识别和处理体系之间的关系。

### 案例导入

甲故意重伤乙,涉嫌构成故意伤害罪。请问,故意伤害罪的条文结构是什么?

### 相关法律条文

根据《刑法》第234条的规定,犯故意伤害罪的,处3年以下有期徒刑、拘役或者管制;致人重伤的,处3年以上10年以下有期徒刑;致人死亡或者以特别残忍手段致人重伤导致严重残疾的,处10年以上有期徒刑、无期徒刑或者死刑。本条文结构就是罪状和法定刑。

### 理论部分

每一个分则条文其实只有两个内容:一个是罪状即对犯罪状况的描述,另一个是法定刑即对应当判处刑罚的规定。罪状和法定刑就是刑法分则条文的基本结构。

## 一、罪状

罪状是指刑法分则条文对于某种犯罪具体状况的描述。只有符合某种犯罪成立的条件，才能构成某种犯罪。根据刑法分则条文对基本罪状的描述方式，罪状可以概括为四种形式，即简单罪状、叙明罪状、引证罪状和空白罪状。

### （一）简单罪状

简单罪状是指刑法分则条文对某种犯罪的具体状况不作任何描述，只是列出罪名。如《刑法》第 232 条规定："故意杀人的，处死刑、无期徒刑或者 10 年以上有期徒刑；情节较轻的，处 3 年以上 10 年以下有期徒刑。"

### （二）叙明罪状

叙明罪状是指刑法分则条文对某种犯罪的具体状况作了详细的描述，以便说明该种犯罪构成的具体条件。如《刑法》第 306 条规定"在刑事诉讼中，辩护人、诉讼代理人毁灭、伪造证据、帮助当事人毁灭、伪造证据，威胁、引诱证人违背事实改变证言或者作伪证的……"等就是叙明罪状。

### （三）引证罪状

引证罪状是指刑法分则条文对某种犯罪的具体状况不作任何描述但需要引用《刑法分则》的其他条文说明该种犯罪构成的具体条件。如《刑法》第 124 条规定"破坏广播电视设施、公用电信设施，危害公共安全的……"构成破坏广播电视设施、公用电信设施罪，同时规定"过失犯前款罪的"构成过失破坏广播电视设施、公用电信设施罪就是引证罪状。

### （四）空白罪状

空白罪状又称参见罪状，是指刑法分则条文只规定了某种犯罪行为，但是具体的犯罪构成条件要参照其他法律、法规的规定才能确定。如《刑法》第 128 条规定"违反枪支管理规定，非法持有、私藏枪支、弹药的……"，需要参照枪支管理的有关规定才能确定是否构成犯罪，这就是空白罪状。

## 二、法定刑

### （一）法定刑的概念

法定刑是指包含有罪刑关系的条文所规定的适用于具体犯罪的刑罚种类和刑罚幅度。简言之，法定刑就是法律明文规定的刑种和刑度。在《刑法总则》中，明确规定了管制、拘役、有期徒刑、无期徒刑和死刑五种主刑和罚金、剥夺政治权利、没收财产、驱逐出境四种附加刑，并且分别规定了上述九种刑罚方法的适用对象。在刑法分则条文中，针对每一种犯罪的不同情况，从九种刑罚方法中选择适用于该种犯罪的刑罚种类加以规定，所选择的刑罚方法既可以是一种，也可以是几种。

### （二）法定刑的种类

1. 绝对确定的法定刑

绝对确定的法定刑是指刑法分则条文规定的法定刑的刑种和刑度只有一个，法官没有任何自由裁量的余地。如按照《刑法》第 239 条的规定，犯绑架罪，致使被绑架人死亡或者杀害被绑架人的，处死刑，并处没收财产。这一规定就是绝对确定的法定刑。

2. 绝对不确定的法定刑

绝对不确定的法定刑是指只规定对某种犯罪予以刑罚处罚，但是却没有规定对该种犯罪应当适用的刑种和刑度。如对某种犯罪规定“依法制裁”，究竟用哪一种刑罚方法和哪一个量刑幅度则没有规定，完全由法官自由决定。绝对不确定的法定刑的缺陷是非常明显的，与法制要求不相符合。我国《刑法》中没有绝对不确定的法定刑。

3. 相对确定的法定刑

相对确定的法定刑是指在刑法分则条文中明确规定对该种犯罪适用的刑种和刑度，并对最高刑和最低刑作出限制性的规定。相对确定的法定刑有较大的裁量幅度，便于审判机关根据犯罪人的不同情况适用不同的刑罚，是我国刑法分则条文中普遍采用的形式。

## 三、法定刑与宣告刑的区别

法定刑是《刑法》所规定的刑种和刑度，宣告刑是人民法院对某一个具体犯罪判决应当执行的刑罚。法定刑与宣告刑的区别在于：法定刑是在立法时就已经确定的，而宣告刑是在人民法院针对某一具体案件判决时确定的；如果说法定刑在没有具体适用之前还是不确定的话，那么宣告刑一经判决就只能是确定的；法定刑是立法上的规定，而宣告刑则是执法中的适用。

## 实训练习

**一、关键概念**

刑法分则条文结构

**二、案例分析题**

根据《刑法》的规定，犯 A 罪的，处 3 年以下有期徒刑或者拘役，并处或者单处罚金。甲犯 A 罪，请问，有可能出现几种裁判？

# 项目十八 危害国家安全罪实务

## 模块一 危害国家安全罪运用实务

**教学重点**

本模块教学的重点是危害国家安全罪的学习。

**教学目标**

要求学生能够正确理解危害国家安全罪的概念、特征和种类。

**活动设计**

理论部分：通过案例导入，阐述危害国家安全罪的基本理论。

实训部分：掌握关键概念，分析经典案例，参与案例讨论，掌握危害国家安全罪的概念和构成条件。

**案例导入**

甲是美籍华人，长期侨居中国。在美国期间甲被间谍组织收买，潜入我国收集情报，后被抓获。请问，甲的行为是否构成犯罪？

**相关法律条文**

根据我国《刑法》第110条的规定，间谍罪是指参加间谍组织或者接受间谍组织及其代理人的任务，或者为敌人指示轰击目标的行为。间谍罪是举动犯，参加就成立既遂。甲的行为构成间谍罪的构成特征，又符合为境外刺探情报罪的构成，是牵连犯，应从一重处，认定为间谍罪。

**理论部分**

### 一、危害国家安全罪的概念

危害国家安全罪是指故意危害中华人民共和国的主权、领土完整和完全，分裂国家，颠覆国家政权，推翻社会主义的行为。

## 二、危害国家安全罪的构成

### (一) 本类犯罪侵犯的客体是中华人民共和国的国家安全

国家安全是指国家赖以生存和发展的政治基础和物质基础的安全,具体是指国家的独立、国家的团结统一、国家的领土完整和安全、国家政权、基本制度及国家的其他根本利益的安全。中华人民共和国的国家安全是指我国的主权独立、团结统一、领土完整和安全、人民民主专政的政权和社会主义制度的稳固及其他国家根本利益的安全的总和。《宪法》第1条规定:“中华人民共和国是工人阶级领导的、以工农联盟为基础的人民民主专政的社会主义国家。社会主义制度是中华人民共和国的根本制度。禁止任何组织或者个人破坏社会主义制度。”危害国家安全的犯罪,是一切犯罪中最严重的犯罪。

### (二) 本类犯罪在客观方面表现为实施了危害中华人民共和国国家安全的行为

危害国家安全的行为是指境外机构、组织、个人实施或者指使、资助他人实施的,或者境内组织、机构、个人或者与境外机构、组织、个人相勾结实施的危害中华人民共和国国家安全的行为。危害国家安全行为的表现是多种多样的,但总的来说就是《刑法》第102条至第113条所规定的各种危害国家安全的行为。本类犯罪无论在客观上采取的是公开的还是秘密的,是合法的形式还是非法的方式,均不影响本类犯罪的成立。本类犯罪在客观上并不要求有实际的物质性的危害结果的产生,即只要实施了《刑法》所规定的各种危害国家主权、破坏国家的领土完整和安全、分裂国家、颠覆国家政权,或者侵害国家的其他基本利益,危害中华人民共和国国家安全的行为,就构成犯罪。

### (三) 本类犯罪的犯罪主体是自然人犯罪主体,且多为一般犯罪主体

对于大多数危害国家安全的犯罪来说,不论是中国公民、外国公民或者无国籍人,只要具有刑事责任能力且年满16周岁,都可以成为犯罪主体。但某些危害国家安全的犯罪,其主体范围有着严格的限制。如背叛国家罪、资敌罪的主体只限于中国公民,叛逃罪的主体只限于中国公民中的国家机关工作人员或者掌握国家秘密的国家工作人员。危害国家安全这一类犯罪,实际承担刑事责任而被刑罚处罚的只能是自然人。

### (四) 本类犯罪在主观方面只能由故意构成

具有危害中华人民共和国国家安全的故意,即行为人必须具有明知自己的行为会发生危害国家安全的结果,并且希望或者放任这种结果发生的心理态度。

## 三、危害国家安全罪的种类

根据我国《刑法分则》第一章的规定,危害国家安全罪包括12种具体犯罪:背叛国家罪;分裂国家罪、煽动分裂国家罪;武装叛乱、暴乱罪;颠覆国家政权罪;煽动颠覆国家政权罪;资助危害国家安全犯罪活动罪;投敌叛变罪;叛逃罪;间谍罪;为境外窃取、刺探、收买、非法提供国家秘密、情报罪;资敌罪。

## 实训练习

**一、关键概念**

危害国家安全罪

**二、案例分析题**

被告人于某从大陆回台湾筹措资金的过程中，经人介绍加入“台湾军情局”，经训练后返回大陆，收集情报。被告人吴某经于某介绍，后也加入“台湾军情局”，从事拍照、复制情报资料，情报传递，领取间谍经费、薪酬等间谍活动。请问，于某和吴某的行为构成何罪？

# 模块二　危害国家安全罪重点个罪实务处理



**教学重点**

本模块教学的重点是危害国家安全罪重点个罪的学习。

**教学目标**

要求学生能够正确理解危害国家安全罪重点个罪的概念、特征和认定。

**活动设计**

理论部分：通过案例导入，阐述危害国家安全罪重点个罪的基本理论。

实训部分：掌握关键概念，分析经典案例，参与案例讨论，熟悉危害国家安全罪重点个罪的构成条件。

**案例导入**

被告人甲为了达到民族分裂、破坏国家统一的目的，多次密谋在公共场所实施爆炸并散发煽动分裂国家传单。请问，甲的行为构成何罪？

**相关法律条文**

我国《刑法》第103条规定了分裂国家罪和煽动分裂国家罪，被告人甲的行为应当构成煽动分裂国家罪。

理论部分

## 一、分裂国家罪

### (一) 分裂国家罪的概念和构成

分裂国家罪是指组织、策划、实施分裂国家、破坏国家统一的行为。

本罪的构成要件是：

(1) 本罪侵犯的客体是人民民主专政的政权和社会主义制度。

(2) 本罪在客观方面表现为组织、策划、实施分裂国家、破坏国家统一的行为。所谓组织，是指为分裂国家而安排分散的人使之具有一定的系统性和整体性。所谓策划，是指为分裂国家而暗中密谋、策划，实际上是处于一种犯罪预备的状态。所谓实施，是指已经着手，个人或者有组织地将策划的内容付诸行动。组织、策划、实施是分裂国家行为的不同形式及发展阶段，都属于法律明确规定的程度不同的实行行为。所谓分裂国家，是指破坏多民族国家的统一，其表现形式主要是挑拨民族关系、搞地方割据。破坏国家统一是分裂国家的一种特殊形式或者结果，分裂国家则是破坏国家统一的行为手段。分裂国家的手段多种多样，不论此种行为是否造成危害结果，只要行为人具有组织、策划、实施分裂国家、破坏国家统一的活动事实，就构成犯罪。

(3) 本罪的主体是一般主体，凡达到法定刑事责任年龄、具有刑事责任能力的自然人均可成为本罪主体。但在实际中，实施这种行为的，一般是那些在中央和地方窃据党、政、军重要职位的野心家、阴谋家和反动的民族主义者。

(4) 本罪在主观方面表现为故意，即明知组织、策划、实施分裂国家、破坏国家统一而希望或者放任结果的发生。

### (二) 分裂国家罪的认定

1. 分裂国家罪与背叛国家罪的界限

分裂国家罪与背叛国家罪在构成要件及其表现形式上存在着许多相似之处，如侵犯的直接客体都牵涉国家的领土完整与安全；在客观方面都可能与境外的机构、组织或者个人勾结，并且都以法定危害行为的实行而不以发生危害国家安全的结果作为犯罪成立的要件；在主观方面都是出于直接故意。但是，它们也具有原则性的不同。

(1) 分裂国家罪侵犯的直接客体是国家的统一，而背叛国家罪侵犯的直接客体则是国民对其国家的效忠义务。分裂国家罪属于“内忧”，背叛国家罪属于“外患”。

(2) 犯罪的客观方面有两点不同：① 分裂国家罪不要求有背叛国家罪中的“勾结外国”或者“与境外的机构、组织、个人相勾结”的情形；② 分裂国家罪制造地方“独立”的割据局面而危害国家的领土完整，而背叛国家罪则是通过勾结外国，或者与境外的机构、组织、个人相勾结，以对国家主权、领土完整和安全的侵害而危害国家安全。

(3) 分裂国家罪属于一般主体，不管是什么国籍，都可以成立本罪。分裂国家罪只能由多数人构成，属必要共犯；而背叛国家罪的犯罪主体只能是年满 16 周岁、具有刑事责任能力的中国公民，并且单独的个人仍然可以构成本罪。

(4) 就主观故意的内容而言，分裂国家罪的行为人具有分裂国家、破坏国家统一的直接故意；而背叛国家罪的行为人则具有危害国家主权、领土完整与安全的直接故意，即认识到自己的行为是勾结外国，或者与境外的机构、组织、个人相勾结而危害国家主权、领土完整和安全而积极实施分裂国家的罪行。

2. 分裂国家罪与煽动分裂国家罪的界限

煽动分裂国家罪是指以语言、文字、图画或者其他方式，鼓动、刺激、怂恿、引诱、激励他人实施分裂国家、破坏国家统一的行为。两罪的不同点体现在以下三个方面。

(1) 犯罪客观方面，煽动分裂国家罪的行为方式系通过语言、文字、图像、网络或者其他方式煽动他人实施分裂国家、破坏国家统一的行为。煽动者并不需要亲自实施分裂国家的行为，被煽动者是否接受煽动从而实施分裂国家、破坏国家统一的行为，并不影响煽动分裂国家罪的成立。

(2) 分裂国家罪既包括首要分子和罪行重大者，又包括积极参加者和其他参加者；而煽动分裂国家罪仅仅包括首要分子和罪行重大者，并不处罚其他参加者，甚至积极参加者亦不构成煽动分裂国家罪。

(3) 就故意的内容而言，分裂国家罪的行为人具有分裂国家、破坏国家统一的直接故意，即认识到自己的行为是组织、策划、实施分裂国家、破坏国家统一并积极而为；而煽动分裂国家罪的行为人所具有的仅仅是煽动他人分裂国家的直接故意，即认识到自己的行为是在煽动他人分裂国家而积极实施，并无具体的分裂国家的法定行为，即认识到自己的行为是在引起他人实施分裂国家的具体行为，并且希望和积极促成该行为的完成。

### (三) 分裂国家罪的处罚

根据《刑法》第 103 条第 1 款、第 106 条、第 113 条第 1 款的规定，犯分裂国家罪的，对首要分子或者罪行重大的，处无期徒刑或者 10 年以上有期徒刑；对积极参加的，处 3 年以上 10 年以下有期徒刑；对其他参加的，处 3 年以下有期徒刑、拘役、管制或者剥夺政治权利；对国家和人民危害特别严重、情节特别恶劣的，可以判处死刑。与境外机构、组织、个人相勾结犯分裂国家罪的，从重处罚。犯分裂国家罪的，可以并处没收财产，应当附加剥夺政治权利。

## 二、间谍罪

### (一) 间谍罪的概念和构成

间谍罪是指参加间谍组织或者接受间谍组织及其代理人的任务，或者为敌人指示轰击目标，危害国家安全的行为。间谍罪是行为犯，并不以实际上发生法定的危害结果作为犯罪成立的要件，只要实施了间谍行为，即构成本罪。

本罪的构成要件是：

(1) 本罪侵害的客体是中华人民共和国的国家安全。

(2) 本罪在客观方面表现为参加间谍组织或者接受间谍组织及其代理人的任务，或者为敌人指示轰击目标的行为，具体表现为以下三种情形：

① 参加间谍组织，成为间谍组织的成员；

② 接受间谍组织及其代理人的任务；

③ 为敌人指示轰击目标；

(3) 本罪的犯罪主体，是达到刑事责任年龄，具有刑事责任能力的自然人，可以是中国公民，也可以是外国人或者无国籍人。法人不能成为间谍罪的犯罪主体。

(4) 本罪在主观方面表现为故意，其故意的内容表现为行为人明知是间谍组织，或者明知是间谍组织及其代理人任务等而参加或者予以接受。

**(二) 间谍罪的认定**

(1) 本罪与非罪的界限。

行为人实施的间谍行为，必须是针对中华人民共和国，对国家安全造成危害的，否则，不构成间谍罪。

(2) 要区分不同对象。

要把参加间谍组织的间谍分子同这些组织中的非间谍分子加以区别。所谓非间谍分子，是指间谍组织中未履行参加间谍组织的手续，也未进行间谍活动的工程技术、一般勤杂人员等。

(3) 一罪与数罪的界限。

行为人参加间谍组织，接受间谍组织及其代理人的任务而进行其他犯罪，又构成其他犯罪的，不实行数罪并罚，只能从一重处，这是原因和结果行为的牵连。

**(三) 间谍罪的处罚**

根据《刑法》第 112 条、第 113 条第 1 款的规定，犯间谍罪的，处 10 年以上有期徒刑或者无期徒刑；情节较轻的，处 3 年以上 10 年以下有期徒刑；对国家和人民危害特别严重、情节特别恶劣的，可以判处死刑。犯本罪的，可以并处没收财产，应当附加剥夺政治权利。

## 实训练习

**一、关键概念**

分裂国家罪　间谍罪

**二、案例分析题**

某国家机关工作人员甲借到乙国探亲的机会滞留不归。后甲受雇于丙国的一个间谍组织，受其指派潜回中国，找到在某军区参谋部工作的战友丁，以 1 万美元的价格购买了 3 份军事机密材料。请问，甲的行为触犯了什么罪名？

# 项目十九　危害公共安全罪实务

## 模块一　危害公共安全罪运用实务

**教学重点**

本模块教学的重点是危害公共安全罪的学习。

**教学目标**

要求学生能够正确理解危害公共安全罪的概念、特征和种类。

**活动设计**

理论部分：通过案例导入，阐述危害公共安全罪的基本理论。

实训部分：掌握关键概念，分析经典案例，参与案例讨论，熟悉危害公共安全罪的概念和构成条件。

**案例导入**

被告人蒋某因在某婚介所征婚时钱财被骗，多次到市民政局请求处理未果而导致心中不满，遂私自制造了2个爆炸装置。某日上午，蒋某将一个爆炸装置捆绑在腰间来到该市民政局，要求对其反映的问题进行处理，并亮出随身携带的爆炸装置进行威胁。在要求未果的情况下，蒋某拨打了“110”电话，要求公安人员对其反映的问题进行处理。后被告人蒋某被抓获。经鉴定，被告人蒋某制作的爆炸装置具有爆炸性能。请问，蒋某的行为应当如何处理？

**相关法律条文**

我国《刑法》第115条规定：“放火、决水、爆炸、投毒或者以其他危险方法致人重伤、死亡或者使公私财产遭受重大损失的，处10年以上有期徒刑、无期徒刑或者死刑。”蒋某的行为已涉嫌危害不特定多数人的人身和财产安全，即公共安全，构成爆炸罪。

**理论部分**

### 一、危害公共安全罪的概念

危害公共安全罪是指故意或者过失地实施危害不特定多数人的生命、健康或者重大公私财产安全的行为。

## 二、危害公共安全罪的构成

危害公共安全罪包括的罪名，在犯罪构成上具有以下特征。

(1) 本类犯罪侵害的客体是社会的公共安全，即对不特定多人的死伤或者重大公私财物的广泛性破坏，而不是侵犯某一特定个人的人身权利或者特定的公私财物的少量损失。这是危害公共安全罪区别于其他各类犯罪的最本质特征。

(2) 本类犯罪的客观要件表现为实施了各种危害公共安全的行为，并已经造成了实际损害后果，或者虽未造成实际损害后果，但却足以危害公共安全的情形。这类犯罪中的某些具体犯罪，只要行为人实施了法律明文规定的特定行为，足以危害公共安全的，即构成犯罪的既遂。

(3) 本类犯罪的主体多数是一般主体，少数应由特殊主体构成。有些罪可以由单位构成，或者只能由单位构成。

(4) 本类犯罪的主观要件有些犯罪表现为故意，有些犯罪则表现为过失。过失犯罪比较集中，是这类犯罪的又一显著特点。

## 三、危害公共安全罪的种类

根据我国《刑法分则》第二章的规定，危害公共安全罪共有 47 个罪名，本章犯罪具体可以划归为以下五类。

**(一) 以危险方法危害公共安全的犯罪**

包括放火罪、决水罪、爆炸罪、投放危险物质罪、以危险方法危害公共安全罪、失火罪、过失决水罪、过失投放危险物质罪、过失爆炸罪、过失以危险方法危害公共安全罪。

**(二) 破坏特定设施、设备危害公共安全的犯罪**

包括破坏交通工具罪，破坏交通设施罪，破坏电力设备罪，破坏易燃易爆设备罪，破坏广播电视设施、公用电信设施罪，过失损坏交通工具罪，过失损坏交通设施罪，过失损坏电力设备罪，过失损坏易燃易爆设备罪，过失损坏广播电视设施、公用电信设施罪。

**(三) 实施暴力、恐怖活动危害公共安全的犯罪**

包括组织、领导、参加恐怖活动组织罪，资助恐怖活动罪，劫持航空器罪，劫持船只、汽车罪，暴力危及飞行安全罪。

**(四) 以枪支、弹药、爆炸物、危险物质为对象的犯罪**

包括非法制造、买卖、运输、邮寄、储存枪支、弹药、爆炸物罪，非法制造、买卖、运输、储存危险物质罪，违规制造、销售枪支罪，盗窃、抢夺枪支、弹药、爆炸物、危险物质罪，抢劫枪支、弹药、爆炸物、危险物质罪，非法持有、私藏枪支、弹药罪，非法出租、出借枪支罪，丢失枪支不报罪，非法携带枪支、弹药、管制刀具、危险物品危及公共安全罪。

**(五) 过失造成重大责任事故的犯罪**

包括重大飞行事故罪，铁路运营安全事故罪，交通肇事罪，危险驾驶罪，重大责任事故罪，强令违章冒险作业罪，重大劳动安全事故罪，大型群众性活动重大安全事故罪，危险物品肇事罪，工程重大安全事故罪，教育设施重大安全事故罪，消防责任事故罪，不报、谎报安全事故罪。

## 实训练习

### 一、关键概念

公共安全

### 二、案例分析题

1. 被告人牛某因毕业找工作不顺利心生不满，遂于2010年4月25日3时许，在学生宿舍内，趁同屋舍友熟睡之时，将自己悬挂在屋内上下铺之间的西服点燃后离开。同屋舍友被屋内的烟雾呛醒，并将火扑灭。被告人牛某床上的被褥、衣物以及墙上的电线均被烧损。请问，牛某的行为是否构成放火罪？

2. 2008年6月21日到12月16日，李某等人先后19次驾车至京珠高速湖南株洲市地段，不顾其他车辆的行车安全，故意撞到19名受害人驾驶的轿车上，并迫使受害人停车，继而索要车辆赔偿费，共勒索到现金3.99万元、金项链1条。请问，李某的行为应当如何定性？



# 模块二　危害公共安全罪重点个罪实务处理

### 教学重点

本模块教学的重点是危害公共安全罪重点个罪的学习。

### 教学目标

要求学生能够正确理解危害公共安全罪重点个罪的概念、特征和认定。

### 活动设计

理论部分：通过案例导入，阐述危害公共安全罪重点个罪的基本理论。

实训部分：掌握关键概念，分析经典案例，参与案例讨论，熟悉危害公共安全罪重点个罪的构成条件。

### 案例导入

被告人朱某在没有考取驾照的情况下，以2 400元的价格购得一辆过期报废的面包车。某日晨，朱某驾车路过某中学附近时，将行人林某撞倒，林某当场昏迷。朱某看到四周无人，遂将林某抱上车带到野外，抛弃于山脚下一土坑内，然后驾车逃离，结果林某因颅脑损伤未能得到及时救治而死亡。后朱某被缉拿归案。请问,朱某的行为构成何罪?

**相关法律条文**

我国《刑法》第 133 条规定:"违反交通运输管理法规,因而发生重大事故,致人重伤、死亡或者使公私财产遭受重大损失的,处 3 年以下有期徒刑或者拘役;交通运输肇事后逃逸或者有其他特别恶劣情节的,处 3 年以上 7 年以下有期徒刑;因逃逸致人死亡的,处 7 年以上有期徒刑。"朱某将林某抱上车带到野外,抛弃于山脚下一土坑内的行为已经超出交通肇事罪的犯罪构成要件,成立故意杀人罪。

**理论部分**

## 一、放火罪

### (一) 放火罪的概念和构成

放火罪是指故意放火焚烧公私财物,危害公共安全的行为。

本罪的构成要件是:

(1) 本罪侵犯的客体是公共安全,即不特定的多数人的生命、健康或者重大公私财产的安全。

(2) 本罪在客观方面表现为实施放火焚烧公私财物,危害公共安全的行为。所谓放火,就是故意引起公私财物燃烧的行为。放火的行为方式,可以是作为,即用各种引火物,直接把公私财物点燃;也可以是不作为,即故意不履行自己防止火灾发生的义务,放任火灾的发生。如某电气维修工人发现其负责维护的电气设备已经损坏,可能引起火灾,而他不加维修,放任火灾的发生。这就是以不作为的方式实施的放火行为。

(3) 本罪的主体为一般主体。由于放火罪的社会危害性很大,所以《刑法》第 17 条第 2 款规定,已满 14 周岁不满 16 周岁的人犯放火罪的,应当负刑事责任。

(4) 本罪在主观方面表现为故意,即明知自己的放火行为会引起火灾,危害公共安全,并且希望或者放任这种结果发生的心理态度。放火的动机是多种多样的,如因个人的某种利益得不到满足而放火,因对批评、处分不满而放火,因泄愤报复而放火,为湮灭罪证而放火等。不论出于何种动机,都不影响放火罪的成立。

### (二) 放火罪的认定

1. 本罪的既遂和未遂的界限

放火罪等危害公共安全的犯罪大多是危险犯,不管是具体危险犯还是抽象危险犯,判断其既遂的标准都应该是危险状态紧迫性的出现。放火罪的既遂是目的物已经独立燃烧,出现了行为人难以控制的局面,危险状态已经出现。反之,若果行为人尚能够控制局面,就可以成立中止等停止形态。若果由于行为人意志以外的原因,不能够出现目的物独立燃烧的危险状态,就是犯罪未遂。

2. 放火罪与焚烧自己财物的行为的区别

只要不损害国家、集体和他人的利益,放火烧自己的财物属于处分个人所有财产的范畴,不构成放火罪。反之,则构成放火罪。

3. 一罪和数罪

行为人在实施杀人、强奸等犯罪后用放火的方法焚毁罪迹的,应当区分不同情况处理。如果行为人消灭罪迹的放火行为不足以危及公共安全的,按所犯的罪从重处罚,不另以放火罪实行数罪并罚;如果行为人消灭罪迹的放火行为足以危及公共安全的,则应另以放火罪与前行为构成的犯罪实罪并罚。

**(三) 放火罪的处罚**

根据《刑法》第 114 条、第 115 条的规定,犯放火罪,尚未造成严重后果的,处 3 年以上 10 年以下有期徒刑;致人重伤、死亡或者使公私财产遭受重大损失的,处 10 年以上有期徒刑、无期徒刑或者死刑。"重大损失"的标准,一般为损失 5 万元以上。

## 二、投放危险物质罪

**(一) 投放危险物质罪的概念和构成**

投放危险物质罪是指故意投放毒害性、腐蚀性、放射性、传染病病原体等物质,危害公共安全的行为。其外延比传统的投毒罪更加广泛。

本罪的构成要件是:

(1) 本罪侵犯的客体是公共安全。本罪的对象主要是不特定或者多数人的人身,以及危险物质能够发生毒害作用、数量比较大的财物,如牲畜、家禽、人工养殖的水产等。

(2) 本罪在客观方面表现为行为人实施了投放毒害性、腐蚀性、放射性、传染病病原体等物质,危害公共安全的行为。

投放危险物质罪是危害犯,其成立并不需要出现不特定多数人或者重大公私财产遭受毁损的实际结果,只要行为人实施了投放危险物质物的行为,足以危害公共安全的,就构成投放危险物质罪。

(3) 本罪的主体是一般主体,已满 14 周岁不满 16 周岁的人犯投放危险物质罪,危害公共安全的,应当负刑事责任。

(4) 本罪在主观方面表现为故意,既可以出于直接故意,也可以出于间接故意。

**(二) 投放危险物质罪的认定**

1. 投放危险物质罪既遂与未遂的界限

只要行为人实施的投放危险物质的行为,危害了公共安全,即便尚未造成严重后果,也构成投放危险物质罪的既遂。如果已经造成致人重伤、死亡或者公私财产的重大损失的严重后果,则应当依照《刑法》第 115 条规定加重处罚。

2. 投放危险物质罪与危险物品肇事罪的界限

如果行为人违反毒害性物品管理规定,也可能造成人身伤亡的严重后果。但这种罪是在生产、储存、运输、使用中发生的重大事故,且只能由过失构成;而投放危险物质罪则不受这个范围的限制,在主观上表现为故意。

3. 投放危险物质罪与以投毒为手段的行为的区别

只要行为人明知自己的投毒行为会引起不特定多人或者不特定多禽畜中毒伤亡,

并且希望或者放任这种结果发生，就应当以投放危险物质罪论处。如果投毒行为只是指向特定的个人，并有意识地将损害结果限制在这个局部范围内，应当定故意杀人罪、故意毁坏财物罪或者破坏生产经营罪等。

### (三) 投放危险物质罪的处罚

根据《刑法》第114条、第115条的规定，犯投放危险物质罪的，尚未造成危害后果的，处3年以上10年以下有期徒刑；致人重伤、死亡或者使公私财产遭受重大损失的，处10年以上有期徒刑、无期徒刑或者死刑。

## 三、破坏交通工具罪

### (一) 破坏交通工具罪的概念和构成

破坏交通工具罪是指故意破坏火车、汽车、电车、船只、航空器，足以使火车、汽车、电车、船只、航空器发生倾覆、毁坏危险，危害公共安全的行为。这是一种以交通工具作为特定破坏对象的危害公共安全的犯罪。

本罪的构成要件是：

(1) 本罪侵害的客体是公共交通运输安全。只限于法定的正在使用中的火车、汽车、电车、船只和航空器。破坏简单的陆用交通工具，一般不会造成危害公共安全的严重后果，不构成本罪。但如果破坏的对象是用作交通运输的大型拖拉机，足以危害公共安全的，应以本罪论处。

(2) 本罪在客观方面表现为对火车、汽车、电车、船只、航空器进行破坏，足以造成上述交通工具发生倾覆或者毁坏危险的行为。认定破坏交通工具的破坏程度，不应以给交通工具本身造成损失的价值大小为标准，而应以是否足以使交通工具发生倾覆、毁坏危险为根据。如破坏行为只拆卸一个螺丝钉，本身价值不大，但被拆卸后，足以使交通工具发生倾覆、毁坏危险的，构成了破坏交通工具罪。

(3) 本罪的主体是一般主体。凡年满16周岁、具有刑事责任能力的自然人均可构成。

(4) 本罪主观方面是出于故意，包括直接故意和间接故意。即行为人明知其破坏行为足以造成交通工具倾覆、毁坏的危险，并希望或者放任这种危险的发生。本罪的动机多种多样，如出于报复泄愤或者嫁祸于人而蓄意制造事故、出于贪利而盗窃正在使用的交通工具的重要部件等。无论出于何种个人动机都不影响本罪的成立。

### (二) 破坏交通工具罪的认定

1. 破坏交通工具罪与破坏交通设施罪的区别

两罪的主要区别在于侵犯的对象不同。破坏交通工具罪侵犯的对象直接指向正在使用中的火车、汽车、电车、船只、航空器等交通工具本身。通过破坏交通工具本身来引起交通工具发生倾覆、毁坏危险；而破坏交通设施罪侵犯的对象是正在使用中的轨道、桥梁、隧道、公路、机场、航道、灯塔、标志等交通设施，通过破坏这些交通设施来达到引起火车、汽车等交通工具发生倾覆、毁坏危险。

2. 破坏交通工具罪与故意毁坏财物罪的区别

(1) 侵害的客体不同。

破坏交通工具罪侵害的客体是公共交通运输安全，而故意毁坏财物罪侵害的客体是公私财产所有权。

(2) 犯罪对象不同。

破坏交通工具罪破坏的对象必须是正在使用中的火车、汽车、电车、船只、航空器，而故意毁坏财物罪则无此限制。

(3) 主观故意内容不同。

破坏交通工具罪必须具有危害交通运输安全的直接故意或者间接故意，故意毁坏财物罪只能出于毁损、破坏公私财物的直接故意。

### (三) 破坏交通工具罪的处罚

根据《刑法》第116条、第119条的规定，犯破坏交通工具罪的，足以使交通工具发生倾覆、毁坏危险，尚未造成严重后果的，处3年以上10年以下有期徒刑；造成严重后果的，处10年以上有期徒刑、无期徒刑或者死刑。

## 四、组织、领导、参加恐怖组织罪



### (一) 组织、领导、参加恐怖组织罪的概念和构成

组织、领导、参加恐怖组织罪是指组织、领导、积极参加或者参加恐怖组织活动的行为。本罪为选择性罪名。

本罪的构成要件是：

(1) 本罪侵犯的客体为公共安全。行为对象可以是本国公民，也可以是外国人。对象为恐怖活动组织，即以实施杀人、爆炸、绑架等恐怖活动为目的的犯罪组织。

(2) 本罪在客观方面表现为组织、领导、积极参加或者参加恐怖组织活动。

组织是指行为人首倡、鼓动、发起、召集有实行恐怖活动目的的人结合成一个恐怖活动组织的行为。领导是指恐怖组织成立以后，恐怖组织的领导者所实施的策划、指挥、布置、协调恐怖组织活动的行为。积极参加是指自愿加入恐怖组织，并且积极参加谋划、实施恐怖活动。

恐怖组织是指三人以上为了长期、有计划地实施恐怖活动而建立起来的犯罪组织，是犯罪集团的一种。构成恐怖组织必须具备以下特征：① 主体必须是三人以上；② 必须以实施恐怖活动为目的；③ 具有严密的组织性，其成员固定且内部存在着领导与被领导的关系，等级森严、纪律严密；④ 具有一定的稳定性，自建立以后在较长时间内反复多次进行恐怖活动；⑤ 恐怖组织具有极大的社会危害性和危险性，是犯罪集团中危害最大的犯罪组织之一。

本罪是选择性罪名，行为人只要实施了组织、领导、积极参加或者参加恐怖组织行为之一者，便成立本罪。行为人实施两个或者两个以上的行为，如既组织又领导恐怖组织的，也只成立本罪一罪，不实行数罪并罚。但是，行为人如果组织、领导、参加恐怖组织后又实施了杀人、爆炸、绑架等恐怖活动犯罪的，则应数罪并罚。

(3) 本罪的主体为一般主体，即凡达到刑事责任年龄、具备刑事责任能力的人均可构成本罪。



(4) 本罪在主观方面表现为直接故意，并且具有进行恐怖活动的目的。

### (二) 组织、领导、参加恐怖组织罪的认定

1. 本罪与非罪的界限

对于参加恐怖组织罪而言，行为人必须明知是恐怖组织而自愿参加，方可构成本罪。对于那些受骗上当参加恐怖组织，一经发觉就与其脱离关系的人，则不能认定为参加恐怖组织罪。

2. 组织、领导、参加恐怖组织罪与组织、领导、参加黑社会性质组织罪的界限

组织、领导、参加黑社会性质组织罪是指组织、领导、参加以暴力、胁迫或者其他手段，有组织地进行违法犯罪活动，称霸一方，为非作恶，欺压、残害群众，严重破坏经济、社会生活秩序的黑社会性质的组织的行为。两罪在客观方面的行为方式非常相近，恐怖组织与黑社会性质组织都是犯罪组织，并且在人员构成、犯罪方式、活动形式等方面也非常相似。但两罪有着显著区别：(1) 类罪名不同，组织、领导、参加恐怖组织罪是危害公共安全的犯罪，而组织、领导、参加黑社会性质组织罪是破坏社会管理秩序的犯罪；(2) 组织、领导、参加的犯罪组织不同，恐怖组织一般政治色彩较浓，具有一定的政治目的；黑社会性质组织更多是为了追求非法的经济利益，主要构成对经济、社会生活秩序的严重破坏。

### (三) 组织、领导、参加恐怖组织罪的处罚

根据《刑法》第 120 条的规定，犯组织、领导、参加恐怖组织罪，组织、领导恐怖组织的，处 10 年以上有期徒刑或者无期徒刑；积极参加的，处 3 年以上 10 年以下有期徒刑；其他参加的，处 3 年以下有期徒刑、拘役、管制或者剥夺政治权利。犯本罪并实施杀人、爆炸、绑架等犯罪的，依照数罪并罚的规定处罚。

## 五、交通肇事罪

### (一) 交通肇事罪的概念和构成

交通肇事罪是指违反交通管理法规，因而发生重大事故，致人重伤、死亡或者使公私财产遭受重大损失的行为。

本罪的构成要件是：

(1) 本罪侵犯的客体是交通运输的安全。

(2) 本罪的客观方面表现为在交通运输活动中违反交通运输管理法规，因而发生重大事故，致人重伤、死亡或者使公私财产遭受大损失的行为。

(3) 本罪的主体为一般主体。即凡年满 16 周岁、具有刑事责任能力的自然人均可构成。

(4) 本罪的主观方面表现为过失，包括疏忽大意的过失和过于自信的过失。

### (二) 交通肇事罪的认定

1. 交通肇事罪与故意杀人罪的区别

行为人在交通肇事后为逃避法律追究，将被害人带离事故现场后隐藏或者遗弃，致使被害人无法得到救助而死亡或者严重残疾的，应当分别以故意杀人罪或者故意伤

害罪定罪处罚。两罪区分的要点是：交通肇事罪（逃逸致人死亡）仅有消极的不救助行为；而故意杀人罪有故意杀人的行为。

2. 交通肇事罪与其他过失犯罪的区别

交通肇事罪认定责任的依据是"交通管理法规"，是发生在公共交通道路上。厂矿企业的专用机动车辆、施工车辆以及军队的军用车辆等在"实行公共交通管理的范围内"因为违反交通规则发生重大交通事故的，以交通肇事罪论处。如果是在公共交通管理范围之外，非因违反交通规则造成人身伤亡、财产损失，构成犯罪的，分别依照重大责任事故、工程重大安全事故罪、武器装备肇事罪等规定定罪处罚。

**（三）交通肇事罪的处罚**

根据《刑法》第133条的规定，违反交通运输管理法规，因而发生重大事故，致人重伤、死亡或者使公私财产遭受重大损失的，处3年以下有期徒刑或者拘役；交通运输肇事后逃逸或者有其他特别恶劣情节的，处3年以上7年以下有期徒刑；因逃逸致人死亡的，处7年以上有期徒刑。



## 实训练习

**一、关键概念**

放火罪　破坏交通工具罪　交通肇事罪

**二、案例分析题**

1. 左某因工作和家属安排等问题与领导龙某发生矛盾，并由对龙某的不满情绪发展到投毒报复。某日，左某从家里存放的3种农药中选择了毒性较低的杀虫醚，用瓶子装了一瓶，趁龙家无人之机，投放在龙家的饮水缸里。由于龙某的妻子及时发现，未造成后果。请问，左某的行为构成何罪？

2. 贾某奔跑横穿马路（没有走人行横道），此时，恰好一辆客车经过。客车驾驶员为避免撞上他，猛转方向，致使客车撞到对面行驶而来的一辆货车上，造成了2人死亡、2人重伤、汽车损坏的严重后果。最近，公安机关认为贾某涉嫌犯交通肇事罪，并展开调查。请问，公安机关的认定是否正确？

# 项目二十　破坏社会主义市场经济秩序罪实务

## 模块一　破坏社会主义市场经济秩序罪运用实务

### 教学重点

本模块教学的重点是破坏社会主义市场经济秩序罪的学习。

### 教学目标

要求学生能够正确理解破坏社会主义市场经济秩序罪的概念、特征和种类。

### 活动设计

理论部分：通过案例导入，阐述破坏社会主义市场经济秩序罪的基本理论。

实训部分：掌握关键概念，分析经典案例，参与案例讨论，熟悉破坏社会主义市场秩序罪的概念和构成条件。

### 案例导入

被告人郭某在未经登记许可的情况下，租用某村的房屋生产电池。郭某与江苏省句容市某公司签订了 R6 型 5 号电池生产设备购销合同。郭某将销售假冒合格产品所得的 35 万元购得废旧的 R6 型 5 号电池生产设备，他自己生产了部分零件，经刷新、拼装后冒充合格产品销售出去。该设备经鉴定不具备应有的使用性能，是不合格产品。请问，郭某的行为构成什么罪名？

### 相关法律条文

根据《刑法》第 140 条的规定，生产者、销售者在产品中掺杂、掺假，以假充真，以次充好或者以不合格产品冒充合格产品，销售金额 5 万元以上不满 20 万元的，处 2 年以下有期徒刑或者拘役，并处或者单处销售金额 50%以上 2 倍以下罚金。本案中，郭某的非法经营所得已经超过 35 万元，构成生产、销售伪劣产品罪。

### 理论部分

#### 一、破坏社会主义市场经济秩序罪的概念

破坏社会主义市场经济秩序罪是指违反国家经济管理法规，破坏国家经济管理活

动，严重扰乱社会主义市场经济秩序的行为。

## 二、破坏社会主义市场经济秩序罪的构成

(1) 本类犯罪侵犯的客体是社会主义市场经济秩序。

(2) 本类犯罪的客观方面表现为违反国家经济管理法规，破坏国家经济管理活动，严重扰乱社会主义市场经济秩序的行为。

(3) 本类犯罪的主体表现为三种类型：有的只能由自然人构成；有的只能由单位构成；有的既可以由单位构成，也可以由自然人构成。就自然人犯罪主体而言，大多数是一般主体，但也有少数是特殊主体。

(4) 本类犯罪的主观方面，少数犯罪是过失，绝大多数犯罪是故意，在故意犯罪中有的还以特定的犯罪目的为要件。

## 三、破坏社会主义市场经济秩序罪的种类



我国《刑法分则》第三章规定了破坏社会主义市场经济秩序罪。

**(一) 生产、销售伪劣商品罪**

包括生产、销售伪劣产品罪，生产、销售假药罪，生产、销售劣药罪，生产、销售不符合卫生标准的食品罪，生产、销售有毒、有害食品罪，生产销售不符合标准的医用器材罪，生产、销售不符合安全标准的产品罪，生产、销售伪劣农药、兽药、化肥、种子罪，生产、销售不符合卫生标准的化妆品罪。

**(二) 走私罪**

包括走私武器、弹药罪，走私核材料罪，走私假币罪，走私文物罪，走私贵重金属罪，走私珍贵动物、珍稀植物及其制品罪，走私淫秽物品罪，走私国家禁止进出口的货物、物品罪，走私废物罪，走私普通货物、物品罪等。

**(三) 妨害对公司、企业的管理秩序罪**

包括虚假出资、抽逃出资罪，欺诈发行股票、债券罪，提供虚假的财务报告罪，妨害清算罪，公司、企业人员受贿罪，签订、履行合同失职被骗罪等。

**(四) 破坏金融管理秩序罪**

包括伪造货币罪，出售、购买、运输假币罪，持有、使用假币罪，变造假币罪，伪造、变造、转让金融机构经营许可证罪，非法吸收公众存款罪，伪造、变造国家有价证券罪，伪造、变造股票、公司、企业债券罪，编造并传播证券交易虚假信息罪，非法出具金融票证罪等。

**(五) 金融诈骗罪**

包括集资诈骗罪，贷款诈骗罪，票据诈骗罪，信用证诈骗罪，信用卡诈骗罪，保险诈骗罪等。



**(六) 危害税收征管罪**

包括偷税罪，抗税罪，骗取出口退税罪，虚开增值税专用发票罪，非法出售增值税

专用发票罪等。

**(七) 侵犯知识产权罪**

包括假冒注册商标罪，销售假冒注册商标的商品罪，假冒专利罪，侵犯著作权罪等。

**(八) 扰乱市场秩序罪**

包括损害他人商业信誉、商品声誉罪，虚假广告罪，合同诈骗罪，串通投标罪，非法转让、倒卖土地使用权罪，逃避商检罪等。

## 实训练习

**一、关键概念**

破坏社会主义市场经济秩序罪

**二、案例分析题**

1. 被告人吴某系养猪场场主，为使所饲生猪的肉质好看便于销售，先后分两次从被告人韦某处购得10千克盐酸克仑特罗(俗称“瘦肉精”)用于喂养生猪。韦某在明知吴某所购盐酸克仑特罗系用于喂养生猪的情况下，主动将盐酸克仑特罗送至吴某的养猪场并详细告知其使用方法，累计收取了吴某人民币1 800元。请问，吴某和韦某的行为触犯了什么罪名？

2. 袁某未经申报，携带一批古生物化石，准备从北京首都机场海关出境被查获。经鉴定，袁某涉嫌走私的古生物化石共计111件，其中，澄江生物群化石87件(6件视同1级文物，71件视同2级文物，10件视同3级文物)。请问，袁某的行为构成何罪？

# 模块二 破坏社会主义市场经济秩序罪重点个罪实务处理

**教学重点**

本模块教学的重点是破坏社会主义市场经济秩序罪重点个罪的学习。

**教学目标**

要求学生能够正确理解破坏社会主义市场经济秩序罪重点个罪的概念、特征和认定。

**活动设计**

理论部分：通过案例导入，阐述破坏社会主义市场经济秩序罪重点个罪的基本理论。

实训部分：掌握关键概念，分析经典案例，参与案例讨论，熟悉破坏社会主义市场经济秩序罪重点个罪的构成条件。

## 案例导入

被告人许某、徐某和马某以南京冠成公司名义，在明知无法归还本息的情况下，以高额回报为诱饵，虚构集资用途非法集资，向不特定公众宣称集资款用于开发、研制蚂蚁产品。三被告人用收到的后期投资款兑现前期投资款，骗取客户信任，共骗取社会不特定对象829人投资款合计人民币三千多万元，由三被告人占有、支配，除用于支付客户投资款和与客户约定的利息外，还用于个人生活消费，以个人的名义购置房产、汽车等。后三被告人无力支付客户投资款和与客户约定的利息。请问，本案应当如何处理？

## 相关法律条文

根据《刑法》第192条的规定，以非法占有为目的，使用诈骗方法非法集资，数额较大的，处5年以下有期徒刑或者拘役，并处2万元以上20万元以下罚金；数额巨大或者有其他严重情节的，处5年以上10年以下有期徒刑，并处5万元以上50万元以下罚金；数额特别巨大或者有其他特别严重情节的，处10年以上有期徒刑或者无期徒刑，并处5万元以上50万元以下罚金或者没收财产。本案中，三被告人以非法占有为目的，采取虚构事实、隐瞒真相的方法非法集资，已经构成集资诈骗罪。

## 理论部分

### 一、生产、销售伪劣产品罪

#### (一) 生产、销售伪劣产品罪的概念和构成

生产、销售伪劣商品罪是指生产者、销售者以牟取非法利润为目的，违反国家质量管理法规，在产品中掺杂、掺假、以假充真、以次充好、以不合格产品冒充合格产品，销售金额在5万元以上的行为。

本罪的构成要件是：

(1) 本罪侵犯的客体为复杂客体，既侵犯了社会主义市场经济秩序和市场管理制度，同时也侵犯了消费者的合法权益。

(2) 本罪的客观方面表现为行为人故意在生产、销售的产品中掺杂、掺假、以假充真、以次充好或者以不合格产品冒充合格产品，销售金额在5万元以上的行为。伪劣商品主要包括：① 不符合保障人体健康、人身、财产安全的国家标准、行业标准的产品；② 掺杂、掺假、以假充真、以次充好的产品；③ 不合格的产品；④ 失效、变质的产品。

(3) 本罪的主体是从事生产、销售伪劣产品的生产者和销售者，既可以是个人，也可以是单位。

(4) 本罪的主观方面是故意犯罪，同时具有谋取非法利润的目的，过失不构成本类犯罪。

### (二) 生产、销售伪劣产品罪的认定

1. 本罪与非罪行为的界限

关键是从行为人主观上是否故意和客观方面的结果来考虑。当行为人故意制造、销售伪劣产品,销售金额达到法律规定的 5 万元以上时,即成立犯罪;销售金额不满 5 万元的制售伪劣产品的行为一般属违法行为,可由工商行政管理部门依法给予行政处罚。伪劣产品尚未销售,货值金额达到《刑法》规定的销售金额 3 倍以上的,以生产、销售伪劣产品罪(未遂)定罪处罚。

2. 生产、销售伪劣产品罪与其他犯罪的界限

即生产、销售伪劣产品罪与生产、销售假药、不符合卫生标准的食品或者有毒、有害、不符合标准的医疗器材、不符合卫生标准的化妆品等生产、销售特定的伪劣商品犯罪的界限,它们的区别主要是犯罪对象,即伪劣产品种类的不同。生产、销售伪劣产品罪生产、销售的是普通物品,其他犯罪生产、销售的是特定物品,一般适用特别法优于普通法的原则。但若依照生产、销售伪劣产品罪处刑较重的,适用生产、销售伪劣产品罪,这是例外规定。

### (三) 生产、销售伪劣产品罪的处罚

根据《刑法》第 140 条和第 150 条的规定,犯生产、销售伪劣产品罪,销售金额 5 万元以上不满 20 万元的,处 2 年以下有期徒刑或者拘役,并处或者单处销售金额 50%以上 2 倍以下罚金;销售金额 20 万元以上不满 50 万元的,处 2 年以上 7 年以下有期徒刑,并处销售金额 50%以上 2 倍以下罚金;销售金额 50 万元以上不满 200 万元的,处 7 年以上有期徒刑,并处销售金额 50%以上 2 倍以下罚金;销售金额 200 万元以上的,处 15 年有期徒刑或者无期徒刑,并处销售金额 50%以上 2 倍以下罚金或者没收财产。单位犯本罪的,对单位判处罚金,并对其直接负责的主管人员和其他直接责任人员,依照上述规定处罚。国家机关工作人员参与生产、销售伪劣产品犯罪的,从重处罚。

## 二、走私普通货物、物品罪

### (一) 走私普通货物、物品罪的概念和构成

走私普通货物、物品罪是指违反海关法规,逃避海关监管,非法运输、携带、邮寄国家禁止进出口的武器、弹药、核材料、假币、珍贵动物及其制品、珍稀植物及其制品、淫秽物品、毒品以及国家禁止出口的文物、金银和其他贵重金属以外的货物、物品进出境,偷逃应缴纳关税额 5 万元以上的行为。

本罪的构成要件是:

(1) 本罪侵犯的客体是国家对外贸易管制,具体为对普通货物、物品进出的监督管理制度和关税征管制度。

(2) 本罪的客观方面表现为行为人违反海关法规,逃避海关监管,走私普通货物、物品,偷逃数额较大的关税的行为。

普通货物、物品是指《刑法》第 151 条规定的武器、弹药、核材料、假币、文物、贵重金属、珍贵动物及其制品、珍稀植物及其制品,第 152 条规定的淫秽物品以及第 347 条规定的毒品以外的其他货物、物品,包括限制进出口的货物、物品在内。偷逃数额较大

的关税是指《刑法》第153条规定的走私普通货物、物品罪的起刑点是偷逃应缴税款5万元以上的。

此外，下列行为还构成走私普通货物、物品罪或者以走私普通货物、物品罪论处：① 未经海关许可并且未补缴应缴税额，擅自将批准进口的来料加工、来件装配、补偿贸易的原材料、零件、制成品、设备等保税货物，在境内销售牟利的；② 未经海关许可并且未补缴应缴税额，擅自将特定减税、免税进口的货物、物品，在境内销售牟利的；③ 直接向走私人非法收购走私进口的其他货物、物品，数额较大的；④ 在内海、领海、界河、界湖运输、收购、贩卖国家限制进出口货物、物品，数额较大，没有合法证明的。

(3) 犯罪主体是一般主体。自然人和单位都可以成为本罪的主体。

(4) 本罪的主观方面表现为直接故意，具有偷逃关税的目的。

与走私普通货物、物品罪的罪犯通谋，为其提供贷款、资金、账号、发票、证明，或者为其提供运输、保管、邮寄或者其他方便的，以走私普通货物、物品罪的共犯论处。

**(二) 走私普通货物、物品罪的认定**

1. 划清走私普通货物、物品罪与一般走私行为的界限

两罪区别的关键是走私普通货物、物品偷逃应缴关税税款额是否达到法定的5万元以上，未达5万元的按一般走私行为处理，5万元以上的构成走私普通货物、物品罪。

2. 区分走私普通货物、物品罪与其他有关走私罪的界限

两罪区别的关键是走私对象的不同。走私武器、弹药等特殊性质的物品分别构成不同的走私罪，走私除特殊性质物品以外的普通货物、物品的构成走私普通货物、物品罪。

**(三) 走私普通货物、物品罪的处罚**

根据《刑法》第153条的规定，个人犯走私普通货物、物品罪，偷逃应缴税额在5万元以上不满15万元的，处3年以下有期徒刑或者拘役，并处偷逃应缴税额1倍以上5倍以下罚金。偷逃应缴税额在15万元以上不满50万元的，处3年以上10年以下有期徒刑，并处偷逃应缴税额1倍以上5倍以下罚金；情节特别严重的，处10年以上有期徒刑或者无期徒刑，并处偷逃应缴税额1倍以上5倍以下罚金或者没收财产。偷逃应缴税额在50万元以上的，处10年以上有期徒刑或者无期徒刑，并处偷逃应缴税额1倍以上5倍以下罚金或者没收财产；情节特别严重的，处无期徒刑，并处没收财产。

单位犯走私普通货物、物品罪，对单位判处罚金，并对其直接负责的主管人员和其他直接责任人员，处3年以下有期徒刑或者拘役；情节严重的，处3年以上10年以下有期徒刑；情节特别严重的，处10年以上有期徒刑。

对多次走私未经处理的，按照累计走私货物、物品的偷逃应缴税款额处理。武装掩护走私的，按照《刑法》第151条第1款、第4款规定从重处罚。

以暴力、威胁方法抗拒缉私的，以走私普通货物、物品罪和妨害公务罪实行数罪并罚。

## 三、公司、企业人员受贿罪

**(一) 公司、企业人员受贿罪的概念和特征**

公司、企业人员受贿罪是指公司、企业的工作人员利用职务上的便利，索取他人财

物或者非法收受他人的财物，为他人谋取利益；或者在经济往来中，违反国家规定收受各种名义的回扣、手续费，归个人所有，数额较大的行为。

本罪的构成要件是：

(1) 本罪的客体为复杂客体，它不仅侵犯了公司、企业的正常管理活动，也因其产生的不正当行为有碍公平竞争原则。公司、企业人员利用职务之便，在各种经济往来中，大肆索取或者收受贿赂的情况，如购买原料、产品收受回扣等现象也越来越多。

(2) 行为人在客观上表现为利用职务上的便利，索取或者收受贿赂的行为，或者在经济往来中，违反国家规定收受各种名义的回扣、手续费达到5 000元以上的行为。

① 行为人必须利用职务上的便利，是指利用职权或者与职务或者所在岗位有关的便利条件。

② 索取贿赂或者收受贿赂是本罪行为的两种不同的表现方式。所谓索取贿赂，是指行为人利用职务上的便利，在他人求其谋取利益或者解决困难等时，采取刁难、拖延、要挟等手段，主动向对方索要贿赂的行为。所谓收受贿赂，是指行为人利用职务上的便利，以是否执行其本身职务所要求的行为为条件，收受他人主动送予财物的行为。同时具有两种方式也不能数罪并罚，也以一罪论处。

③ 索取或者收受了的贿赂必须数额较大，否则亦不能构成本罪。索取或者收受5 000元至2万元以上者。

(3) 本罪的主体是公司、企业的工作人员，包括公司、企业的董事、监事、经理、会计及其他行政人员、业务人员和一般工作人员。

(4) 本罪的主观方面必须为故意，过失不能构成本罪。

### (二) 公司、企业人员受贿罪的认定

#### 1. 本罪与非罪的界限

公司、企业人员在法律允许的范围内，以自己的劳动换取合理报酬的行为不是受贿。关键在于看行为人获取的财物是否为劳动收入，如果行为人不是用劳动换取的报酬，而是利用职务之便，为他人谋利益、以各种名义上的"劳动报酬"索取或者收受他人财物，且数额较大，应当认定为公司、企业人员受贿罪。

#### 2. 本罪与受贿罪的区别

(1) 所侵犯的客体不同。

公司、企业人员受贿罪侵犯的是公司、企业的正常管理活动和信誉。而一般受贿罪所侵犯的是国家机关的正常管理活动和信誉。

(2) 犯罪主体不同。

公司、企业人员受贿罪的主体是公司、企业人员，而受贿罪的主体是国家工作人员。

### (三) 公司、企业人员受贿罪的处罚

根据《刑法》第163条的规定，犯公司、企业人员受贿罪的，处5年以下有期徒刑或者拘役；数额巨大的，处5年以上有期徒刑，可以并处没收财产。

## 四、伪造货币罪

### (一) 伪造货币罪的概念和构成

伪造货币罪是指违反国家货币管理法规，仿照货币的形状、色彩、图案等特征，使

用各种方法非法制造出外观上足以乱真的假货币，破坏货币的公共信用，破坏金融管理秩序的行为。

本罪的构成要件是：

(1) 本罪侵犯的客体是国家货币管理制度。货币发行权属于国务院，中国人民银行是人民币的唯一印制和发行机构，其他任何单位和个人均无权印制和发行人民币。货币包括本国货币和外币。已经退出流通、停止使用的古钱、废钞不能构成本罪的犯罪对象。

(2) 本罪在客观方面表现为违反国家货币管理法规，伪造货币的行为。

所谓伪造货币，是指没有货币制造权的人，仿照人民币或者外币的面额、图案、色彩、质地、式样、规格等，使用多种方法，非法制造假货币，冒充真货币的行为。对于伪造的货币应当注意必须是仿照真人民币或者外币制造的，如果不是仿照真人民币或者外币制作的，而是构成诈骗罪。伪造货币的相似性只要求足以蒙蔽、欺骗他人，达到以假币乱真、可使人信以为真即可。

假币根据制造方法的不同，具体可分为以下九种不同的类型：一是机制胶印、凹印假币；二是石板、蜡版、木板印假币；三是誊印假币；四是复印假币；五是照相假币；六是描绘假币；七是板印假币；八是复印、制板技术合成假币；九是仿照硬币铸造的假币等。

本罪系行为犯，行为人只要出于故意实施了伪造货币的行为，就可以构成本罪。不要求情节严重或者造成实际的危害后果为构成犯罪的必要前提。至于未遂的标准，则应视其伪造的行为是否实施完毕而定。如果行为人仿照某种货币进行伪造，实施了所有制造工序的行为，即构成既遂，反之则为未遂。

(3) 本罪的主体为一般主体，凡达到刑事责任年龄、具备刑事责任能力的自然人均可以构成，单位不能构成本罪的主体。

(4) 本罪在主观方面只能由直接故意构成，间接故意和过失不构成本罪。

**（二）伪造货币罪的认定**

1. 本罪与非罪的界限

本罪为行为犯。一般说来，行为人只要出于故意实施了伪造货币的行为就可以构成本罪，但这并不是说一定就构成犯罪，这是因为任何违法行为（包括伪造货币的行为）只有达到一定危害程度时才能构成犯罪，即伪造货币总面值在500元以上的、伪造货币币量50张以上的或者具有其他严重情节的。

2. 区分本罪罪数问题

伪造货币并出售或者运输伪造的货币的，按伪造货币罪从重处罚，不实行数罪并罚；出售、运输的货币应是同一宗假币，伪造行为与出售或者运输行为才存在着吸收与被吸收的关系，此时出售或者运输行为乃属于伪造行为的继续。如果伪造、运输、出售的不是同一货币的，应实行数罪并罚。

**（三）伪造货币罪的处罚**

根据《刑法》第170条的规定，犯伪造货币罪的，处3年以上10年以下有期徒刑，并处5万元以上50万元以下罚金。有下列情形之一的，处10年以上有期徒刑、无期徒刑或者死刑，并处5万元以上50万元以下罚金或者没收财产：(1) 伪造货币集团的首要分子；(2) 伪造货币数额特别巨大的；(3) 有其他特别严重情节的。

## 五、集资诈骗罪

### （一）集资诈骗罪的概念和构成

集资诈骗罪是指以非法占有为目的，使用诈骗方法非法集资，数额较大的行为。

本罪的构成要件是：

(1) 本罪侵犯的客体是复杂客体，既侵犯了公私财产所有权，又侵犯了国家金融管理制度。

(2) 本罪在客观方面表现为行为人使用诈骗方法非法集资，数额较大的行为。所谓非法集资，是指公司、企业、个人或者其他组织未经批准，违反法律、法规，通过不正当的渠道，向社会公众或者集体募集资金的行为。集资诈骗行为的特征如下。

① 诈骗手段具有特殊性

集资诈骗罪的诈骗方法是指行为人采取虚构集资用途，以虚假的证明文件和高回报率为诱饵，骗取集资款的手段。

② 行为方式具有特殊性

集资诈骗罪在行为方式上必须以“非法集资”的形式出现，一般表现为以吸引公众投资入股或者高息吸收公众存款等方式向社会筹集款项，具有明显的融资性。

③ 被骗对象的公众性和广泛性

集资行为面对社会公众是集资诈骗罪的重要特征。如果行为人仅指向具体的特定个人或者单位的，一般不构成本罪。

(3) 本罪的主体既可以是已满16周岁、具有辨认控制能力的自然人，也可以是单位。

(4) 从主观方面看，本罪是典型的目的犯，行为人是否具有非法占有的目的，是集资诈骗罪区别于其他非法集资类犯罪的主要因素。某种非法集资行为如果其主观目的是非法占有并且又采用了诈骗的方法，则即使其符合其他非法集资类犯罪的要件，也将被认定为集资诈骗罪。

### （二）集资诈骗罪的认定

1. *诈骗方法的确定*

集资诈骗罪中的“诈骗方法”是指行为人采取虚构集资用途，以虚假的证明文件和高回报率为诱饵，骗取集资款的手段。行为人具有下列情形之一的，应当认定其行为属于“以非法占有为目的，使用诈骗方法非法集资”：(1) 明知没有归还能力而大量骗取资金的；(2) 非法获取资金后逃跑的；(3) 肆意挥霍骗取资金的；(4) 使用骗取的资金进行违法犯罪活动的；(5) 抽逃、销毁账目，或者搞假破产、假倒闭，以逃避返还资金的；(6) 其他非法占有资金，拒不返还的行为。

2. *集资诈骗罪与相关犯罪的区别*

(1) 集资诈骗罪与诈骗罪的区别。

集资诈骗罪是特殊的诈骗罪，两罪的区别如下。

① 犯罪的对象不同。

集资诈骗罪的对象是不特定多数人的用以集资获利的资金，但诈骗罪的对象则是特定的，即行为人是针对某一特定的人或者单位去实施诈骗行为并获取其钱财。

② 客观行为的表现形式不同。

诈骗罪在客观方面表现为用虚构事实或者隐瞒真相直接使被骗人交付财物的行为，但诈骗罪在客观方面表现为向社会公众或者集体募集资金的行为。

(2) 集资诈骗罪与非法吸收公众存款罪的区别。

① 侵犯的对象不同。

集骗诈骗罪的对象是他人用于集资获利所交付的集资款，既可以表现为资金，又可以表现为财物。非法吸收公众存款罪的对象则是公众的存款，它只能表现为金钱的形式，并且只能以存款人用于存款而获取一定利息的形式出现。

② 犯罪客观行为的表现方式不同。

集资诈骗罪是以诈骗的方法非法集资，以生产或者经营活动为借口；非法吸收公众存款罪在客观方面表现为非法吸收公众存款，变相吸收公众存款的行为。

③ 侵犯的客体不同。

集资诈骗罪侵犯的客体为双重客体，其既侵犯了国家有关集资的金融管理制度，而且亦会侵犯公私财物所有权；非法吸收公众存款罪侵犯的客体却是单一的，即为国家有关集资主要是吸收公众存款的金融信贷管理制度。

### (三) 集资诈骗罪的处罚

根据《刑法》第 192 条，第 199 条的规定，犯集资诈骗罪的，处 5 年以下有期徒刑或者拘役，并处 2 万元以上 20 万元以下罚金；数额巨大或者有其他严重情节的，处 5 年以上 10 年以下有期徒刑，并处 5 万元以上 50 万元以下罚金；犯集资诈骗罪，数额特别巨大或者有其他特别严重情节的，处 10 年以上有期徒刑、无期徒刑，并处 5 万元以上 50 万以下罚金或者没收财产；犯集资诈骗罪，数额特别巨大并且给国家和人民利益造成特别重大损失的，处无期徒刑或者死刑，并处没收财产。

单位犯本罪的，对单位判处罚金，并对其直接负责的主管人员和其他直接责任人员，处 5 年以下有期徒刑或者拘役；数额巨大或者有其他严重情节的，处 5 年以上 10 年以下有期徒刑；数额特别巨大或者有其他特别严重情节的，处 10 年以上有期徒刑或者无期徒刑。

## 六、信用卡诈骗罪

### (一) 信用卡诈骗罪的概念和构成

信用卡诈骗罪是指以非法占有为目的，违反信用卡管理法规，利用信用卡进行诈骗活动，骗取财物数额较大的行为。

本罪的构成要件是：

(1) 本罪侵犯的客体是信用卡管理制度和公私财产所有权。

(2) 本罪在客观方面表现为行为人采用虚构事实或者隐瞒真相的方法，利用信用卡骗取公私财物的行为。具体表现为以下几种行为：① 使用伪造的信用卡；② 使用作废的信用卡；③ 冒用他人的信用卡；④ 恶意透支的。

(3) 本罪的主体是一般主体，自然人可以成为本罪的犯罪主体，单位不能成为本罪的犯罪主体。

(4) 本罪的主观方面是故意，而且是直接故意，行为人主观上必须具有非法占有公私财物的目的。间接故意和过失犯罪不能构成本罪。在此应指出的是，在信用卡诈骗罪的各种行为中，行为人因行为不同，其犯罪故意也各有其特定内容而不尽相同。如使用伪造的信用卡和使用作废的信用卡进行诈骗犯罪的，行为人主观上必须明知是伪造或者作废的信用卡，否则，不能构成本罪。在信用卡透支的情况下，恶意透支、透支数额较大的构成信用卡诈骗罪。

### (二) 信用卡诈骗罪的认定

<table>
<tr><th colspan="3">取财地点<br>信用卡种类</th><th>银行营业员</th><th>商场收银员</th><th>自动取款(售货)机</th></tr>
<tr><td colspan="3">伪造的信用卡</td><td>信用卡诈骗罪</td><td>信用卡诈骗罪</td><td>盗窃罪</td></tr>
<tr><td colspan="3">作废的信用卡</td><td>信用卡诈骗罪</td><td>信用卡诈骗罪</td><td>盗窃罪</td></tr>
<tr><td rowspan="4">他人真实有效的信用卡</td><td colspan="2">盗窃所得</td><td>盗窃罪</td><td>盗窃罪</td><td>盗窃罪</td></tr>
<tr><td rowspan="2">抢劫所得</td><td>当场取财</td><td>抢劫罪</td><td>抢劫罪</td><td>抢劫罪</td></tr>
<tr><td>日后取财</td><td>抢劫罪与信用卡诈骗罪</td><td>抢劫罪与信用卡诈骗罪</td><td>抢劫罪与盗窃罪</td></tr>
<tr><td colspan="2">其他方式获得</td><td>信用卡诈骗罪</td><td>信用卡诈骗罪</td><td>盗窃罪(拾得信用卡后使用的，定信用卡诈骗罪)</td></tr>
<tr><td colspan="3">以虚假身份骗领的信用卡</td><td>信用卡诈骗罪</td><td>信用卡诈骗罪</td><td>信用卡诈骗罪</td></tr>
<tr><td colspan="3">自己真实有效的信用卡(恶意透支)</td><td>信用卡诈骗罪</td><td>信用卡诈骗罪</td><td>信用卡诈骗罪</td></tr>
</table>

### (三) 信用卡诈骗罪的处罚

根据《刑法》第 196 条的规定，犯信用卡诈骗罪的，处 5 年以下有期徒刑或者拘役，并处 2 万元以上 20 万元以下罚金；数额巨大或者有其他严重情节的，处 5 年以上 10 年以下有期徒刑，并处 5 万元以上 50 万元以下罚金；数额特别巨大或者有其他特别严重情节的，处 10 年以上有期徒刑或者无期徒刑，并处 5 万元以上 50 万元以下罚金或者没收财产。

## 七、逃税罪

### (一) 逃税罪的概念和构成

逃税罪是指纳税人采取欺骗、隐瞒手段进行虚假纳税申报或者不申报，逃避缴纳税款数额较大的行为。

本罪的构成要件是：

(1) 本罪侵犯的客体是国家的税收征管制度。

(2) 本罪的客观方面表现为：

① 纳税人采取欺骗、隐瞒手段进行虚假纳税申报或者不申报，逃避缴纳税款数额在 5 万元以上并且占应纳税额 10%以上的；

② 扣缴义务人采取前款所列手段，不缴或者少缴已扣、已收税款，数额较大的。

对多次实施前两款行为，未经处理的，按照累计数额计算。有第一款行为，经税务机关依法下达追缴通知后，补缴应纳税款，缴纳滞纳金，已受行政处罚的，不予追究刑事责任；但是，5 年内因逃避缴纳税款受过刑事处罚或者被税务机关给予 2 次以上行政处罚的除外。

(3) 本罪的主体是特殊主体，即纳税人和扣缴义务人。

(4) 本罪的主观方面为故意，并且具有逃避缴纳应缴税款以获取非法利益的目的。

**(二) 逃税罪的认定**

非罪的行为包括漏税、欠税以及一般逃税行为。如果没有故意逃避缴纳税款获取非法利益的目的，只是因为业务不熟、管理混乱、账目不清而漏报未缴或者少缴税款的，或是存在客观原因而超过税务机关核定的纳税期限，未缴或者少缴税款的，由于欠缺主观要件，不构成逃税罪。

**(三) 逃税罪的处罚**

根据《刑法》第 201 条、第 204 条第 2 款、第 211 条的规定，纳税人采取欺骗、隐瞒手段进行虚假纳税申报或者不申报，逃避缴纳税款数额较大并且占应纳税额 10%以上的，处 3 年以下有期徒刑或者拘役，并处罚金；数额巨大并且占应纳税额 30%以上的，处 3 年以上 7 年以下有期徒刑，并处罚金。

对多次实施逃税行为，未经处理的，按照累计数额计算；经税务机关依法下达追缴通知后，补缴应纳税款，缴纳滞纳金，已受行政处罚的，不予追究刑事责任；但是，5 年内因逃避缴纳税款受过刑事处罚或者被税务机关给予 2 次以上行政处罚的除外。

## 实训练习

**一、关键概念**

信用卡诈骗罪　集资诈骗罪　逃税罪

**二、案例分析题**

1. 被告人田某以与他人合作经营为名，采取编造虚假合作项目并签订合作经营合同书等方法，在社会上非法集资，以投资零风险和高额回报为诱饵，共计骗取 82 名被害人的人民币 832.9 万元。至案发时，尚有人民币 732.09 万元未予归还。请问，田某的行为构成何罪？

2. 被告人蔡某伙同他人向群众进行虚假宣传，称该公司由外籍华人投资，是拥有固定资产 8 000 万元和自有多家酒厂的、生产和经营酒类产品的专业公司，若投资取得产品“代理加盟商”资格，可获得高额固定利润回报。被告人蔡某等人共骗得被害人郭某等 24 人的人民币 1 550 500 元。收取客户的投资款后，被告人蔡某等人未按合同约定和被害人进行实质性的生产经营活动，仅按月以分红方式向被害人返款共人民币 508 631 元，实际诈骗骗得被害人的投资款共人民币 1 041 869 元。请问，被告人蔡某的行为构成何罪？

3. 甲盗窃信用卡后，用该信用卡在自动取款机上提取现金。请问，甲的行为构成何罪？

# 项目二十一　侵犯公民人身权利、民主权利罪实务

## 模块一　侵犯公民人身权利、民主权利罪运用实务

**教学重点**

本模块教学的重点是侵犯公民人身权利、民主权利罪的学习。

**教学目标**

要求学生了解侵犯公民人身权利、民主权利罪的概念、特征和种类。

**活动设计**

理论部分：通过案例导入，阐述侵犯公民人身权利、民主权利罪的基本理论。

实训部分：掌握关键概念，分析经典案例，参与案例讨论，掌握侵犯公民人身权利、民主权利罪的概念和构成条件。

**案例导入**

被告人王某带领吴某、郑某（男，11 周岁）到水库租救生圈游泳，游了一个小时后一起上岸休息。片刻后，吴某提出再次下水，王某不允，经吴某再三要求遂表示同意。吴某、郑某二人各带救生圈下水，王某则在岸上抽烟并与人闲谈，没有照看二人。吴某下水后不久，因救生圈脱落沉入水中，郑某发现后喊叫王某，王某下水施救，但找不到人。后吴某从水中漂出，被送往医院抢救无效死亡。经诊断为溺水死亡。请问，王某的行为是否构成伤害罪？

**相关法律条文**

过失致人死亡是指由于过失而引起他人死亡的行为。本案中，王某的先前行为导致了他必须履行看护的义务，但是他疏于看护，导致吴某死亡的后果发生。所以，王某的行为成立过失致人死亡罪。

**理论部分**

### 一、侵犯公民人身权利、民主权利罪的概念

侵犯公民人身、民主权利罪是指故意、过失地侵犯他人人身及与人身直接相关的权利，或者是故意非法剥夺、妨害公民自由行使民主权利的行为。公民的人身权利与

其民主权利是密不可分的，人身权利是行使民主权利的基础，而切实保障民主权利又为保障人身权利提供了重要条件，两者必须得到全面的保护。

## 二、侵犯公民人身权利、民主权利罪的构成

（1）本类犯罪侵犯的客体是公民的人身权利和民主权利。公民的人身权利是指我国法律所保护的与公民人身不可分离的权利，包括公民的生命权、健康权、性的不可侵犯权、人身自由权、人格名誉权，以及与人身直接相关的住宅不受侵犯权等。公民的民主权利是指公民所享有的管理国家和参加正常的社会活动的权利，主要包括选举权和被选举权、控告权、申诉权、批评权、检举权等。

（2）本类犯罪在客观方面表现为各种非法侵犯人身权利、其他与人身直接有关的权利以及民主权利的行为。在方式上，“侵犯”包括剥夺、限制、损害、破坏、阻碍等行为；在表现形式上，多数犯罪只能是作为，如强奸罪，强制猥亵、侮辱妇女罪，绑架罪，拐卖妇女、儿童罪，侮辱罪，破坏选举罪等。少数几种犯罪既可表现为作为，也可表现为不作为，如故意杀人罪、故意伤害罪、非法拘禁罪等。



（3）本类犯罪的主体多数只能是自然人，少数既可以是自然人，也可以是单位。在以自然人为主体的犯罪中，多数为一般主体，少数为特殊主体。

（4）本类犯罪在主观方面，除了过失致人死亡罪和过失致人重伤罪由过失构成外，其他罪均由故意构成。其中包括直接故意和间接故意。

## 三、侵犯公民人身权利、民主权利罪的种类

我国《刑法分则》第四章共规定了37个罪名，包括故意杀人罪，故意伤害罪，强奸罪，强制猥亵、侮辱妇女罪，非法拘禁罪，绑架罪，拐卖妇女、儿童罪，诬告陷害罪，破坏选举罪，重婚罪，过失致人死亡罪、过失致人重伤罪，猥亵儿童罪，收买被拐卖的妇女、儿童罪，聚众阻碍解救被收买的妇女、儿童罪，强迫职工劳动罪，违法雇用未成年人从事超强度、危险性劳动罪，非法搜查罪，非法侵入住宅罪，侮辱罪，诽谤罪，暴力取证罪，虐待被监管人罪，煽动民族仇恨、民族歧视罪，出版歧视、侮辱少数民族内容作品罪，非法剥夺公民宗教信仰自由罪，侵犯少数民族风俗习惯罪，侵犯通信自由罪，私自开拆、隐匿、毁弃邮件、电报罪，报复陷害罪，打击报复会计、统计人员罪，暴力干涉婚姻自由罪，破坏军婚罪，遗弃罪，拐骗儿童罪、组织残疾人、儿童乞讨罪。

## 实训练习

**一、关键概念**

侵犯公民人身权利　民主权利罪

**二、案例分析题**

1. 21岁的女青年甲被捕前系某大学餐厅员工，在该大学校内市场西侧女厕所内

产下一名男婴。由于系婚前生育，甲因害怕被人发现，遂用手捂住男婴的口鼻，导致男婴急性机械性窒息死亡。一名工作人员在打扫厕所时发现了死婴，遂报警。甲得知事发主动投案。请问，甲的行为构成犯罪吗？

2. 何某与季某系夫妻关系，一日何某酒后回家与季某争吵，并出手打了季某，季某在与何某撕扯的过程中，随手拿起水果刀，意图吓唬何某住手，不慎刺中迎面而来的何某。何某被刺后，季某找人将其送往医院，但何某因失血性休克死亡。请问，季某的行为构成犯罪吗？

# 模块二　侵犯公民人身权利、民主权利罪重点个罪实务处理

## 教学重点

本模块教学的重点是侵犯公民人身权利、民主权利罪重点个罪的学习。

## 教学目标

要求学生熟悉侵犯公民人身权利、民主权利罪的概念、特征和认定。

## 活动设计

理论部分：通过案例导入，阐述侵犯公民人身权利、民主权利重点个罪的基本理论。

实训部分：掌握关键概念，分析经典案例，参与案例讨论，熟悉侵犯公民人身权利、民主权利罪重点个罪的构成条件。

## 案例导入

被告人何某因怀疑妻子熊某有婚外情，在自己的家中安装了一个摄像头监控卧室。一天，妻子熊某与李某在卧室里脱去衣服裸抱在一起，被何某抓个正着。何某遂对裸体的李某进行捆绑、殴打，致李某体表多处软组织挫伤、肋骨骨折及气脑（经法医鉴定，李某的伤情属轻伤）。请问，何某的行为如何评价？

## 相关法律条文

故意伤害罪是指故意非法损害他人身体健康的行为。本案中，何某的动机是出于义愤因而故意伤害李某，致李某轻伤，构成故意伤害罪。

理论部分

## 一、故意杀人罪

### (一) 故意杀人罪的概念和构成

故意杀人罪是指故意非法剥夺他人生命的行为。

本罪的犯罪构成是:

(1) 本罪的客体是他人的生命权。所谓他人的生命权,是指已身以外的自然人非经法律规定不得非法剥夺其生存的权利。

(2) 本罪的客观方面表现为非法剥夺他人生命的行为。

首先,行为对象为"他人",故自杀行为不成立本罪。至于"他人"的范围没有限定。人的生命始于出生,终于死亡。关于出生的标准,我国一般采取独立呼吸说。据此,出生后的婴儿享有受法律保护的生命,可以成为故意杀人罪的对象。关于死亡的标准,当代医学检验死亡的标准则一般是"脑死亡",即以大脑失去功能时为生命终止。

其次,必须具有剥夺他人生命的行为即杀人行为,其特点是直接或者间接作用于人的肌体,使人的生命在自然死亡时期之前终结。剥夺他人生命的方式,既可以是作为(如刀砍、斧劈、拳击、枪杀等),也可以是不作为(如母亲故意不给婴儿哺乳致其死亡等);既可以是物理的方法(如刺杀、毒杀),也可以是心理的方法(如以精神冲击方法致人休克死亡)。

最后,剥夺他人生命的行为必须具有非法性。依法执行命令枪决罪犯、符合法定条件的正当防卫杀人等行为,不构成故意杀人罪。

(3) 本罪的主体必须是已满 14 周岁,并具有刑事责任能力的自然人。

(4) 本罪的主观方面是故意,即明知自己的行为会发生他人死亡的结果,并且希望或者放任这种结果的发生。

### (二) 故意杀人罪的认定

1. 对实施积极的安乐死行为,应以故意杀人罪论处

所谓安乐死,通常是指为免除患有不治之症、濒临死亡的患者的痛苦,受患者嘱托而使其无痛苦地死亡。《刑法》上所讨论的安乐死,限于积极的安乐死,即为了免除患者的痛苦,而提前结束其生命的方法。现在,世界上只有个别国家对积极的安乐死实行了非犯罪化。在我国,人为地提前结束患者生命的行为还难以得到一般国民的认同;即使被害人同意,这种杀人行为也是对他人生命的侵害。在法律未允许实行积极安乐死的情况下,实行积极安乐死的行为仍然构成故意杀人罪。

2. 相约自杀

即二人以上相互约定自愿共同自杀的行为。如果相约双方均自杀身亡,自不存在刑事责任问题;如果相约双方各自实行自杀行为,其中一方死亡,另一方自杀未遂,未遂一方也不负刑事责任;如果相约自杀,由其中一方杀死对方,继而自杀未遂的,应以故意杀人罪论处。

3. 引起他人自杀

即行为人所实施的某种行为引起他人自杀身亡。第一，正当行为引起他人自杀的，不存在犯罪问题。第二，错误行为或者轻微违法行为引起他人自杀的，也不成立犯罪。不能因为引起了他人自杀，就将其错误行为或者轻微违法行为当做犯罪行为处理。第三，严重违法行为引起他人自杀身亡，将严重违法行为引起他人自杀身亡的后果进行综合评价，达到了犯罪程度时，应当追究刑事责任。如诽谤他人引起他人自杀身亡的，可综合起来认定行为的情节严重，将该行为以诽谤罪论处。第四，犯罪行为引起他人自杀身亡，但对自杀身亡结果不具有故意时，应按先前的犯罪行为定罪并从重处罚。如强奸妇女引起被害妇女自杀的，以强奸罪从重处罚。

4. 教唆或者帮助自杀

教唆自杀是指行为人故意用引诱、怂恿、欺骗等方法，使他人产生自杀意图。以相约自杀为名诱骗他人自杀的，也是一种教唆自杀的行为。帮助自杀是指在他人已有自杀意图的情况下，帮助他人实现自杀意图。我国《刑法》对以下几种行为应认定为故意杀人罪。首先，欺骗不能理解死亡意义的儿童或者精神病患者等人，使其自杀的，属于故意杀人罪的间接正犯。其次，凭借某种权势或者利用某种特殊关系，以暴力、威胁或者其他心理强制方法使他人自杀身亡的，应以故意杀人罪论处。如组织和利用邪教组织制造、散布迷信邪说，指使、胁迫其成员或者其他人实施自杀行为的，邪教组织成员组织、策划、煽动、教唆、帮助邪教组织人员自杀的，应以故意杀人罪论处。最后，行为人教唆自杀的行为使被害人对权益的有无、程度、情况等产生错误认识，对其死亡的同意无效时，也应认定为故意杀人罪。如医生欺骗患者说："你最多只能活 3 个月，而且一周后开始剧烈疼痛"，进而导致患者自杀的，患者对自杀的同意无效，对医生应认定为故意杀人罪。

5. 对所谓"大义灭亲"的行为，应以故意杀人罪论处

我国不承认"家法"，行为人对违法犯罪的亲属，也只能交由司法机关处理。私自处死违法犯罪亲属的，同样构成故意杀人罪，但量刑时可以从轻处罚。

### （三）故意杀人罪的处罚

根据《刑法》第 233 条的规定，故意杀人的，处死刑、无期徒刑或者 10 年以上有期徒刑；情节较轻的，处 3 年以上 10 年以下有期徒刑。犯故意杀人罪而情节较轻的，是本罪的减轻处罚事由。这里的情节较轻，是指防卫过当杀人、义愤杀人、因受被害人长期迫害而杀人等。

## 二、过失致人死亡罪

### （一）过失致人死亡罪的概念和构成

过失致人死亡罪是指由于过失而引起他人死亡的行为。

本罪的犯罪构成是：

(1) 本罪侵犯的客体是他人的生命权。

(2) 本罪的客观方面表现为致人死亡的行为，致人死亡的行为与死亡结果之间必

须存在《刑法》上的因果关系。

(3) 本罪在主观上必须是过失,即应当预见自己的行为可能发生他人死亡的危害结果,因为疏忽大意而没有预见,或者已经预见而轻信能够避免,以致发生他人死亡的危害结果。

(4) 本罪的犯罪主体是已满16周岁并具有刑事责任能力的自然人。

**(二) 过失致人死亡罪的认定**

1. 过于自信的过失致人死亡与间接故意杀人的界限

过于自信的过失致人死亡是行为人已经预见到自己的行为可能发生他人死亡的结果,但凭借一定的经验自认为能够避免他人死亡的结果发生。间接故意杀人是指行为人明知自己的行为可能发生他人死亡的结果,但对这种结果的发生采取听之任之、有意放任的态度,从而导致他人死亡的行为。过于自信的过失致人死亡与间接故意杀人的相似点在于:两者都发生了被害人死亡的结果;行为人都认识到自己的行为可能发生他人死亡的结果,且都不希望这种结果发生。

两者的显著区别如下。

第一,在认识因素上,对他人死亡结果发生的主观估计不同。两者虽然都是预见到自己的行为可能使他人死亡,但间接故意杀人中行为人对可能性转化为现实性并未发生错误的认识和估计,因而在可能性转化为现实性即他人死亡结果发生的情况下,行为人的主观认识与客观结果之间并未发生错误,主观与客观是一致的;而过于自信的过失致人死亡中,行为人和主观上认为,由于他的能力、经验以及外部条件,实施行为时,他人死亡的结果可以避免,即对可能性转化为现实性的客观事实发生了错误认识,在他人死亡结果发生的情况下,其主观与客观是不一致的。

第二,在意志因素上有重要区别。过于自信的过失致人死亡与间接故意杀人中的行为人虽然都不希望他人死亡结果的发生,但深入考察,两者对他人死亡结果的态度是有明显差别的。间接故意杀人的行为虽然不希望他人死亡结果的发生,但是对于他人死亡结果的发生并不持有反对态度,而是听之任之。过于自信的过失致人死亡罪中,行为人不仅不希望他人死亡结果的发生,同时也不放任这种结果的发生,而是希望这种结果不要发生。在预见到自己的行为可能发生他人死亡结果的情况下,行为人仍然相信能够避免危害结果的发生,并因而实施了该种行为。

2. 过失致人死亡罪同"误杀"的故意杀人行为

过失致人死亡罪的构成要求的是行为人对其行为造成被害人死亡的结果存有过失心理态度。在司法实践中,不应将行为人在故意杀人中因打击错误而误杀其"针对对象"(即行为人追求的杀害对象)以外之人的行为认定为过失的致人死亡罪。

3. 不作为致人死亡行为的定性

不作为致人死亡不仅可以成立故意杀人罪,而且也可以成立过失致人死亡罪。区分这两者的关键在于,行为人对其不作为行为导致他人死亡的结果是否具有故意心态,包括直接故意和间接故意。在司法实践中,尤其要注意这样一种情况,即行为人先前意外地或者过失地导致了他人死亡的危险,行为人能抢救而不抢救,放任他人死亡结果发生的,对行为人不应以过失致人死亡罪定性,更不能认为是意外事件而认定行为人无罪，而应对其以间接故意杀人罪追究刑事责任。另外，再从犯罪客观方面来看，出于被告人的伤害行为造成了被害人可能死亡的危险状态时，被告人就负有防止这种危害结果发生的特定义务，但他基于上述心理因素，不仅不采取积极的抢救措施，反而一声不吭甚至一走了之，从而导致了被害人因贻误抢救时间而死亡。

**(三) 过失致人死亡罪的处罚**

根据《刑法》第 233 条的规定，犯过失致人死亡罪的，处 3 年以上 7 年以下有期徒刑；情节较轻的，处 3 年以下有期徒刑。本法另有规定的，依照规定。

## 三、故意伤害罪

**(一) 故意伤害罪的概念和构成**

故意伤害罪是指故意非法损害他人身体健康的行为。

本罪的犯罪构成是：

(1) 本罪的客体是他人的健康权。故意伤害罪的伤害行为，必须针对他人来实行。除军人在战时为了逃避军事义务而自伤身体构成战时自残罪之外，公民自己伤害自己身体的行为不构成犯罪。

(2) 本罪的客观方面表现为非法损害他人身体健康。

① 行为对象是他人的身体。伤害自己身体的，不成立故意伤害罪；但军人为了逃避军事义务，在战时自伤身体的，应按《刑法》第 434 条的规定追究刑事责任。

② 实施了伤害行为。伤害一般是指非法损害他人身体健康的行为。如果行为侵害了他人的生理机能，即使没有损害外形的完整性，也应当认定为伤害行为；反之，则没有必要认定为伤害。因此，原则上应当认为，只有侵害了他人生理机能的行为才属于伤害。

③ 伤害行为必须具有非法性，因正当防卫、紧急避险而伤害他人，因治疗上的需要为病人截肢，体育运动项目中规则所允许的伤害等，都不构成犯罪。

(3) 本罪的主体为一般主体。凡达到刑事责任年龄并具备刑事责任能力的自然人均能构成本罪，其中，已满 14 周岁未满 16 周岁的自然人有故意伤害致人重伤或者死亡行为的，应当负刑事责任。

(4) 本罪在主观方面表现为故意。即行为人明知自己的行为会造成损害他人身体健康的结果，而希望或者放任这种结果的发生。

**(二) 故意伤害罪的认定**

1. 故意伤害与一般殴打的界限

一般殴打行为只是给他人造成暂时性的肉体疼痛，或者使他人神经受到轻微刺激，但没有侵害他人的生理机能，故不构成犯罪。值得注意的是，有些殴打行为表面上给他人造成了一定的损害，但显著轻微不构成轻伤的，不能以故意伤害罪论处。因此，在区分故意伤害与一般殴打时，既要考虑行为是否给他人的生理机能造成了损害，又要考虑损害的程度。

2. 故意伤害罪与故意杀人罪的界限

在杀人故意心理支配下，客观上实施了杀人行为的，应当认定为故意杀人罪；在伤害故意心理支配下，客观上实施了伤害行为的，应当认定为故意伤害罪。换言之，行为人主观上是否具有杀人的故意，凡明显具有杀人故意，实施了杀人行为的，应按故意杀人罪论处；凡明显具有伤害故意，实施了伤害行为的，应按故意伤害罪论处；故意内容不很确定或者不顾被害人死伤的，应按实际造成的结果确定犯罪行为的性质，因为在这种情况下，死亡与伤害的结果都在行为人的犯意之内。

3. 故意伤害致人死亡与过失致人死亡罪的界限

过失致人死亡时，行为人主观上既无杀人的故意，也无伤害的故意。故意伤害致人死亡显然以具有伤害的故意为前提，过失造成的死亡结果，则是故意伤害罪的加重情节。因此，不能将所有的"故意"殴打致人死亡的案件认定为故意伤害致死。换言之，殴打不等于伤害，一般生活意义上的"故意"不等于刑法上的故意。如果行为人只具有一般殴打的意图，并无伤害的故意，由于某种原因或者条件引起了被害人死亡的，就不能认定为故意伤害致死；如果行为人主观上对死亡结果具有过失，就应认定为过失致人死亡罪。特别是对于那些父母为教育子女而实施惩戒行为导致子女死亡，邻里之间由于民间纠纷一方殴打另一方造成死亡，以及其他轻微暴行致人死亡的案件，不能轻易认定为故意伤害致死。

4. 故意伤害罪与包含伤害内容的其他犯罪的界限

《刑法》第 234 条规定："……本法另有规定的，依照规定。"即行为人在实施其他犯罪的过程中，伤害他人，刑法另有规定的，应按有关条文定罪量刑。如犯抢劫、放火等罪致人伤害的，应分别依照各相应条款定罪量刑，不依故意伤害罪论处。

### （三）故意伤害罪的处罚

根据《刑法》第 234 条的规定，犯故意伤害罪的，处 3 年以下有期徒刑、拘役或者管制；致人重伤的，处 3 年以上 10 年以下有期徒刑；致人死亡或者以特别残忍手段致人重伤造成严重残疾的，处 10 年以上有期徒刑、无期徒刑或者死刑。其中，除致人死亡以外，以特别残忍手段、致人重伤、造成严重残疾是适用 10 年以上有期徒刑、无期徒刑或者死刑这一法定刑必须同时具备的三个条件。

## 四、强奸罪

### （一）强奸罪的概念和构成

强奸罪是指使用暴力、胁迫或者其他手段，违背妇女意志，强行与妇女发生性关系，或者奸淫不满 14 周岁幼女的行为。

本罪的犯罪构成是：

(1) 本罪的客体是妇女的性的自主权，其基本内容是妇女按照自己的意志决定性行为的权利。妇女的性的自主权是妇女的人格与名誉，是女性身心健康权利的主要内容。

(2) 本罪在客观上必须违背妇女意志，使用暴力、胁迫或者其他手段，强迫与妇女发生性交。当与不满 14 周岁的幼女发生性交的行为，在这种情况下，行为人无论采用何种手段，亦不管幼女是否同意，均构成本罪。

(3) 本罪的主体是已满14周岁，并具备刑事责任能力的自然人，通常是男子，其中直接正犯只能是男子。妇女既可以成为强奸罪的教唆犯、帮助犯，也可以成为间接正犯与共同正犯。

(4) 本罪主观上是故意。在奸淫幼女的情形中，幼女属于特定对象，是犯罪构成的客观要件要素，行为人对此必须有认识，或者明知女方一定是幼女，或者明知女方可能是幼女，或者不管女方是否幼女，在此基础上决意实施奸淫行为的，就具备奸淫幼女的主观要件。因此，间接故意也可以构成强奸罪中奸淫幼女的情形。但如果发生性行为时，行为人确实不知对方是不满14周岁的幼女(如女方故意虚报年龄，且其发育状况明显超过14周岁以上的)，双方自愿发生性行为，未造成严重后果，情节显著轻微的，不认为是犯罪。

### (二) 强奸罪的认定

#### 1. 奸淫女精神病患者或者女痴呆症患者行为的定性

患有精神病或者先天痴呆症的妇女，缺乏正常的认识能力与意志能力，不能正常表达自己的意志。1984年4月26日最高人民法院、最高人民检察院、公安部《关于当前办理强奸案件中具体应用法律的若干问题的解答》规定："明知妇女是精神病患者或痴呆者(程度严重的)，而与其之发生性行为的，不管犯罪分子采取什么手段，均应以强奸罪论处。与间歇性的精神病患者在未发病期间，经妇女本人同意的，不构成强奸罪。"据此，奸淫女精神病患者和女痴呆症患者构成强奸罪的条件是：行为人必须明知是丧失辨认或者控制自己行为能力的女精神病患者或者女痴呆症患者。这里的明知，包括已经知道和推定知道。如果行为人确实不知妇女是精神病患者(如花痴)或痴呆者，也未采用暴力、胁迫等手段，经本人同意与之发生性交的，则不构成强奸罪。

#### 2. 严格区分强奸与通奸的界限

通奸是双方或者一方有配偶的男女，自愿发生的不正当性交行为。从理论上讲，强奸与通奸不难区分。强奸行为违背妇女意志，通奸不违背妇女意志；强奸必须采用暴力、胁迫等强制手段，通奸不使用强制手段；强奸犯主观上具有强行奸淫的决意，通奸者没有强行奸淫的决意。值得注意的是，有的妇女与人通奸，一旦翻脸，关系恶化，或者事情败露后担心名誉受到损害、夫妻关系恶化或者恋爱关系破裂，或者为了推卸责任、嫁祸于人等，便将通奸说成强奸的，不能定为强奸。对此一定要深入调查，仔细分析，不能把妇女的"告发"作为定罪的唯一依据。区分强奸与通奸还应注意以下几个问题。

(1) 求奸未成与强奸未遂的界限。

求奸者主观上意欲与妇女通奸，不具有强行奸淫的决意；客观上往往表现为口头提出要求，或者以行为进行挑逗，甚至拥抱猥亵，拉衣扯裤。一旦妇女表示拒绝，便停止自己的行为，而不使用暴力、胁迫等手段强行与妇女发生性交。在区分求奸未成与强奸未遂的界限时，要看行为人是否采用了暴力、胁迫等强制手段；看行为人是否适时停止自己的行为；看行为人为什么停止行为；看妇女的态度。特别应注意的是，不能把求奸过程中的拉扯行为认定为强奸中的暴力手段。

(2) 强奸与通奸的转化问题。

根据有关司法解释,第一次性交违背妇女意志,但女方并未告发,而后又多次自愿与该男子发生性交的,对该男子一般不宜以强奸罪论处。第一次性交违背妇女意志,事后行为人对被害妇女实施精神上的威胁,迫使其继续忍辱屈从的,应以强奸罪论处。行为人先是通奸,后来女方不愿意继续通奸,行为人纠缠不休,并以暴力、胁迫等手段强行与妇女发生性交的,也应以强奸罪论处。

(3) 利用职权的强奸与基于相互利用的通奸的界限。

利用职权进行胁迫,违背妇女意志与妇女发生性交的,构成强奸罪。男女双方相互利用,各有所图,女方以肉体作为换取私利的条件,从而发生性交的,属于通奸行为,不能按强奸处理。区分的关键在于男方是否利用职权进行胁迫。

(4) "半推半就"的问题。

"半推半就"是就妇女的意志而言,即妇女对男方要求性交的行为,既有不同意的表示——推,也有同意的表示——就,这是一种犹豫不决的心理;也可能表现为违心的允诺、委屈的许可、无奈的顺从、被迫的同意等矛盾心理。在妇女犹豫不决或者心理矛盾时,男子实施了奸淫行为。在这种情况下,仍应正确判断行为人的行为是否符合强奸罪的构成要件。如果行为人主观上认为自己的行为并不违背妇女的意志,把妇女"推"的表示视为妇女羞愧的表现,又没有明显使用暴力、胁迫等手段的,就不能认定为强奸罪。反之,如果行为人明知自己的行为违背妇女意志,实际上也违背妇女意志,又使用暴力、胁迫等手段强行与妇女发生性交的,则构成强奸罪。

3. 正确区分轮奸与聚众淫乱行为的界限

轮奸是指二男以上出于共同强奸的故意,在同一段时间内,对同一妇女(或者幼女)连续地轮流强奸(或者奸淫)的行为。轮奸是强奸罪的一种特殊形式。两个以上的男子在同一时间、同一地点轮流与一个或者几个女子自愿发生性交的,不是轮奸,而是聚众淫乱行为。当然,如果在作案时,既有男女之间的淫乱行为,又挟持妇女进行强奸或者轮奸的,则应将后者认定为强奸罪。

4. 正确处理特殊的奸淫幼女案件

奸淫幼女是一种严重的刑事犯罪,应依法予以严厉打击。但是,又要看到这类案件存在许多的特殊问题,需要区别对待,慎重处理。

(1) 幼女早熟,身材高大,且虚报年龄,行为人在不知道也不可能知道其为幼女的情况下,经幼女同意发生性交的,不能认定为强奸罪。因为行为人并不明知对方是幼女,缺乏奸淫幼女的故意。如果对此认定为强奸罪,则有客观归罪之嫌。

(2) 个别幼女染有淫乱习性,主动与多名男子发生性交的,对这些男子也不宜都以强奸罪论处。

(3) 已满14周岁不满16周岁的男少年,与幼女交往密切,双方自愿发生性交的,或者因受某些不良影响,与幼女发生性交的,一般不宜以强奸罪论处。

(4) 嫖宿不满14周岁幼女进行性交易的,不成立强奸罪,应以嫖宿幼女罪论。

5. 正确区分强奸既遂与强奸未遂的界限

通说及司法解释认为,普通强奸时,只有双方生殖器结合(插入)时,方为既遂;奸淫幼女时,只要行为人的性器官与幼女的性器官接触,就是既遂。

### (三) 强奸罪的处罚

根据《刑法》第 236 条第 1 款、第 3 款的规定,犯强奸罪的,处 3 年以上 10 年以下有期徒刑。第 236 条第 2 款规定,奸淫不满 14 周岁的幼女的,以强奸罪论,从重处罚。第 236 条第 3 款规定,有下列情形之一的,处 10 年以上有期徒刑、无期徒刑或者死刑:(1) 强奸妇女、奸淫幼女情节恶劣的;(2) 强奸妇女、奸淫幼女多人的;(3) 在公共场所当众强奸妇女的;(4) 2 人以上轮奸的;(5) 致使被害人重伤、死亡或者造成其他严重后果的。其中的"致人重伤、死亡",是指强奸行为导致被害人性器官严重损伤,或者造成其他严重伤害,甚至当场死亡或者经治疗无效死亡。对于强奸犯出于报复、灭口等动机,在实施强奸的过程中或强奸后杀死或者伤害被害人的,应分别定为强奸罪、故意杀人罪或者故意伤害罪,实行数罪并罚。

## 五、强制猥亵、侮辱妇女罪

### (一) 强制猥亵、侮辱妇女罪的概念和构成

强制猥亵、侮辱妇女罪是指以暴力、胁迫或者其他方法强制猥亵妇女或者侮辱妇女的行为。

本罪的犯罪构成是:

(1) 本罪的客体是妇女,包括已满 14 周岁不满 18 周岁的少女。

(2) 本罪在客观方面具有以下特征。

① 必须实施了猥亵、侮辱妇女的行为。首先,猥亵行为具有质的规定性。猥亵妇女是指针对妇女实施的,伤害妇女的性的羞耻心,侵害妇女的性的自主权的行为。其次,猥亵行为具有相对性。在不同的猥亵罪中,猥亵行为的范围并不相同。最后,猥亵行为还具有变易性。随着人们的性观念、社会的性风尚与性行为秩序的变化,猥亵行为的外延会发生变化。

② 必须以暴力、胁迫或者其他使妇女不能反抗、不敢反抗、不知反抗的方法强制猥亵、侮辱妇女。

(3) 本罪的主体是已满 16 周岁、具有刑事责任能力的自然人。妇女也可以成为强制猥亵妇女罪的主体。

(4) 本罪在主观上具有故意,行为人明知自己的猥亵、侮辱行为违背妇女意志,侵犯了妇女的性的自主权,但仍然强行实施该行为。

### (二) 强制猥亵、侮辱妇女罪的认定

强制猥亵 、侮辱妇女罪与强奸罪都是侵犯妇女身心健康的犯罪,在客观上都使用了暴力、胁迫或者其他方法,两者的犯罪构成不同:(1) 客观方面不完全相同,前者只要求对妇女实施性交以外的猥亵、侮辱行为,后者要求与妇女发生性交;(2) 主观故意内容不同,前者不要求有强行奸淫的目的,后者以强行奸淫为目的。此外,应注意的是,在强奸过程中实施的强制猥亵、侮辱行为,一般不另认定为强制猥亵、侮辱妇女罪;(3) 主体不完全相同,前者的直接正犯既可以是男子,也可以是妇女,后者的直接正犯

只能是男子。

### (三) 强制猥亵、侮辱妇女罪的处罚

根据《刑法》第 237 条第 1 款、第 2 款的规定,犯强制猥亵、侮辱妇女罪的,处 5 年以下有期徒刑或者拘役。第 237 条第 2 款规定,聚众或者在公共场所当众强制猥亵、侮辱妇女的,处 5 年以上有期徒刑。

## 实训练习

### 一、关键概念

故意杀人罪　故意伤害罪

### 二、案例分析题

1. 被告人卞某与被害人周某是网上认识的朋友。某日,卞某开车带着周某在某市郊区游玩了一天,到傍晚时卞某将车开到某公园处,向被害人周某提出想发生关系,遭到周某的反对后,当即撕扯周某的衣服,周某强烈反抗。卞某看到周某如此反对,也就对周某失去了兴趣。但是,卞某想到几天来,请周某吃饭,给周某买衣服等花了自己不少钱,心里极不平衡,于是打了周某一个耳光,强行摸了周某的身体后,独自开车扬长而去。后周某报案,邱某被抓获。请问,人民检察院以强奸罪对卞某提起公诉是否正确?

2. 甲欠乙现金 3 万元,乙多次催讨,但甲以种种借口拖延不还。乙遂与他人将甲骗出后非法拘禁,使用暴力方法逼其还债,致使甲左眼伤残,丧失视力。请问,乙的行为应当如何定罪?

# 项目二十二　侵犯财产罪实务

## 模块一　侵犯财产罪运用实务

### 教学重点

本模块教学的重点是侵犯财产罪的学习。

### 教学目标

要求学生了解侵犯财产罪的概念、特征和种类。

### 活动设计

理论部分：通过案例导入，阐述侵犯财产罪的基本理论。

实训部分：掌握关键概念，分析经典案例，参与案例讨论，掌握侵犯财产罪的概念和构成条件。

### 案例导入

甲使用暴力将乙扣押在某废弃的建筑物内，强行从乙身上搜出现金 3 000 元和 1 张只有少量金额的信用卡，甲逼迫乙向该信用卡中打入人民币 10 万元。乙便给妻子打电话，谎称自己开车撞伤他人，让妻子立即向自己的信用卡打入 10 万元救治伤员并赔偿。乙妻信以为真，便向乙的信用卡中打入 10 万元，被甲取走，甲在得款后将乙释放。请问，甲的行为构成什么犯罪?

### 相关法律条文

抢劫罪是指是以非法占有为目的，对财物的所有人、保管人当场使用暴力、胁迫或者其他方法，强行将公私财物抢走的行为。甲使用暴力压制乙的反抗，迫使乙“当场”交付财物，符合抢劫罪的犯罪构成。甲对乙的非法拘禁行为是抢劫罪的暴力表现，不再单独成立非法拘禁罪。虽然乙妻往乙的信用卡里打钱，但并不是甲利用乙的人身受控而胁迫乙妻的结果，不符合绑架罪利用人质安危敲诈第三者的行为模式。

**理论部分**

## 一、侵犯财产罪的概念

侵犯财产罪是指以非法占有为目的，攫取公私财物，以及挪用、毁坏公私财物或者破坏生产经营的行为。

## 二、侵犯财产罪的构成

(1) 本类犯罪侵犯的客体主要是公私财产所有权。财产所有权是指所有人依法对自己的财产享有占有、使用、收益、处分的权利。最核心的是处分权，即按照所有人自己的意志对财产进行自由处分的权利。

(2) 本类犯罪在客观方面表现为非法占有、挪用、毁坏公私财物的行为。侵犯财产的行为基本可以分为两大类：一是以各种手段非法占有公私财物的行为，如抢劫、抢夺、盗窃、诈骗、敲诈勒索、哄抢和侵占等；二是故意毁坏公私财物的行为。



(3) 本类犯罪的主体多为一般主体，即年满 16 周岁、具有刑事责任能力的自然人。但是，已满 14 周岁不满 16 周岁的人犯抢劫罪的，应当负刑事责任。少数几种犯罪，如职务侵占罪、挪用资金罪、挪用特定款物罪的主体为特殊主体。

(4) 本类犯罪在主观方面是故意，并且以非法占有为目的。故意的内容表现为明知是他人财物，而有意使用暴力、胁迫或者其他方法非法转归自己或者第三人占有。

## 三、侵犯财产罪的种类

根据《刑法分则》第五章的规定，侵犯财产罪共包括 13 种具体犯罪，即抢劫罪、盗窃罪、诈骗罪、抢夺罪、聚众哄抢罪、侵占罪、职务侵占罪、挪用资金罪、挪用特定款物罪、敲诈勒索罪、故意毁坏财物罪，破坏生产经营罪。

## 实训练习

### 一、关键概念

侵犯财产罪

### 二、案例分析题

1. 唐某将自家的籽棉 600 公斤运到某镇棉花加工厂卖掉，得款四千余元，到银行存了 3 年定期。第二天中午唐某发现存单丢失了，他立即到其存款的农业银行储蓄所挂失，但营业员告诉他存单上的钱已经被人取走了。唐某立即到派出所报案，查明取走存款的是邻村的朱某。请问，朱某的行为是否构成犯罪？



2. 甲是电脑高手，多次利用黑客技术攻击某游戏网站，从中获取多名用户的各种尖端“装备”，折合市场价值上万元。请问，甲获取虚拟财产的行为是否构成盗窃罪？

# 模块二　侵犯财产罪重点个罪实务处理

**教学重点**

本模块教学的重点是侵犯财产罪中重点个罪的学习。

**教学目标**

要求学生能够熟悉侵犯财产罪的重点个罪的概念、特征和认定。

**活动设计**

理论部分：通过案例导入，阐述侵犯财产罪重点个罪的基本理论。

实训部分：掌握关键概念，分析经典案例，参与案例讨论，熟悉侵犯财产罪重点个罪的构成条件。

**案例导入**

被告人黄某趁其兄嫂家中无人之机，携带羊角锤、螺丝刀等工具，翻墙破窗进入其兄家中，用了约一个小时的时间将保险柜撬开，盗走人民币近五万元和价值一万余元的金饰品，对放在保险柜中存有数万元的存折则没有拿走。请问，黄某盗窃亲属财物的行为是否构成犯罪？

**相关法律条文**

最高人民法院《关于审理盗窃案件具体应用法律若干请问题的解释》第 1 条第 4 项规定“偷拿自己家的财物或者近亲属的财物，一般可不按犯罪处理；对确有追究刑事责任必要的，处罚时也应与在社会上作案的有所区别”。在本案中，被告人黄某的盗窃行为情节是比较严重的，其采取的手段比较恶劣，盗窃的数额巨大，应当对其追究刑事责任；但考虑其与被害人之间的关系，在处理上应当从轻处罚。

**理论部分**

## 一、抢劫罪

### （一）抢劫罪的概念和构成

抢劫罪是指以非法占有为目的，以暴力、胁迫或者其他方法强行夺取公私财物的行为。

本罪的犯罪构成是：

(1) 本罪侵犯的客体是复杂客体，不仅侵犯公私财产所有权，也同时侵犯被害人的人身权利。侵犯客体的双重性是本罪与其他侵犯财产罪或者大多数侵犯公民人身权利罪区别的主要标志。

(2) 本罪在客观方面表现为行为人必须实施了对公私财物的所有者、保管者或者守护者当场使用暴力、胁迫或者其他方法迫使其立即交出财物的行为。

抢劫罪的暴力是指对被害人进行身体打击或者强制，如殴打、捆绑、禁闭、伤害等。由于行为人使用暴力的目的是排除被害人的反抗以劫取财物，因此，暴力的程度如何一般不影响抢劫罪的成立。对于暴力主要可以从以下四个方面加以理解：第一，暴力必须是在取得财物的当场实施；第二，暴力必须是针对被害人的身体而采取的打击或者强制；第三，暴力是向财产持有人为之；第四，暴力是犯罪分子有意识实施的，也就是说，犯罪分子自觉、积极地利用暴力手段为排除被害人的反抗并抢走财物创造条件。

抢劫罪的胁迫是指犯罪分子以对被害人立即实施暴力相威胁，实施精神强制，使被害人恐惧而不敢反抗，被迫当场交出财物或者任财物被劫走的手段。对胁迫主要可从三个方面来理解：第一，胁迫必须是当面向被害人发出；第二，胁迫的内容必须是以立即实施暴力相威胁；第三，威胁的暴力是现实的，如果被害人不答应要求，就会立即付诸实施。

抢劫罪的其他方法是指暴力、胁迫以外的使被害人不知反抗或者丧失反抗能力的方法，如用药物麻醉、用酒灌醉、电击或者用石灰迷眼等。使行为人处于不知或者不能反抗的状态，必须是行为人实施了“其他方法”造成的。如果不是行为人以某种行为使被害人处于不能反抗或者不知反抗的状态，而是行为人利用由被害人由于自己喝醉或者熟睡等原因所致不能反抗的状态乘机掠夺其财物的，只能构成盗窃罪或其他罪，不能构成抢劫罪。

(3) 本罪的主体是一般主体，已满 14 周岁、具有刑事责任能力的自然人。

(4) 本罪在主观方面是故意，并且以非法占有为目的。故意的内容表现为明知是他人财物，而有意使用暴力、胁迫或者其他方法非法转归自己或者第三人占有。如果主观上没有非法占有公私财物的目的，如因民事借贷或者因与他人发生债务或者财产纠纷而采取强行夺取对方财物的方法用作抵债，不构成本罪。

**(二) 抢劫罪的认定**

1. 本罪与非罪的界限

抢劫罪是侵犯财产罪中危害性最大、性质最严重的犯罪，在一般情况下，凡是以非法占有为目的，用暴力、胁迫或者其他方法，强行夺取公私财物的行为，就具备了抢劫罪的基本特征，构成了抢劫罪。立法上没有抢劫的数额和情节的限制性规定。但是依照规定，情节显著轻微危害不大的行为，不认为构成了抢劫罪。如青少年偶尔进行恶作剧式的抢劫，行为很有节制、数额极其有限，如强索少量财物、抢吃少量食品等，由于情节显著轻微，危害不大，属于一般违法行为，尚不构成抢劫罪。

因为婚姻、家庭纠纷，一方抢回彩礼、陪嫁物，或者强行分割并拿走家庭共有财产的，即使抢回、拿走的份额多了，也属于民事、婚姻纠纷中处理方法不当的问题，不具有非法强占他人财物的目的，不构成抢劫罪。

抢劫罪是一种性质严重的犯罪，对于公民人身及公私财产安全具有极大的危害性。因此，我国《刑法》对抢劫罪在数额或者情节上没有作限制性规定。但这并不意味着认定抢劫罪根本无须考虑财物的数额及犯罪情节。一般情况下，只要行为人实施了以暴力、胁迫或者其他方法劫取公私财物的行为，就要认定为犯罪。但是，如果使用轻微的威胁或者暴力，没有造成任何危害后果，抢少量财物的，不能按犯罪处理。

2. 本罪与故意杀人罪的界限

行为人在抢劫过程中，所使用的暴力或者其他方法致被害人死亡的，应以抢劫罪一罪论处。因为此时杀死被害人的目的是占有财物，杀人是夺取财物的一种手段，是抢劫罪构成中一个不可缺少的要件行为。如果既将杀人行为另定为故意杀人罪，又将其作为抢劫罪的暴力手段，就会对一个行为重复处罚，很显然是不适当的。为了继承财产杀害被继承人，或者为谋取被害人的钱财而先将被害人杀死，则构成故意杀人罪。如果行为人在抢得财物后，出于灭口、报复或者其他动机将被害人杀死，或者杀人之后起意占有死者生前财物的，因杀人并非劫得财物的手段，杀人行为也就不再是抢劫罪构成的一部分，此时，应另定故意杀人罪，与抢劫罪并罚。

3. 正确地认定转化的抢劫罪

根据《刑法》第 267 条第 2 款的规定，携带凶器抢夺的，以抢劫罪定罪处罚。“携带凶器抢夺”是指行为人随身携带枪支、爆炸物、管制刀具等国家禁止个人携带的器械进行抢夺或者为了实施犯罪而携带其他器械进行抢夺的行为。根据《刑法》第 269 条的规定，犯盗窃、诈骗、抢夺罪，为窝藏赃物、抗拒逮捕或者毁灭罪证而当场使用暴力或者以暴力相威胁，以抢劫罪定罪处罚。适用《刑法》第 269 条，应具备三个条件。行为人必须首先实施了盗窃、诈骗、抢夺行为，这是适用《刑法》第 269 条的前提条件。如果没有实施上述任何一种行为，就不发生适用第 269 条的问题。根据有关司法解释的精神，盗窃、诈骗、抢夺财物未达到数额较大，但未窝藏赃物、抗拒抓捕或者毁灭罪证而当场使用暴力或者以暴力相威胁，情节严重的，可以按照抢劫罪处罚；如果使用暴力或以暴力相威胁情节不严重、危害不大的，不认为是犯罪。

4. 犯罪既遂与未遂的界限

就《刑法》第 263 条第 1 款规定的抢劫罪的基本构成而言，以是否实际抢得财物作为区分既遂与未遂的标准。虽然抢劫行为侵犯人身权利和财产权利，但是《刑法》将它规定为侵犯财产罪，表明其主要客体是财产权利，侵犯人身只是占有财物的手段。因此，不能以人身权利是否被侵犯为标准。对于具有《刑法》第 263 条规定的八种情形之一的抢劫罪，属于结果加重犯或者情节加重犯，只要抢劫行为具备其中任何一种情节，无论财物是否抢劫到手，都应视为抢劫既遂。

**(三) 抢劫罪的处罚**

根据《刑法》第 263 条的规定，犯抢劫罪的，处 3 年以上 10 年以下有期徒刑，并处罚金；有下列情形之一的，处 10 年以上有期徒刑、无期徒刑或者死刑，并处罚金或者没收财产：(1) 入户抢劫的；(2) 在公共交通工具上抢劫的；(3) 抢劫银行或者其他金融机构的；(4) 多次抢劫或者抢劫数额巨大的；(5) 抢劫致人重伤、死亡的；(6) 冒充军警人员抢劫的；(7) 持枪抢劫的；(8) 抢劫军用物资或者抢险、救灾、救济物资的。

## 二、盗窃罪

### (一) 盗窃罪的概念和构成

盗窃罪是指以非法占有为目的,秘密窃取数额较大的公私财物或者多次盗窃公私财物的行为。

本罪的犯罪构成是:

(1) 本罪侵犯的客体是公私财产的所有权。犯罪对象是公私所有的各种有价值的财物,但是,《刑法》另有规定的,依照规定(如盗窃商业秘密的,不以盗窃罪论处,在符合侵犯商业秘密罪的其他构成要件时,以侵犯商业秘密罪论处)。作为盗窃对象的财物,不仅指有体物,而且包括无体物,如电力、煤气、天然气、热能等根据《刑法》第265条规定,他人通信线路、他人电信号码是一种特殊的盗窃对象。以牟利为目的,盗接他人通信线路,复制他人电信号码,或者明知是盗接、复制的电信设备、设施而使用的,以盗窃罪定罪处罚。根据《刑法》第210条的规定,盗窃增值税专用发票或者可以用于骗取出口退税、抵扣税款的其他发票的,依照盗窃罪的规定定罪处罚。偷拿自己家的财物或者近亲属的财物,一般可不按犯罪处理;对确有追究刑事责任必要的,处罚时也应与在社会上作案的有所区别。

(2) 本罪在客观方面表现为秘密窃取数额较大的公私财物或者多次盗窃的行为。秘密窃取是指行为人采取自认为不会被财物的所有人、保管人、经手人察觉的方法,将财物非法占有的行为。秘密窃取具有主观性、相对性和一贯性的特点。"主观性"是指行为人主观上自认为是在秘密窃取,即使客观上已被他人发觉或者注视,不影响盗窃性质的认定。"相对性"是指秘密窃取是相对于财物所有人、保管人、经手人而言的。在秘密窃取财物时即使被他人发觉或者暗中注视,不影响盗窃罪的成立。"一贯性"是指秘密窃取贯穿整个行为的始终。如果在窃取时遇到了被害人的抵抗而改用暴力,犯罪的性质就由盗窃罪转化为抢劫罪。秘密窃取,可以是被害人不在场时实施,也可以是物主在场,乘其不备时实施。秘密窃取的方式是多种多样的,常见的有撬门破锁、翻墙入院、扒窃掏包,顺手牵羊等。这些窃取方式的共同特点是,随着窃取行为的实施,被窃财物在空间上发生位置移动。较为少见的是利用电子计算机、照相器材、复印机等手段实施盗窃行为。这些窃取方式与前述的方式不同,可以在不取走原物的情况下达到窃取财物的目的。

(3) 本罪的主体是一般主体,即年满16周岁、具有刑事责任能力的自然人。邮政工作人员私自开拆邮件而窃取财物的,以盗窃罪论处,从重处罚。

(4) 本罪在主观方面是故意,并且以非法占有为目的。不具有非法占有的目的,误把公私财物当做自己的财物拿走,或者私自将他人的物品拿走,用完即归还的,不构成盗窃罪。至于行为人将公私财物非法占为己有后如何处置,是据为己有,还是赠予他人,甚至是归集体非法占有的,不影响盗窃罪的成立。

### (二) 盗窃罪的认定

1. 本罪与非罪的界限

盗窃公私财物,数额未达到较大标准,也不具备多次盗窃这一要求的,不应认为是犯罪，属于一般违法行为，必要时可给予治安行政处罚。应当注意的是，盗窃公私财物数额大小、次数多少是决定盗窃行为社会危害程度的重要因素，但不是唯一因素。区分罪与非罪的界限，要把上述因素同作案的原因、手段、社会影响、行为人的一贯表现、作案动机等相结合，进行综合分析判断。盗窃未遂，情节轻微的，一般不定罪处罚。但如果以数额巨大的财物，或者国家珍贵文物等为目标，即使盗窃未遂，或者实际所得价值较小，也应定罪处罚。

2. 正确处理偷拿自己家里或者近亲属的财物的案件

偷拿自己家的财物或者近亲属的财物，一般可不按犯罪处理；对确有追究刑事责任必要的，处罚时也应与在社会上作案的有所区别。

### （三）盗窃罪的处罚

根据《刑法》第264条的规定，犯盗窃罪的，处3年以下有期徒刑、拘役或者管制，并处或者单处罚金；盗窃数额巨大的或者有其他严重情节的，处3年以上10年以下有期徒刑，并处罚金；盗窃数额特别巨大或者有其他特别严重情节的，处10年以上有期徒刑或者无期徒刑，并处罚金或者没收财产。盗窃金融机构，数额特别巨大的，或者盗窃珍贵文物，情节严重的，处无期徒刑或者死刑，并处没收财产。

## 三、诈骗罪

### （一）诈骗罪的概念和构成

诈骗罪是指以非法占有为目的，用虚构事实或者隐瞒事实真相的方法，骗取公私财物，数额较大的行为。

本罪的犯罪构成是：

（1）本罪侵犯的客体是公私财产所有权。用欺骗方法骗取公私财物，《刑法》另有规定的，依照该规定定罪处罚。用欺骗方法骗取财物以外的其他非法利益的，也不成立诈骗罪。根据《刑法》第210条的规定，使用欺骗手段骗取增值税专用发票或者可以用于骗取出口退税、抵扣税款的其他发票的，依照诈骗罪的规定定罪处罚。

（2）本罪在客观方面表现为采用虚构事实或者隐瞒事实真相的方法，骗取公私财物，数额较大的行为。诈骗行为最突出的特点，就是行为人设法使被害人产生认识上的错觉，以致“自愿地”将自己所有或者持有的财物交付给行为人或者放弃自己的所有权，或者免除行为人交还财物的义务。诈骗的方法多种多样，但概括起来无非是两类。其一，虚构事实，即行为人捏造根本不存在的事实，“无中生有”地诱使他人上当受骗。如谎称能代被害人购买某种廉价商品；谎称能为被害人提供某种服务（如打赢官司）；谎称能为被害人治病；以假物冒充真物；假冒僧、尼，诱人奉献，骗取财物。这类诈骗常常是利用有些人缺乏警惕，或者愚昧无知，或者贪财图利等不健康心理，而使之受害。虚构事实可以是无中生有地全部虚构，也可以在部分事实的基础上渲染夸张地部分虚构。其二，隐瞒真相，是指隐瞒客观上存在的事实情况，既可以是部分隐瞒事实真相，也可以是隐瞒全部事实真相。在这种情况下，行为人应当告知对方某种事实而故意不告知，使对方在受蒙蔽的情况下“自愿地”将财物交给行为人，以实现占有对方财物的目的。这类方法一般少见，并且在一定意义上显示出具有不作为的特点。实际上，虚构事实和隐瞒真相往往交织在一起，都是以有掩盖无，隐瞒真相附之于虚构事实；虚构事实同时就会隐瞒真相。行为人通过虚构事实或者隐瞒真相的方法，使公私财物所有人或者管理人陷入错误，信以为真，从而自愿地将财物交出。当然，这种自愿并非财物所有人或者管理人的真实意思的反映，而是行为人所造成的假象迷惑的结果，也就是说，是被害人基于认识错误所致。因此，行为人的欺骗与被害人的信以为真的自愿交付财物是紧密联系的。

(3) 本罪的主体是一般主体，凡已满16周岁、具有刑事责任能力的自然人。

(4) 本罪在主观方面是故意，并且以非法占有为目的。如果不具有非法占有的目的，如以欺骗的方法骗回他人久借不还的欠款的，不构成本罪。无论所骗财物归自己挥霍享用，还是转归他人所有，或者转归集体非法占有的，不影响本罪的成立。

### (二) 诈骗罪的认定

1. 本罪与非罪的界限

诈骗公私财物，数额较大的，构成诈骗罪。诈骗数额没有达到较大的，不能按犯罪处理，一般以教育为主，必要时给予治安行政处罚。对于表现为借贷形式的借贷纠纷案件，凡行为人具有非法占有目的的，按本罪定罪处罚；行为人没有非法占有目的，应按民事纠纷处理。认定行为人是否具有非法占有目的时，应注意分析以下事实：借用人与出借人在借贷前的相互关系；借贷关系发生原因；借用人不能按期归还的原因；借用人对于不能按期归还的态度，有无归还的诚意和实际行动。

2. 本罪与特定诈骗犯罪的界限

为了保障市场经济的健康发展，1997年《刑法》根据诈骗行为侵犯的客体特征、犯罪对象特征、诈骗行为的手段特征，从普通诈骗罪中分立出一些破坏市场经济秩序的具有诈骗特征的犯罪，并入了“破坏社会主义市场经济秩序罪”一章。具体是：集资诈骗罪、贷款诈骗罪、票据诈骗罪、金融凭证诈骗罪、信用证诈骗罪、信用卡诈骗罪、有价证券诈骗罪、保险诈骗罪、骗取出口退税罪、合同诈骗罪。侵犯财产罪一章以外的其他诈骗罪是特殊诈骗罪。凡行为符合《刑法》规定的特殊诈骗犯罪构成的，按特殊诈骗罪定罪处罚，而不能按本罪处理。

### (三) 诈骗罪的处罚

根据《刑法》第266条的规定，犯诈骗罪，数额较大的，处3年以下有期徒刑、拘役或者管制，并处或者单处罚金；数额巨大或者具有其他严重情节的，处3年以上10年以下有期徒刑，并处罚金；数额特别巨大或者有其他特别严重情节的，处10年以上有期徒刑或者无期徒刑，并处罚金或者没收财产。本法另有规定的，依照规定。

## 四、侵占罪

### (一) 侵占罪的概念和构成

侵占罪是指以非法占有为目的，将代为保管的他人财物或者将他人的遗忘物、埋藏物非法占为己有，数额较大，拒不退还或者拒不交出的行为。

本罪的犯罪构成是：

(1) 本罪侵犯的客体是他人的财产所有权。犯罪对象是代为保管的他人财物以及遗忘物、埋藏物。从法律关系上看，侵占罪的犯罪对象不同于其他侵犯财产罪(如盗窃罪、诈骗罪)的突出特点是，该财产在其被侵占之前业已脱离行为人。至于财物是公共财物还是私人财物，在所不论。在公共财物临时委托私人保管的情况下，侵占公共财物是可能发生的。因此，侵占罪实际上是一种变持有为非法所有的犯罪。

(2) 本罪在客观方面表现为将代为保管的他人财物或者他人的遗忘物、埋藏物非法占为己有，数额较大，拒不退还或者拒不交出的行为。侵占行为的本质在于将自己持有的财物非法占为己有。而持有他人财物的情况并不局限于因保管合同而产生，而是有着多种多样的法律上或者事实上的原因，其中包含了多种对他人财产的持有。需要注意的是，应当把侵占借用他人的、自己无处分权(所有权)之物，与通过借贷关系取得具有处分权的种类物(如货币、水泥、大米)，事后不履行偿还义务，严格区分开来。

所谓遗忘物，通常是指财物的所有人或者占有人有意识地将自己持有的财物放置在某处，因一时疏忽忘记拿走，而暂时失去控制的财物。而遗失物则是指失主丢失的财物。

所谓埋藏物，是指不归行为人所有的埋藏于地下的财物，无论其所有者是否明确，只要拒不交出，非法据为己有，数额较大的，就构成侵占罪。但是，如果行为人明知某处埋藏有某人的财物，或者应归国家所有的地下文物，而以非法占有为目的进行挖掘，并将埋藏物占为己有的，则应分别以盗窃罪或者盗掘古墓葬罪论处。

侵占他人财物，必须是数额较大的，才能构成犯罪。

(3) 本罪的主体是一般主体，即年满 16 周岁、具有刑事责任能力的自然人。单位不能成为本罪的主体。

(4) 本罪在主观方面是故意，并且以非法占有为目的。如无非法占有目的，只因某种原因一时不能退还而引起纠纷的，不构成本罪。

### (二) 侵占罪的认定

#### 1. 本罪与非罪的界限

根据《刑法》的规定，对于下列行为不以侵占罪论处：非法占有的他人财物没有达到较大数额的；有正当理由不退还或者不交出财物的；非法占有的他人财物不是代为保管的他人财物，也不是他人的遗忘物、埋藏物的。

#### 2. 本罪与盗窃罪的界限

两罪的关键区别在于行为方式的不同。侵占罪以持有他人财物为前提，将持有的他人财物或者遗忘物、埋藏物非法转为己有；而盗窃罪是将他人持有、保管的财物秘密窃为己有。换句话说，侵占罪的行为人在实施侵占行为时被侵害之物已处在其实际控制之下，而盗窃罪的行为人在实施盗窃行为时财物仍然处在所有人或者占有人的控制之下。

### (三) 侵占罪的处罚

根据《刑法》第 270 条的规定，犯侵占罪的，处 2 年以下有期徒刑、拘役或者罚金；

数额巨大或者有其他严重情节的，处2年以上5年以下有期徒刑，并处罚金。犯本罪的，告诉才处理。

## 五、敲诈勒索罪

### （一）敲诈勒索罪的概念和构成

敲诈勒索罪是指以非法占有为目的，对被害人使用威胁或者要挟的方法，强行索取公私财物，数额较大的行为。

本罪的犯罪构成是：

（1）本罪侵犯的客体是复杂客体，既侵犯公私财产所有权，也侵犯被害人的人身权利或者其他权益。这是由本罪的特定的犯罪方法所决定的。但是，本罪并非以当场实施暴力或者以当场实施暴力相威胁，当场占有财物。因此，本罪的社会危害性远不如抢劫罪大。本罪的犯罪对象可以是各种公私财物，包括动产和不动产、生产资料和生活资料、有形财产和无形财产等。司法实践中，以勒索钱财居多。

（2）本罪在客观方面表现为对被害人使用威胁或者要挟的方法，对其强行索取数额较大的财物的行为。威胁、要挟的内容包括暴力伤害，毁坏被害人的人格、名誉，揭发被害人的隐私，毁坏被害人的重要财物，栽赃陷害等。威胁、要挟的方法是多种多样的，可以是面对被害人直接使用，也可以是通过第三者或者用书信等方式发出；可以是明示，也可以是暗示。威胁和要挟都是能够引起他人心理上恐惧的精神强制方法。但是，被害人是否确实产生恐惧并被迫交付财物不影响本罪的构成。一般来说，威胁、要挟内容的实现不具有当场性、当时性。但行为人取得财物可以是当场、当时，也可以是在限定的时间、地点。但是，如果行为人为了迫使被害人答应在日后某个时间、地点交付财物而当场对被害人使用了暴力，其暴力实际起的是与以实施暴力相威胁一样的胁迫作用，只是因为其不是作为当场占有他人财物的手段，所以，不能认定为抢劫罪。如果其暴力尚未造成被害人严重伤残或者死亡，可以认定为敲诈勒索罪；如果造成被害人严重伤残或者死亡的，可根据案件具体情况认定为故意伤害罪或者故意杀人罪。另外，敲诈勒索公私财物还必须是数额较大才能构成犯罪。根据2000年5月18日施行的最高人民法院《关于敲诈勒索罪数额认定标准问题的规定》，敲诈勒索公私财物“数额较大”，以1 000～3 000元为起点。

（3）本罪的主体是一般主体，即年满16周岁、具有刑事责任能力的自然人。

（4）本罪在主观方面是故意，并且具有非法占有的目的。如果行为人为了追回自己的合法债务而对债务人使用了威胁手段，由于其不具有非法占有的目的，不能构成本罪。

### （二）敲诈勒索罪的认定

1. 敲诈勒索罪与抢劫罪的界限

敲诈勒索罪与抢劫罪有许多的相同之处，两罪侵害的客体都是复杂客体，其客体的内容也相同；两罪在客观方面都可以用威胁的方法实施，都具有非法占有目的。两罪的区别主要表现在客观方面，具体表现如下。

（1）行为的方法不同。敲诈勒索罪行为的方法仅限于威胁和要挟，而抢劫罪的行为方法既可以是暴力，也可以是威胁，还可以是其他强制手段。

（2）威胁的内容不同。敲诈勒索罪的威胁可以是暴力威胁，也可以是以揭发隐私相威胁，还可以是以毁坏财物相威胁，而抢劫罪的威胁只能是以暴力相威胁。

（3）威胁内容可能实现的时间、地点不同。敲诈勒索罪威胁的内容既可以扬言当场付诸实施，也可以是扬言在将来某个时间予以实施；而抢劫罪的威胁内容则是当场、当时实现。

（4）威胁的方式不同。敲诈勒索罪的威胁可以当着被害人的面直接发出，也可以通过第三者或者其他方式间接发出；而抢劫罪的威胁是当着被害人的面直接发出。

（5）从威胁索取的财物看，敲诈勒索罪索取的财物包括动产和不动产，而抢劫罪索取的财物只能是动产。

（6）非法取得利益的时间不同。敲诈勒索罪非法取得利益的时间，既可以是当场，但更多的是在若干时日以后（一般是罪犯指定或者同意的时间）。

（7）对数额的要求不同。敲诈勒索罪的成立要求数额较大，而抢劫罪则没有这一要求。

2. 犯罪既遂与未遂的界限

实行敲诈勒索行为，已经勒索到财物的，构成犯罪既遂，反之，如果被害人并未因行为人使用了威胁、要挟方法而造成心理上的恐惧，未交出财物，或者虽产生恐惧但未交出财物，构成犯罪未遂。如果被害人未交出财物，行为人将威胁内容付诸实施，又构成其他犯罪的，应与敲诈勒索罪（未遂）合并处罚；如果因勒索遭被害人拒绝交付财物而当场使用暴力并当场抢走财物的构成抢劫罪。

**（三）敲诈勒索罪的处罚**

根据《刑法》第 274 条的规定，犯敲诈勒索罪的，处 3 年以下有期徒刑、拘役或者管制；数额巨大或者有其他严重情节的，处 3 年以上 10 年以下有期徒刑。根据 2000 年 5 月 18 日施行的最高人民法院《关于敲诈勒索罪数额认定标准问题的规定》，敲诈勒索公私财物“数额巨大”，以 1 万—3 万元为起点。

## 实训练习

**一、关键概念**

抢劫罪　盗窃罪　敲诈勒索罪

**二、案例分析题**

1. 强某、蔡某与张某先后对胡某进行殴打、威逼，迫使胡某为他们提供 15 万元贷款。胡某借故推脱，蔡某等继续殴打。胡某无奈，便以自己的名义亲笔写了一张“市行急需二万元现金”的便条。蔡某持此便条到银翔信用社取走现金 2 万元。请问，蔡某的行为构成何罪？

2. 高某得知黄某有一辆雅马哈 400 太子二轮摩托车要出售，即以购车为名看车、谈价格。后高某与黄某将雅马哈 400 太子摩托车开到电话亭边，高某进去打电话，谎称过半个小时其阿姨会来付款买车，并以“试车”为名向黄某要了摩托车钥匙。高某先在电话亭旁进行试车，数分钟后，见黄某也进电话亭内打电话，乘机加速逃离，因故车翻人伤，被尾追而至的黄某抓获。请问，对高某应当如何定罪？

3. 被告人周某、顾某与某歌舞厅“老板”相互串通，由周某到街上以“三陪”小姐的身份拉客到该歌舞厅“消费”，然后再由帮“老板”跑场的顾某以该歌舞厅工作人员的身份，借口虚开“消费单”强行索取顾客的钱财。某晚，被告人周某将游人李甲招揽到该歌舞厅一包厢内看录像。刚落座后，被告人周某即自行向服务员点要茶、酒各两杯，并将两杯酒迅速喝光。李甲见势不妙欲行离开时，被早已守候在门外的被告人顾某强行堵在包厢内，强迫李某“结账”，否则不让李某离开歌舞厅。正当顾某向李甲威胁索要人民币 1 800 元的“消费款”时，被接到群众举报赶来的派出所干警当场抓获。请问，周某和顾某的行为应当如何定性？

# 项目二十三　妨害社会管理秩序罪实务

## 模块一　妨害社会管理秩序罪运用实务

### 教学重点

本模块教学的重点是妨害社会管理秩序罪的学习。

### 教学目标

要求学生能够正确理解妨害社会管理秩序罪的概念、特征和种类。

### 活动设计

理论部分：通过案例导入，阐述妨害社会管理秩序罪的基本理论。

实训部分：掌握关键概念，分析经典案例，参与案例讨论，掌握妨害社会管理秩序罪的概念和构成条件。

### 案例导入

甲厂系一村办企业，在一起经济纠纷中败诉，法院判决甲厂应赔付乙公司人民币60万元。判决生效后，甲厂拒不履行判决。乙公司申请法院强制执行，法院干警先后两次到该厂执行均遭拒绝和围攻。法院第三次到甲厂执行，厂长刘某和该村村长王某纠集上百村民、职工围攻执行干警，法院车辆被砸，执行人员被打，公务证件被撕毁，干警被扣押近八个小时。请问，厂长刘某、村长王某、该村村民和职工构成何罪？

### 相关法律条文

根据《刑法》第277条的规定，以暴力、威胁方法阻碍国家机关工作人员依法执行职务的，处3年以下有期徒刑、拘役、管制或者罚金。本案中，甲厂厂长刘某纠集村民围攻执法干警，砸毁法院车辆即是暴力阻碍国家工作人员执行职务，主观方面是故意，构成妨害公务罪。

### 理论部分

## 一、妨害社会管理秩序罪的概念

妨害社会管理秩序罪是指妨害国家机关对社会的管理活动，破坏社会秩序，情节严重的行为。良好的社会秩序既是国家机关对社会生活进行管理的目标，也是使国家各种管理活动得以顺利进行的保证，同时也是国家赖以存在和发展的基础和条件，因此我国历来注重用《刑法》同妨害社会管理秩序的犯罪行为作斗争。

## 二、妨害社会管理秩序罪的构成

(1) 本类犯罪侵犯的客体是国家对社会秩序的正常管理活动。

(2) 本类犯罪的客观方面表现为违反国家有关规定，妨害社会正常秩序的行为。

(3) 本类犯罪的主体绝大多数为一般主体，少数为特殊主体。

(4) 本类犯罪的主观要件都表现为故意，有的犯罪必须具有特定的目的。

## 三、妨害社会管理秩序罪的种类

根据《刑法分则》第六章的规定，妨害社会管理秩序罪分为以下九类，共计 125 个罪名。

### (一) 扰乱公共秩序罪

包括妨害公务罪，煽动暴力抗拒法律实施罪，招摇撞骗罪，伪造、变造、买卖国家机关公文、证件、印章罪，盗窃、抢夺、毁灭国家机关公文、证件、印章罪，伪造公司、企业、事业单位、人民团体印章罪，伪造、变造居民身份证罪，非法生产、买卖警用装备罪，非法获取国家秘密罪，非法持有国家绝密、机密文件、资料、物品罪，非法生产、销售间谍专用器材罪，非法使用窃听、窃照专用器材罪，非法侵入计算机信息系统罪，非法获取计算机信息系统数据、非法控制计算机信息系统罪，提供侵入、非法控制计算机信息系统程序、工具罪，破坏计算机信息系统罪，扰乱无线电通讯管理秩序罪，聚众扰乱社会秩序罪，投放虚假危险物质罪，编造、故意传播虚假恐怖信息罪，聚众冲击国家机关罪，聚众扰乱公共场所秩序、交通秩序罪，聚众斗殴罪，寻衅滋事罪，组织、领导、参加黑社会性质组织罪，入境发展黑社会组织罪，包庇、纵容黑社会性质组织罪，传授犯罪方法罪，非法集会、游行、示威罪，非法携带武器、管制刀具、爆炸物参加集会、游行、示威罪，破坏集会、游行、示威罪，侮辱国旗、国徽罪，组织、利用会道门、邪教组织、利用迷信破坏法律实施罪，组织、利用会道门、邪教组织、利用迷信致人死亡罪，聚众淫乱罪，引诱未成年人聚众淫乱罪，盗窃、侮辱尸体罪，赌博罪，开设赌场罪，故意延误投递邮件罪。

### (二) 妨害司法罪

包括伪证罪，辩护人、诉讼代理人毁灭证据、伪造证据、妨害作证罪，妨害作证罪，帮助毁灭、伪造证据罪，打击报复证人罪，扰乱法庭秩序罪，窝藏、包庇罪，拒绝提供间谍犯罪证据罪，掩饰、隐瞒犯罪所得、犯罪所得收益罪，拒不执行判决、裁定罪，非法处置查封、扣押、冻结的财产罪，破坏监管秩序罪，脱逃罪，劫夺被押人员罪，组织越狱罪，暴动越狱罪，聚众持械劫狱罪。

### (三) 妨害国(边)境管理罪

包括组织他人偷越国(边)境罪，骗取国(边)境出境证件罪，提供伪造、变造的出入境证件罪，出售出入境证件罪，运送他人偷越国（边）境罪，偷越国（边）境罪，破坏界碑、界桩罪，破坏永久性测量标志罪。

### （四）妨害文物管理罪

包括故意毁损文物罪，故意毁损名胜古迹罪，过失毁损文物罪，非法向外国人出售、赠送珍贵文物罪，倒卖文物罪，非法出售、私赠文物藏品罪，盗掘古文化遗址、古墓葬罪，盗掘古人类化石、古脊椎动物化石罪，抢夺、窃取国有档案罪，擅自出卖、转让国有档案罪。

### （五）妨害公共卫生罪

包括妨害传染病防治罪，传染病菌种、毒种扩散罪，妨害国境卫生检疫罪，非法组织卖血罪，强迫卖血罪，非法采集、供应血液、制作、供应血液制品罪，采集、供应血液、制作、供应血液制品事故罪，医疗事故罪，非法行医罪，非法进行节育手术罪，逃避动植物防疫检疫罪。

### （六）破坏环境资源保护罪

包括重大环境污染事故罪，非法处置进口的固体废物罪，擅自进口固体废物罪，非法捕捞水产品罪，非法捕猎、杀害珍贵、濒危野生动物罪，非法收购、运输出售珍贵、濒危野生动物、珍贵、濒危野生动物制品罪，非法狩猎罪，非法占用农用地罪，非法采矿罪，破坏性采矿罪，非法采伐、毁坏国家重点保护的植物罪，非法收购、运输、加工、出售国家重点保护的植物及其制品罪，盗伐林木罪，滥伐林木罪，非法收购、运输盗伐、滥伐的林木罪。

### （七）走私、贩卖、运输、制造毒品罪

包括走私、贩卖、运输、制造毒品罪，非法持有毒品罪，包庇毒品犯罪分子罪，窝藏、转移、隐瞒毒品、毒赃罪，走私制毒物品罪，非法买卖制毒物品罪，非法种植毒品原植物罪，非法买卖、运输、携带、持有毒品原植物种子、幼苗罪，引诱、教唆欺骗他人吸毒罪，强迫他人吸毒罪，容留他人吸毒罪，非法提供麻醉药品、精神药品罪。

### （八）组织、强迫、引诱、容留、介绍卖淫罪

包括组织卖淫罪，强迫卖淫罪，协助组织卖淫罪，引诱、容留、介绍卖淫罪，引诱幼女卖淫罪，传播性病罪，嫖宿幼女罪。

### （九）制作、贩卖、传播淫秽物品罪

包括制作、复制、出版、贩卖、传播淫秽物品牟利罪，为他人提供书号出版淫秽书刊罪，传播淫秽物品罪，组织播放淫秽音像制品罪，组织淫秽表演罪。

## 实训练习

### 一、关键概念

妨害社会管理秩序罪

### 二、案例分析题

1. 甲某晚和朋友饮酒，醉酒后行至一工厂门外，看见玻璃门内的各种机器设备，大发酒疯，一通乱砸，毁坏门窗、设备等计数万元。请问，甲的行为构成何罪？

2. 甲在"金三角"地区旅游期间,看见罂粟开花得异常漂亮,就携带了一些种子回来,种在了自家的庭院里,大概有两百余株。后甲接到公安机关的书面通知,随即铲除了正在开花的罂粟。请问,甲的行为构成妨害社会管理秩序罪吗?

# 模块二　妨害社会管理秩序罪重点个罪实务处理

**教学重点**

本模块教学的重点是妨害社会管理秩序罪重点个罪的学习。

**教学目标**

要求学生能够理解妨害社会管理秩序罪重点个罪的概念、特征和认定。

**活动设计**

理论部分:通过案例导入,阐述妨害社会管理秩序罪重点个罪的基本理论。

实训部分:掌握关键概念,分析经典案例、参与案例讨论,熟悉妨害社会管理秩序罪重点个罪的构成条件。

**案例导入**

某日,犯罪嫌疑人阳某在许某家盗窃时被当场抓获。尔后,许某叫阳某蹲在屋外,并报警叫公安民警李某和刘某来抓捕阳某。当民警李某和刘某到许某家依法将阳某带走时,犯罪嫌疑人阳某由于害怕受到处罚遂暴力反抗,对李某和刘某进行殴打以逃脱抓捕。经法医鉴定:李某和刘某的损伤程度属轻微伤。请问,阳某的行为构成何罪?

**相关法律条文**

根据《刑法》第 277 条的规定,故意阻碍国家安全机关、公安机关依法执行国家安全工作任务,虽未使用暴力,但造成严重后果的行为,构成妨害公务罪。阳某殴打民警以抗拒抓捕的行为是完全符合妨害公务罪的构成要件。

**理论部分**

## 一、妨害公务罪

### (一) 妨害公务罪的概念和构成

妨害公务罪是指以暴力、威胁方法阻碍国家机关工作人员、人大代表依法执行职务，或者在自然灾害中和突发事件中，使用暴力、威胁方法阻碍红十字会工作人员依法履行职责，或者故意阻碍国家安全机关、公安机关依法执行国家安全工作任务，虽未使用暴力，但造成严重后果的行为。

本罪的犯罪构成是：

(1) 本罪侵犯的客体是公务活动。所谓“公务”，是指国家机关工作人员和人大代表依法执行职务的活动，红十字会工作人员依法履行职责的活动，以及国家安全机关和公安机关工作人员依法执行国家安全任务的活动。需要指出的是，根据最高人民检察院 2000 年 3 月 21 日《关于以暴力、威胁方法阻碍事业编制人员依法执行行政执法职务是否可对侵害人以妨害公务罪论处的批复》，对于以暴力、威胁方法阻碍国有事业单位人员依照法律、行政法规的规定执行行政职务的，或者以暴力、威胁方法阻碍国家机关中受委托从事行政执法的事业编制人员执行行政职务的，可以对侵害人以妨碍公务罪追究刑事责任。而依法执行职务、履行职责是指该行为不仅内容上合法而且形式上合法，不仅实体上合法而且程序上合法。如果上述人员超越职权范围的活动，或者滥用职权、以权谋私、侵犯国家和群众利益的活动，则不是正常的公务活动，对其进行阻止不能认为成立本罪。如果行为人阻碍军人执行职务的，不成立本罪，而成立阻碍军人执行职务罪。

(2) 本罪在客观方面，表现为以下四个方面。

第一，以暴力、威胁方法阻碍国家机关工作人员依法执行职务或者履行职责的行为。国家机关工作人员依法执行职务是指国家机关工作人员在法律权限范围内，按照法律规定的程序，运用其合法职务从事公务的行为。阻碍的方式有很多，只有以暴力、威胁方法阻碍执行公务时才成立妨害公务。威胁是指采用书面、口头等方法对执行公务人员进行杀害、伤害、毁坏财产、破坏名誉或者扬言杀害、伤害其亲属、亲友等威吓的手段，不包括一般性的吵闹与谩骂。

第二，以暴力、威胁方法阻碍全国人民代表大会代表和地方各级人民代表大会代表依法执行代表职务的行为。根据 1992 年 4 月 3 日全国人大通过的《中华人民共和国全国人民代表大会和地方各级人民代表大会代表法》第 6 条的规定，代表依法在本级人民代表大会工作期间的工作和在本级人民代表大会闭会期间的活动都是执行代表职务。该法第 39 条则规定，以暴力、威胁方法阻碍代表依法执行代表职务的，依照《刑法》第 157 条的规定追究刑事责任。

第三，以暴力、威胁方法阻碍红十字会工作人员依法执行职务或者履行职责的行为。行为人的阻碍行为应当发生在自然灾害和突发事件中，如果行为人的阻碍行为不是在处理自然灾害和突发事件中实施，不构成本罪。

第四，故意阻碍国家安全机关、公安机关依法执行国家安全工作任务，未使用暴力、威胁方法，但造成严重后果的。未使用暴力是指行为人在实施阻碍行为时使用上述暴力、威胁方法以外的手段，没有对执行公务的人员进行人身上的伤害、杀害、殴打及以其他方法如损坏名誉等相威胁。这些非暴力的手段如谩骂、哄闹、静坐等以及对执行国家安全工作任务的有关国家机关工作人员的公务行为设置障碍，如拖延不办有关事项等，以此来阻碍有关国家安全的工作。

(3) 本罪的主体是一般主体，即已年满16周岁并具有刑事责任能力的自然人。如果单位为了本单位的利益，组织人员以暴力、威胁的方法妨害国家机关工作人员依法执行公务，则对单位的主管人员和其他直接责任人以及妨害公务的积极参与者以妨害公务罪论处。

(4) 本罪在主观方面是故意，即行为人明知前述四种人员正在依法执行任务或者履行职责而有意对其进行阻碍。“明知”包含两层意思：(1) 行为人必须明知自己阻碍的是前述四种人员；(2) 行为人必须明知前述人员正在依法履行职务或者职责。如果行为人对正在依法执行任务或者履行职责的公务人员的身份发生了错误认识或者行为人对公务人员执行公务的合法性发生了错误认识而实施了妨害公务的行为，即没有认识到其行为及结果的社会危害性，则不能论以本罪。

### (二) 妨害公务罪的认定

1. 本罪与非罪的界限

具体区分本罪与非罪的界限时，需要注意以下三个方面。

(1) 要划清本罪与人民群众同国家机关工作人员的违法乱纪现象作斗争行为的界限。在现实生活中，有极少数的国家机关工作人员利用职务之便，违法乱纪，侵害群众的利益。在这种情况下，对于公民基于社会公正的立场与违法乱纪的行为进行合法的斗争不仅不能作为犯罪处理，相反还要予以保护和鼓励。

(2) 对于某些群众对正在执行公务或者履行职责的前述人员使用轻微暴力、胁迫手段，实施了阻碍行为，但情节显著轻微，尚未达到应受刑罚惩罚程度的，应认为是一般的妨害公务的行为，不能认为成立妨害公务罪。

(3) 在行为人故意阻碍国家安全机关、公安机关工作人员依法执行国家安全工作任务的情况下，成立本罪要求有严重的后果。

2. 一罪与数罪的界限

由于本罪行为人阻碍国家机关工作人员依法执行职务往往是用暴力、威胁的方法实施犯罪，因此本罪可能成为其他犯罪的手段，在这种情况下，原则上应视为牵连犯，按照牵连犯“择一重处罚”的原则处理。如果《刑法》另有规定的，应按照《刑法》的规定处理，如《刑法》第157条第2款规定：“以暴力、威胁方法抗拒缉私的，以走私罪和本法第277条规定的阻碍国家机关工作人员依法执行职务罪，依照数罪并罚的规定处罚。”

### (三) 妨害公务罪的处罚

根据《刑法》第277条的规定，犯妨害公务罪的，处3年以下有期徒刑、拘役、管制或者罚金。

## 二、招摇撞骗罪

### (一) 招摇撞骗罪的概念和构成

招摇撞骗罪是指为谋取非法利益，假冒国家机关工作人员的身份或者职称，进行诈骗，损害国家机关的威信及其正常活动的行为。

本罪的犯罪构成是：

(1) 本罪侵犯的客体是国家机关的正常管理活动及其威信。国家机关代表国家依法行使管理社会职能，享有与其职能相适应的威望与信誉，并由具有公务员的特殊身份的国家机关工作人员代表国家机关行使一定的权力。

(2) 本罪在客观方面表现为行为人具有冒充国家机关工作人员的身份或者职称，进行诈骗的行为。

① 行为人必须具有冒充国家机关工作人员的身份或者职称的行为。所谓冒充国家机关工作人员的身份或者职称，不单是指非国家机关工作人员冒充国家机关工作人员，而且也包括此种国家机关工作人员冒充他种国家机关工作人员的身份或者职称，如普通机关的行政干部冒充公安机关的干部，普通国家干部冒充高级职务的国家干部等。

② 行为人必须具有招摇撞骗的行为，即行为人要以假冒国家机关工作人员身份或者职称，招摇炫耀，利用人民群众对国家机关工作人员的信任，实施了骗取非法利益的行为。如果行为人既有冒充国家工作人员的行为，又有骗取非法利益的行为，但骗取非法利益的行为未以冒充国家机关工作人员为手段的，即两行为之间不存在有机联系的，也不构成招摇撞骗罪，其骗取非法利益的行为可能构成其他犯罪。

(3) 本罪的主体为一般主体，即已年满 16 周岁并具刑事责任能力的自然人。

(4) 本罪在主观方面是故意。这种故意包括两方面的内容：一是故意的冒充国家机关工作人员，即行为人明知自己不具有特定国家机关工作人员的身份，而有意冒充；二是故意的以冒充国家机关工作人员的身份而到处炫耀、欺骗。一般而言，本罪的行为人具有谋取某种非法利益的目的，如骗取待遇、财物、地位、荣誉或者玩弄异性。

### (二) 招摇撞骗罪的认定

1. *招摇撞骗罪与诈骗罪的界限*

这两种犯罪都表现为欺骗行为，而且招摇撞骗罪也可以如诈骗罪那样骗取财物，因而容易混淆。这两种犯罪的区别主要表现在以下四个方面。

(1) 侵害的客体不同。

招摇撞骗罪侵犯的客体主要是国家机关的威信及其正常活动，而诈骗罪侵犯的客体仅限于公私财产权利。

(2) 客观方面不同。

本罪必须是冒充国家机关工作人员进行招摇撞骗，而诈骗罪可以是利用虚构事实、隐瞒真相的任何方法骗取他人财物。另外，招摇撞骗罪不要求行为人诈骗财物多少，只要行为人实施了冒充国家机关工作人员招摇撞骗行为，原则上就成立犯罪，而诈骗罪的成立必须是行为人诈骗所得的财物数额较大。

(3) 犯罪的主观目的不同。

诈骗罪的犯罪目的是希望非法占有公私财物；而招摇撞骗罪的犯罪目的是追求非法利益，其内容较诈骗罪的犯罪目的广泛一些，它可以包括非法占有公私财物，也可以包括其他非法利益。

(4) 构成犯罪有无数额限制的不同。

只有诈骗数额较大以上的公私财物的才可以构成诈骗罪，而法律对冒充国家机关工作人员招摇撞骗罪的构成并无数额较大的要求。

2. 招摇撞骗罪与敲诈勒索罪的界限

(1) 招摇撞骗罪是以“骗”为特征的，被害人在受骗后往往是自愿“交出财物或者出让其他合法权益”。而敲诈勒索罪虽然也有“诈”的成分，但却是以“恫吓”被害人为特征，即对财物的持有者施以恫吓，造成其精神上的恐惧，出于无奈，被迫交出财物或者出让其他合法权益。

(2) 招摇撞骗罪侵犯的是社会管理秩序，是国家机关的威信及其正常的活动，其直接侵犯的不仅可能是财产权，也可能是公共利益和公民的其他合法权益。而敲诈勒索罪侵犯的客体只能是公私财产所有权。

### (三) 招摇撞骗罪的处罚

根据《刑法》第 279 条的规定，犯招摇撞骗罪的，处 3 年以下有期徒刑、拘役、管制或者剥夺政治权利；情节严重的，处 3 年以上 10 年以下有期徒刑。所谓“情节严重的”，一般是指以下几种情况：多次进行招摇撞骗的；招摇撞骗所得非法利益巨大的；造成被骗人精神失常、自杀等严重后果或者恶劣政治影响的等。根据《刑法》第 279 条第 2 款的规定，冒充人民警察招摇撞骗的，从重处罚。

## 三、伪证罪

### (一) 伪证罪的概念和构成

伪证罪是指在刑事诉讼中评价、鉴定人、记录人、翻译人对与案件有重要关系的情节故意作虚假的证明、鉴定、记录、翻译意图陷害他人或者隐匿罪证的行为。

本罪的犯罪构成是：

(1) 本罪的客体是复杂客体，本罪既妨害了国家的正常司法秩序，又侵犯了公民的人身权利。

(2) 本罪在客观方面，表现为行为人在刑事诉讼中，对与案件有重要关系的情节作虚假的证明、鉴定、记录、翻译。

① 行为人必须作了虚假的证明、鉴定、记录、翻译。认定行为人的证明行为是否属于伪证，应当坚持主客观相统一的原则，既要看行为人的主观心理态度，又要看客观上作证行为是否有危害，只有证人出于伪证的故意，其所作证言与事实不符，才能认为是伪证行为。

② 行为人必须是对与案件有重要关系的情节作虚假的证明、鉴定、记录、翻译。所谓“与案件有重要关系的情节”，是指对于行为人的行为是否构成犯罪、犯罪性质以及罪行的轻重等有重大影响的情节。换言之，就是那些能够影响定罪量刑的情节。

③ 行为人必须是在刑事诉讼中作虚假的证明、鉴定、记录、翻译，即行为人在侦查、起诉、审判的整个过程中作伪证，包括公安、检察、国家安全、监狱等机关立案侦查、检察机关审查起诉，直到人民法院一审、二审、再审审理、判决的全过程。本罪是行为犯，即行为人只要在刑事诉讼中对与案件有重要关系的情节实施了伪证行为即可，并不要求实际上影响了案件的结论。

(3) 本罪的主体是特殊主体，即只有刑事诉讼中的证人、鉴定人、记录人、翻译人才能成为本罪主体。这四种人都是同刑事诉讼活动密切相关的人。所谓“证人”，是指按照司法机关的要求，陈述自己所知悉的案件事实情况的人。所谓“鉴定人”，是指由司法机关所指派或者聘请，具有专门知识或者特殊技能，对案件中的某些情节或事实真相作出专门性结论的人。所谓“记录人”，是指为案件的调查取证，询问证人、被害人或者审讯犯罪嫌疑人、被告人等活动担任文字记录的人。所谓“翻译人”，是指由司法机关所指派或者聘请的，为案件中的外籍人士、少数民族或者聋哑人等诉讼参与人充当翻译的人，包括口译人员，也包括书面翻译人员。

(4) 在主观方面必须是出于故意，一般认为是直接故意，即明知虚假的证明、鉴定、记录、翻译而故意向司法机关提供且行为人具有陷害他人或者隐匿罪证的意图。

**(二) 伪证罪的认定**

1. 本罪与非罪的界限

对于鉴定人、记录人、翻译人工作不负责任、疏忽大意，或者业务水平有限而提供不正确的鉴定、记录、翻译的；以及由于对于案件真实情况一知半解，认识不准确，或者道听途说而传闻作证，从而提供了虚假证明的，因不具备伪证的主观故意，不构成伪证罪。对于虽有伪证行为，但情节显著轻微，危害不大的，不应认定为犯罪。依照最高人民检察院 1989 年 11 月 30 日印发的《人民检察院直接受理的侵犯公民民主权利、人身权利和渎职案件立案标准的规定》，具有下列情形之一的，应以伪证罪立案追究刑事责任：(1) 伪证行为足以使他人受到刑事处罚或者轻罪重判的；(2) 伪证行为足以使犯罪分子逃避刑事处罚或者重罪轻判的；(3) 伪证行为造成冤、假、错案的；(4) 国家工作人员利用职务之便，为经济犯罪分子销毁罪证或者得制造伪证的；(5) 出于伪证行为致使他人自杀或者精神失常的；(6) 伪证行为造成其他严重后果的。

2. 伪证罪与诬告陷害罪的界限

这两种犯罪都有陷害他人的故意，两罪的区别是：(1) 伪证罪的主体是特殊主体，而诬告陷害罪的主体是一般主体；(2) 伪证罪是通过作虚假证明、鉴定、记录、翻译等手段实现的，诬告陷害罪则是作虚假的告发；(3) 伪证罪只是在个别与案件有重要关系的情节上提供伪证，而诬告陷害罪则是捏造了整个犯罪事实；(4) 伪证罪的行为是在侦查、审判中发生的，诬告陷害罪的行为是立案侦查之前实施的，并且是引起案件侦查的原因；(5) 伪证罪的目的可能有两种：既可以是陷害他人，也可以是包庇罪犯；而诬告陷害罪的目的只能是陷害他人，使无罪者受到刑事处分。

**(三) 伪证罪的处罚**

根据《刑法》第 305 条的规定，犯伪证罪的，处 3 年以下有期徒刑或者拘役；情节严重的，处 3 年以上 7 年以下有期徒刑。所谓“情节严重”，一般是指下列情形：虚构或者隐瞒属于严重犯罪的事实；在一个刑事案件诉讼过程中的不同环节多次作伪证的；犯罪手段特别恶劣或者犯罪动机特别卑鄙的；因伪证导致被害人精神失常、自杀等严重后果的；因伪证给国家和社会造成特别恶劣影响的等。

## 实训练习

### 一、关键概念

招摇撞骗罪　伪证罪　诬告陷害罪

### 二、案例分析题

1. 常某,32周岁,已婚。常某到石家庄出差时,在火车上结识了女青年刘某,当常某得知刘某大学毕业尚未找到合适的工作时,遂编造自己的名字叫常云,现任九十四军军长,因病先回家疗养。后又谎称自己的亲属中不少人均在部队中任职,吹嘘自己可以帮助刘某解决工作,在交谈中,刘某对常某产生了好感,遂将常某带至自己家中。常某为了骗取刘家的信任,先后在公共电话处假借其任高级领导职务的父亲的名义多次打电话给刘某,使刘某对常某的军人身份深信不疑,遂刘某以身相许。常某在刘某家居住一月有余,并伪造身份证与刘某领取了结婚证。后常某声称部队有紧急任务需马上赶回,以身上所带现金不多为名,找刘某索要现金2万元,而后逃匿。请问,常某的行为构成何罪?

2. 甘某无证驾驶一辆桑坦纳轿车,车内乘坐舒某、钟某、黄某,途经320线607公里处,将行人陈某当场撞死,并逃离现场。当晚10点钟左右,李某被甘某叫至某大酒店402房,与舒某、钟某、黄某一起商量对策。甘某告诉李某,他无证开车撞死人了,不知该怎么办,最后商定由李某顶罪,并商定攻守同盟。次日上午,车内四人去交警大队报案,称该交通肇事系李某所为。当晚,李某乘火车外逃,后到交警大队投案自首。请问,舒某、钟某、黄某的行为构成何罪?

# 项目二十四　危害国防利益罪实务

## 模块一　危害国防利益罪运用实务

### 教学重点

本模块教学的重点是危害国防利益罪的学习。

### 教学目标

要求学生能够正确理解危害国防利益罪的概念、特征和种类。

### 活动设计

理论部分：通过案例导入，阐述危害国防利益罪的基本理论。

实训部分：掌握关键概念，分析经典案例，参与案例讨论，掌握危害国防利益罪的概念和构成条件。

### 案例导入

2000年年初，龚某承包了某厂职工宿舍的建筑任务。在挖地基时，当地有关部门和人员多次指出地底有军用电缆设施，应请示有关军事部门，并请求派员指导施工。但是龚某认为不可能那么巧就铲到电缆，又考虑若工程延误不能按期完工，自己将遭受损失，于是私自指挥工人继续操作，结果导致电缆被铲断，当地军事部门的通信被阻断达两天之久，造成了重大损失。请问，龚某的行为应当构成何罪？

### 相关法律条文

根据《刑法》第369条的规定，破坏武器装备、军事设施、军事通信的，处3年以下有期徒刑、拘役或者管制；破坏重要武器装备、军事设施、军事通信的，处3年以上10年以下有期徒刑；情节特别严重的，处10年以上有期徒刑、无期徒刑或者死刑。战时从重处罚。龚某铲断军用电缆设施造成严重后果，构成了危害国防利益的犯罪。

### 理论部分

#### 一、危害国防利益罪的概念

危害国防利益罪是指违反国防法律、法规，危害国防利益，拒不履行国防义务，或者以其他形式危害国防利益，依照法律应当受刑罚处罚的行为。

## 二、危害国防利益罪的构成

（1）本类犯罪侵犯的客体是我国的国防利益。国防利益是指为防备和抵抗外来侵略，制止武装颠覆，保卫国家的主权、统一、领土完整和安全所进行的军事活动，以及与军事有关的政治、经济、外交、科技、教育等方面活动的利益。国防利益包括国防资产、国防建设方面的利益、国防管理秩序、武装力量建设、作战和军事行动方面的利益等。危害国防利益罪侵害的对象包括：武装部队；军人；军用武器装备；军事设施；军事通信；军事禁区和军事管理区；兵员；部队的公文、证件、印章；武装部队专用标志等。

（2）本类犯罪在客观方面表现为违反国防法律、法规，危害国防利益的行为。危害国防利益的行为的具体内容表现为，妨害军队作战和军事行动、破坏国防建设、危害国防管理秩序和拒绝或者逃避履行国防义务等四个方面。就危害国防利益罪的客观方面的行为方式来说，有的表现为作为，有的表现为不作为。有的犯罪无论战时还是平时都能构成，有的犯罪则只能在战时才构成。

（3）本类犯罪主体多数为一般主体，只有个别犯罪的主体是特殊主体，如战时拒绝、逃避征召、军事训练罪的主体仅限于预备役人员。如多数犯罪只能由自然人实施；少数犯罪既可以由自然人实施，也可以由单位实施，如故意提供不合格武器装备、军事设施罪，非法生产、买卖军用标志罪；还有的犯罪则只能由单位实施，即战时拒绝、故意延误军事订货罪。

（4）本类犯罪在主观方面一般出于故意，只有过失提供不合格武器准备、军事设施罪的主观方面属于过失。

## 三、危害国防利益罪的种类

根据危害国防利益行为构成犯罪的时间是否限于战时，可将危害国防利益罪分为以下两类。

### （一）不限于战时的危害国防利益罪，即平时和战时都能构成的危害国防利益罪

包括阻碍军人执行职务罪，阻碍军事行动罪，破坏武器装备、军事设施、军事通信罪，故意提供不合格武器装备、军事设施罪，过失提供不合格武器装备、军事设施罪，聚众冲击军事禁区罪，聚众扰乱军事管理区秩序罪，冒充军人招摇撞骗罪，煽动军人逃离部队罪，雇用逃离部队军人罪，接送不合格兵员罪，伪造、变造、买卖武装部队公文、证件、印章罪，盗窃、抢夺武装部队公文、证件、印章罪，非法生产、买卖军用标志罪。

### （二）限于战时的危害国防利益罪

包括战时拒绝、逃避征召、军事训练罪，战时拒绝、逃避服役罪，战时故意提供虚假敌情罪，战时拒绝、故意延误军事订货罪，战时拒绝军用征用罪。

## 实训练习

**一、关键概念**

危害国防利益罪

**二、案例分析题**

某日，一群不明身份的人擅自打开铁路某站8号候车室检票口的门，进入站台。工作人员发现后，怀疑被告人崔某持有该门钥匙，要求其交出，崔某拒绝。工作人员遂将崔某交给正在执行巡逻任务的周某等3名武警战士处理。不料，崔某向武警战士周某的左脸部击打一拳后就逃走，后在1号站台被追获。武警带着崔某回值班室途中，遭到樊某和方某等人阻拦，后者还抢夺了武警战士的武装带并击打周某等武警战士，造成周某等人头部流血。请问，崔某等人的行为构成何罪？

# 模块二　危害国防利益罪重点个罪实务处理

**教学重点**

本模块教学的重点是危害国防利益罪重点个罪的学习。

**教学目标**

要求学生能够熟悉危害国防利益罪重点个罪的概念、特征和认定。

**活动设计**

理论部分：通过案例导入，阐述危害国防利益罪重点个罪的基本理论。

实训部分：掌握关键概念，分析经典案例，参与案例讨论，熟悉危害国防利益罪重点个罪的构成条件。

**案例导入**

某日，郑某用钢锯和钳子将某部队铺设已断开的通信电缆割成小截，盗走130米，价值8 100元，随后，在大桥南引桥西边，郑某又将市政设施管理处正在铺设的路灯电缆割断盗走30米，价值880元。请问，郑某的行为构成何罪？

**相关法律条文**

根据《刑法》第369条、第265条的规定，被告人郑某的犯罪行为构成破坏军事通信罪和盗窃罪。被告人郑某割断部队用于军事通信的电缆，侵害了部队通信利益，不管该电缆是否正在用于通信，或者部队正在使用该电缆，都构成了破坏军事通信罪。而被告人郑某割断正在铺设的路灯电缆，侵害的是市政管理处的电缆本身的财产利益，因为铺设的路灯电缆不是正在用于照明的路灯电缆，不构成对社会公共安全的侵害，所以应定为盗窃罪，二罪实行并罚。

**理论部分**

## 一、阻碍军人执行职务罪

### （一）阻碍军人执行职务罪的概念和构成

阻碍军人执行职务罪是指非军职人员以暴力、威胁方法，妨碍阻挠军人依法执行职务的行为。

本罪的犯罪构成是：

（1）本罪侵犯的客体为国防秩序与军人的人身权利。犯罪对象必须是正在依法执行职务的军人。所谓军人，依照《刑法》第450条的解释，是指中国人民解放军的现役军官、文职干部、士兵以及具有军籍的学员和中国人民武装警察部队的现役警官、文职干部、士兵及具有警籍的学员，执行军事任务的预备役人员和其他人员以军人论。

（2）本罪在客观方面表现为以暴力、威胁方法阻碍军人依法执行职务的行为。依法执行职务是指军人依照上级合法军事命令而执行职务。职务行为的"合法"是一个十分重要的前提。因此，如果阻碍军人不合法的行为，执行职务的动机是多种多样的，有的是不服从管理，有的是逞能，有的是无端滋事，有的是为了报复，还有的是为了发泄私愤等。如果行为人不知对方是正在执行职务的，因其他原因以暴力殴打或者以言语威胁的，则不构成本罪。

（3）本罪的主体是一般主体，即已年满16周岁并具有刑事责任能力的自然人。

（4）本罪在主观方面是故意。这里的"故意"是指明知是阻碍军人执行职务的行为而有意实施的主观心理状态。

### （二）阻碍军人执行职务罪的认定

1. 本罪与非罪的界限

判定一种阻碍军务的行为是否构成犯罪，一是要看行为人主观上有无故意阻挠军人执行职务的目的。如果属于对军人讲怪话、发牢骚、态度生硬，或者仅有一般辱骂、嘲讽，甚至轻微的顶撞行为，行为人并不希望对方停止、变更、放弃执行职务结果发生的，不应以犯罪论处；二是看客观上行为人是否实施了暴力、威胁手段，是否因此发生了军人停止、放弃、变更执行职务或者无法执行职务的后果。如果行为人虽然实施了某种阻挠行为，但只是军人正常执行职务，或者对方虽然出现了停止、放弃、变更执行职务或者无法执行职务的结果，但与行为人的行为并无必然的因果关系，也不应以犯罪论处。

2. 本罪与妨害公务罪的界限

两罪在主观心理状态方面是相同的，都是基于故意；在客观方面都是以暴力和威胁方法为犯罪手段，实施了阻碍执行职务的行为。两罪的主体相同，都是一般主体，即可以是任何达到法定刑事责任年龄并具有刑事责任能力的人。其区别主要在于侵害的客体不同。阻碍军人执行职务罪侵害的客体是军职任务的正常执行活动，侵害的对象是军人；妨害公务罪侵害的客体是社会管理秩序，侵害的对象是国家工作人员。

### (三) 阻碍军人执行职务罪的处罚

根据《刑法》第368条第1款的规定，犯本罪的，处3年以下有期徒刑、拘役、管制或者罚金。

## 二、破坏武器装备、军事设施、军事通信罪

### (一) 破坏武器装备、军事设施、军事通信罪的概念和构成

破坏武器装备、军事设施、军事通信罪是指以贪利、泄愤报复或者其他个人目的，故意破坏武器装备、军事设施、军事通信的行为。

本罪的犯罪构成是：

(1) 本罪侵犯的客体是国防建设体现的国防利益。犯罪对象是武器装备、军事设施、军事通信。武器装备是指武装部队用于实施和保障作战行动的武器、武器系统和军事技术器材。军事设施是指国家直接用于军事目的的建筑、场地和设备。军事通信是指武装部队为实施指挥或者武器控制而运用各种通信手段进行的信息传递活动。

(2) 本罪在客观方面表现为破坏武器装备、军事设施、军事通信的行为。所谓破坏武器装备、军事设施、军事通信，是指以各种方法使武器装备、军事设施、军事通信全部或者部分不能正常使用。

(3) 本罪的主体是一般主体，即已年满16周岁并具有刑事责任能力的自然人。

(4) 本罪在主观方面表现为故意，即明知是武器装备、军事设施或者军事通信而故意破坏。

### (二) 破坏武器装备、军事设施、军事通信罪的认定

1. 本罪与破坏交通设施罪，破坏易燃易爆设备罪，破坏广播电视、公用电信设施罪的界限

(1) 本罪破坏的对象只限于军事设施，而后几种罪破坏的对象不限于军事设施。

(2) 本罪属于危害军事利益的犯罪，而后几种罪是危害公共安全的犯罪。因此，凡是行为人故意破坏军事设施，即使客观上也危害公共安全，仍应以破坏军事设施罪论处。

2. 本罪与故意毁坏财物罪的界限

本罪是一种比故意毁坏公私财物罪的危害大得多的犯罪。它的严重性不仅仅在于被破坏的武器装备、军事设施、军事通信的财产价值，而是在于这种破坏行为能够使武器装备丧失其应有的效能，从而严重影响我军的战备和战斗能力。其主要区别是：(1) 侵犯的客体不同，本罪侵犯的客体是与武器装备的使用能力相联系的军事利益，而后者侵犯的客体是公私财物的所有权；(2) 本罪破坏的是特定对象，即武器装备、军事设施、军事通信，后者破坏的对象是各种公私财物。

### (三) 破坏武器装备、军事设施、军事通信罪的处罚

根据《刑法》第369条第1款的规定，犯破坏武器设备、军事设施、军事通信罪的，

处3年以下有期徒刑、拘役或者管制；破坏重要武器装备、军事设施、军事通信的，处3年以上10年以下有期徒刑；情节特别严重的，处10年以上有期徒刑、无期徒刑或者死刑。此外，战时犯本罪的，从重处罚。

## 实训练习

### 一、关键概念

阻碍军人执行职务罪　破坏武器装备、军事设施、军事通信罪

### 二、案例分析题

村民张某，为了筹集结婚费用，动起盗窃国防通信线路的念头，先后3次用钢丝钳等工具，偷剪该线路电缆两千余米，价值2万元，销赃后得赃款3 000元，致使该线路中断三个多小时。请问，张某的行为构成何罪？

# 项目二十五　贪污贿赂罪实务

## 模块一　贪污贿赂罪运用实务

### 教学重点

本模块教学的重点是贪污贿赂罪的学习。

### 教学目标

要求学生能够正确理解贪污贿赂罪的概念、特征和种类。

### 活动设计

理论部分：通过案例导入，阐述贪污贿赂罪的基本理论。

实训部分：掌握关键概念，分析经典案例，参与案例讨论，掌握贪污贿赂罪的概念和构成条件。

### 案例导入

被告人李某，男，22周岁，某县农民，被捕前系某县第二中学聘用教务员。被告人李某在1988年8月至1990年1月间，受聘于某县第二中学担任教务员，负责文印和收付学生书款的工作。1989年2月至1989年8月间，被告人将其收付的1989年度学生的春季、秋季书款13 791.63元挪用以偿还个人债务，购买物品，并到四川成都、广西南宁等地吃喝玩乐，尽情挥霍。主管部门发现后，李某为拖延还款时间，伪造收条、存折，以应付追查，企图掩盖罪责。后经多方追查，被告人于1989年12月28日、29日两日内将所挪用的公款全部退清。请问，李某的行为应构成挪用公款罪还是贪污罪？

### 相关法律条文

人民法院判决认为，被告人李某利用其作为教务员的职务之便，违反财经制度，挪用公款归个人使用，数额较大，超过3个月未还，其行为已经构成挪用公款罪，应按我国《刑法》第384条挪用公款罪的规定依法惩处。

## 理论部分

### 一、贪污贿赂罪的概念

贪污贿赂罪是指国家工作人员利用职务上的便利，贪污、受贿、挪用公款、拥有来源不明的巨额财产、隐瞒不报境外存款，或者国有单位私分国有资产或者罚没财物，以及其他与贿赂相关的行为。

### 二、贪污贿赂罪的构成

（1）本类犯罪侵犯的客体是国家廉政制度和公私财产所有权。所谓国家廉政制度，也称国家工作人员的职务廉洁性，是指国家通过法律法规建立起来的，关于国家工作人员应当廉洁奉公，不以权谋私，不滥用职权，不徇私枉法，杜绝各种腐败行为的法律制度。

（2）本类犯罪的客观方面表现为贪污、受贿、行贿、介绍行贿、巨额财产来源不明、隐瞒境外存款不报、私分国有财产等行为。本类犯罪在行为表现形式上，绝大多数是作为，只有巨额财产来源不明罪是不作为。

（3）本类犯罪的主体绝大多数是特殊主体。犯罪主体多属特殊主体，即国家机关工作人员和国家机关、国有公司、企业、事业单位、人民团体；少数犯罪如行贿罪、介绍行贿罪等，由一般主体构成。

另外，单位受贿罪、私分国有资产罪和私分罚没财物罪，则只能由国有单位构成。

（4）本类犯罪的主观方面均由故意构成。即明知自己的行为会破坏国家廉政建设制度而故意为之。过失不构成本类犯罪。

### 三、贪污贿赂罪的分类

本类犯罪规定在《刑法分则》第八章，共13种具体犯罪，分两大类。

1. 贪污犯罪

包括贪污罪、挪用公款罪、巨额财产来源不明罪、私分国有资产罪、私分罚没财物罪、隐瞒境外存款罪。

2. 贿赂犯罪

受贿罪、单位受贿罪、利用影响力受贿罪、行贿罪、对单位行贿罪、介绍贿赂罪、单位行贿罪。

## 实训练习

### 一、关键概念

贪污贿赂罪

## 二、案例分析题

甲是某饮食总店副经理，该总店书记乙因为公款私存利息较高，故将 4 万元公款以甲的名义存入银行，存单由会计丙保管。后甲所在饮食总店上级主管部门某经贸局局长和副局长找到甲和丙，说经贸局下属企业有几个经理的住房解决了，经研究决定，也给甲批 2 万元动迁补助款，但从账面上不能反映出来，免得职工有意见，走一借一支，把账弄平。甲将该 4 万元存单取走，丙以还甲岳母借款的名义做假账，将账冲平。甲将该存单 4 万元支取。请问，甲的行为性质如何？

# 模块二　贪污贿赂罪重点个罪实务处理

### 教学重点

本模块教学的重点是贪污贿赂罪重点个罪的学习。

### 教学目标

要求学生能够正确理解贪污贿赂罪重点个罪的概念、特征和认定。

### 活动设计

理论部分：通过案例导入，阐述贪污贿赂罪重点个罪的基本理论。

实训部分：掌握关键概念，分析经典案例，参与案例讨论，熟悉贪污贿赂罪重点个罪的构成条件。

### 案例导入

甲在某国家机关任职，乙有求于他，给甲送了 5 万元的好处费。甲答应给乙办事，但因故未办成。乙见事未办成，要求甲退回好处费，甲拒不退还，并威胁乙如果再来要钱就告乙行贿。请问，对甲的行为应当如何定罪？

### 相关法律条文

国家工作人员利用本人职权或者地位形成的便利条件，通过其他国家工作人员职务上的行为，为请托人谋取不正当利益，索取请托人财物或者收受请托人财物的，以受贿论处。一般认为因为职务的缘故收受财物，并有为他人谋利的意思或者承诺（意思表示），就足以认定具备“为他人谋利”的要件，不以达到实际谋取利益的程度为必要。

**理论部分**

## 一、贪污罪

### (一) 贪污罪的概念和构成

贪污罪是指国家工作人员利用职务上的便利,侵吞、窃取、骗取或者以其他手段非法占有公共财物的行为。另外,受国家机关、国有公司、企业、事业单位、人民团体委托管理、经营国有财产的人员,可以成为本罪的主体。

本罪的犯罪构成是:

(1) 本罪的客体是复杂客体,即国家工作人员职务行为的廉洁性和公共财产所有权。

贪污罪的对象主要是公共财产。根据《刑法》第 91 条的规定,公共财产是指:① 国有财产,是指国家机关、国有公司、企业、事业单位和人民团体所拥有的财产;② 劳动群众集体所有的财产,是指集体经营组织所拥有的所有权属于该组织全体成员共同所有的财产;③ 用于扶贫和其他公益事业的社会捐助或者专项基金的财产,是指通过捐助或者专项基金手段募集的用于扶贫或者其他公益事业的慈善性质的款物;④ 在国家机关、国有公司、企业、集体企业和人民团体管理、使用或者运输中的私人财产,以公共财产论。

贪污罪的对象并不仅限于公共财产,根据《刑法》第 271 条的规定,国有公司、企业或者其他国有单位委派到非国有公司、企业以及其他国有单位从事公务的人员利用职务上的便利,将本单位财物非法占为己有,数额较大的,也构成贪污罪。因而受国有单位委派到非国有单位从事公务的人员可以构成贪污罪,其对象可以是公共财产,也可以是非公有性质的财产。

(2) 本罪的客观方面表现为利用职务上的便利,侵吞、窃取、骗取或者以其他手段非法占有公共财物的行为。

① 必须利用职务上的便利。利用职务上的便利是指利用职务上主管、管理、经手公共财物的权力及方便条件。主管是指负责调拨、处置及其他支配公共财物的职务活动,如国有行政机关的市长、县长、处长、科长在一定范围内拥有调配、处置本单位甚至下属单位公共财务的权利。管理是指负责保管、处理及其他使公共财物不被流失的职务活动,如国家机关、国有公司、企业、事业单位、人民团体的会计、出纳具有管理本单位财务、直接掌管资金的权利。经手是指领取、支出等经办公共财物的职务活动。行为人虽无决定对公共财物的调拨、统筹、使用的权利,也不具有管理、处置公共财物的职权,但因工作需要、公共财物由其经手,行为人对公共财物具有实际控制权。

② 必须侵吞、窃取、骗取或者以其他手段非法占有公共财物。侵吞,即将自己因职务而主管、管理、经手的公共财物据为己有或者使第三者所有。窃取是指行为人利用职务之便,采取秘密窃取的方式,将自己管理的公共财物非法占有的行为,也就是通常所说的监守自盗。骗取是指行为人利用职务之便,采取虚构事实或者隐瞒真相的方

法，非法占有公共财物的行为。其他手段是指除侵吞、窃取、骗取以外的其他利用职务之便的手段，如挪用公款携款潜逃。

(3) 本罪的主体是特殊主体。即国家工作人员以及受国家机关、国有公司、企业、事业单位、人民团体委托管理、经营国有财产的人员。所谓国家工作人员，是指国家机关中从事公务的人员。国有公司、企业、事业单位、人民团体中从事公务的人员和国家机关、国有公司、企业、事业单位委派到非国有公司企业、事业单位、社会团体从事公务的人员，以及其他依照法律从事公务的人员，以国家工作人员论。

(4) 贪污罪在主观方面必须出自故意，并具有非法占有公共财物的目的。过失不构成贪污罪。

### (二) 贪污罪的认定

1. 本罪与非罪的界限

(1) 行为人贪污的数额。根据《刑法》第 383 条的规定，个人贪污 5 000 元的，构成犯罪。对于行为人贪污的数额达到 5 000 元的，无论其情节如何，均构成贪污罪。

(2) 行为人的贪污情节。贪污情节主要针对贪污数额不满 5 000 元的贪污行为。贪污数额不满 5 000 元，但贪污情节较重时，对该贪污行为就应认定为贪污罪。

2. 贪污罪与盗窃罪、诈骗罪、侵占罪的区别

(1) 犯罪客体和犯罪对象不同。前者侵犯的是复杂客体，犯罪对象仅限于公共财物；而后者则仅侵犯了公私财产所有权，犯罪对象是公私财物。

(2) 犯罪客观方面不同。前者的行为包括利用职务之便的侵吞、窃取、骗取及其他手段，后者的行为不存在利用职务之便的问题。

(3) 犯罪主体不同。前者的主体是特殊主体，后者的主体为一般主体。

3. 贪污罪与职务侵占罪的区别

(1) 犯罪主体不同。前者的主体是国家工作人员以及受国家机关、国有公司、企业、事业单位、人民团体委托管理、经营国有资产的人员；后者的主体是公司、企业或者其他单位中除国家工作人员以外的其他工作人员。

(2) 犯罪客体不同。前者侵犯的客体是复杂客体，后者侵犯的客体仅是公司、企业或者其他单位的财物的所有权，对国家和社会并未造成直接的侵犯，因此不像贪污罪那样具有渎职性质。

### (三) 贪污罪的处罚

根据《刑法》第 383 条的规定，犯贪污罪的，根据情节轻重，分别依照下列规定处罚：

(1) 个人贪污数额在 10 万元以上的，处 10 年以上有期徒刑或者无期徒刑，可以并处没收财产；情节特别严重的，处死刑，并处没收财产；

(2) 个人贪污数额在 5 万元以上不满 10 万元的，处 5 年以上有期徒刑，可以并处没收财产；情节特别严重的，处无期徒刑，并处没收财产；

(3) 个人贪污数额在 5 000 元以上不满 5 万元的，处 1 年以上 7 年以下有期徒刑；情节严重的，处 7 年以上 10 年以下有期徒刑。个人贪污数额在5 000 元以上不满 1 万元，犯罪后有悔改表现、积极退赃的，可以减轻处罚或者免予刑事处罚，由其所在单位

或者上级主管机关给予行政处分；

(4) 个人贪污数额不满5 000元，情节较重的，处2年以下有期徒刑或者拘役；情节较轻的，由其所在单位或者上级主管机关酌情给予行政处分。对多次贪污未经处理的，按照累计贪污数额处罚。

在共同犯罪中，个人贪污数额是指在共同贪污犯罪案件中应理解为个人所参与或者组织、指挥共同贪污的数额，不能只按个人实际分得的赃款数额来认定。对共同贪污犯罪中的从犯，应当按照其所参与的共同贪污的数额确定量刑幅度，并依照《刑法》第27条第2款的规定，从轻、减轻处罚或者免除处罚。

## 二、挪用公款罪

### (一) 挪用公款罪的概念和构成

挪用公款罪是指国家工作人员利用职务上的便利，挪用公款归个人使用，进行非法活动的，或者挪用公款数额较大、进行营利活动的，或者挪用公款数额较大、超过3个月未还的。

本罪的犯罪构成是：

(1) 本罪的客体主要是公共财产的使用权。本罪侵犯的对象主要是公款以及用于救灾、抢险、防汛、优抚、扶贫、移民、救济款物。另外，国家工作人员利用职务上的便利，挪用公有国库券的行为，以挪用公款论处。但是，挪用非特定公物归个人使用的，不以挪用公款罪论处；如构成其他犯罪的，依照《刑法》的相关规定定罪处罚。

(2) 本罪的客观方面表现为行为人实施了利用职务上的便利，挪用公款归个人使用，进行非法活动，或者挪用数额较大的公款进行营利活动，或者挪用数额较大的公款超过3个月未还的行为，其中包含以下三个要件。

① 行为人实施了挪用公款的行为。根据《刑法》第384条的规定有以下三种表现形式。

一是挪用公款归个人使用进行非法活动。根据相关司法解释，“挪用公款归个人使用，进行非法活动的”，以挪用公款5 000元至1万元为追究刑事责任的数额起点。挪用公款给他人使用，不知道使用人将公款用于非法活动，数额较大、超过3个月未还的，构成挪用公款罪；明知使用人将公款用于非法活动的，应当认定为挪用公款进行非法活动。

二是挪用公款归个人进行营利活动，并且数额较大的。如挪用人本人或者他人将挪用的公款用于生产经营，作为个人参与企业经营活动的入股资金，存入银行或者借给他人而个人取利等。

三是挪用公款归个人使用，数额较大，超过3个月未还的。如挪用公款用于建造私房、购置家具和其他生活用品、支付医疗费或者偿还家庭、个人债务等。

② 行为人挪用公款的行为是利用了职务上的便利。

③ 行为人挪用的公款是归个人使用的。有下列三种情形之一的，属于挪用公款“归个人使用”：将公款供本人、亲友或者其他自然人使用的；以个人名义将公款供其

他单位使用的;个人决定以单位名义将公款供其他单位使用,谋取个人利益的。

(3) 本罪的主体必须是国家工作人员。国家工作人员的范围具体根据《刑法》第93条的规定确定。

(4) 本罪的主观方面只能是故意。

### (二) 挪用公款罪的认定

1. 挪用公款罪与贪污罪的界限

两罪在客观上均是利用职务之便,主观上两罪都是出于直接故意。但是,两罪有以下区别。

(1) 犯罪目的不同。

挪用公款罪以暂时占有、使用公款为目的,具有归还的意图;贪污罪以永久性不法所有为目的,不具有归还的意图。

(2) 犯罪对象不完全相同。

挪用公款罪原则上只限于公款,例外地包括特定公物;贪污罪既包括公款,也包括其他的公共财物。

(3) 主体的范围不同。

挪用公款罪的主体只能是国家工作人员。贪污罪除国家工作人员外,还可以是受国家机关、国有公司、企业、事业单位、人民团体委托管理、经营国有财产的人员。

2. 挪用公款罪与挪用特定款物罪的界限

(1) 侵犯的具体客体对象不同。

挪用公款罪侵犯的对象主要是一般的公款,挪用特定款物罪侵犯的对象限于特定款物。

(2) 客观方面表现不同。

挪用公款罪表现为挪用公款归个人使用的行为;挪用特定款物罪表现为把特定款物挪作其他公用事项,并且情节严重,致使国家和人民群众利益遭受重大损失的行为。

### (三) 挪用公款罪的处罚

根据《刑法》第384条的规定,犯挪用公款罪的,处5年以下有期徒刑或者拘役;情节严重的,处5年以上有期徒刑。挪用公款数额巨大不退还的,处10年以上有期徒刑或者无期徒刑。挪用用于救灾、抢险、防汛、优抚、扶贫、移民、救济款物归个人使用的,从重处罚。挪用公款"情节严重"是指挪用公款数额巨大,或者数额虽未达到巨大,但挪用公款手段恶劣;多次挪用公款;因挪用公款严重影响生产、经营,造成严重损失等情形。"挪用公款数额巨大不退还的"是指挪用公款数额巨大,因客观原因在一审宣判前不能退还的。

## 三、受贿罪

### (一) 受贿罪的概念和构成

受贿罪是指国家工作人员利用职务上的便利,索取他人财物的,或者非法收受他人财物,为他人谋取利益的。

本罪的犯罪构成是：

(1) 本罪的客体是国家工作人员职务行为廉洁性。受贿罪的实质在于以公权交换私利。受贿罪的犯罪对象是财物。但不应狭隘地理解为现金、具体物品。

(2) 本罪的客观方面是利用职务上的便利,索取他人财物的,或者非法收受他人财物,为他人谋取利益的。

① 利用职务之便是受贿罪客观方面的一个重要构成要件,利用职务之便可以分为以下两种情况。

第一,利用职务上的便利。既包括利用本人职务上主管、负责、承办某项公共事务的职权,也包括利用职务上有隶属、制约关系的其他国家工作人员的职权。担任单位领导职务的国家工作人员通过不属自己主管的下级部门的国家工作人员的职务为他人谋取利益的,应当认定为"利用职务上的便利"为他人谋取利益。

第二,利用本人职权或者地位形成的便利条件。根据《刑法》第 388 条第 1 款的规定,国家工作人员利用本人职权或者地位形成的便利条件,通过其他国家工作人员职务上的行为,为请托人谋取不正当利益,索取请托人财物或者收受请托人财物的,以受贿论处。这种行为理论上称为斡旋受贿。

利用本人职权或者地位形成的便利条件是指行为人与被其利用的国家工作人员之间在职务上虽然没有隶属、制约关系,但是行为人利用了本人职权或者地位产生的影响和一定的工作联系,如单位内不同部门的国家工作人员之间,上下级单位没有职务上隶属、制约关系的国家工作人员之间,有工作联系的不同单位的国家工作人员之间等。

② 从受贿罪的客观行为来看,有以下两种具体表现形式。

第一,索取他人财物。索取贿赂是指行为人主动向他人索要财物。索取贿赂只需要利用职务上的便利就成立受贿罪,不要求为他人谋取利益。但是,在斡旋受贿中,索取他人财物必须为请托人谋取利益,而且是不正当利益才可构成受贿罪。如果是正当利益,即使行为人索取或者收受了财物,也不能以受贿罪论处。

第二,非法收受他人财物。收受贿赂是行为人对他人主动给付的财物予以接受。收受贿赂者构成犯罪须具备收受他人财物和为他人谋取利益两个条件,但是这里的为他人谋取利益并不要求实际谋取到的利益,只需要许诺为他人谋取利益即可构成犯罪。

(3) 本罪的主体是受贿罪的主体是特殊主体,即国家工作人员。另外,根据《刑法》第 388 条第 2 款、第 3 款的规定,国家工作人员的近亲属或者其他与该国家工作人员关系密切的人,离职的国家工作人员或者其近亲属以及其他与其关系密切的人也可以犯受贿罪,被称为利用影响力受贿罪。

(4) 本罪的主观方面由故意构成,只有行为人是出于故意所实施的受贿犯罪行为才构成受贿罪,过失行为不构成受贿罪。

### (二) 受贿罪的认定

1. 本罪与非罪的界限

一般受贿行为是指违法收受贿赂,但尚未达到构成犯罪的法定数额或者法定情节的行为。一般受贿行为不构成犯罪，由所在的单位或者上级主管机关给予行政处分。

划分受贿罪与非罪的界限，看是否有“数额较大”或者“情节严重”。数额与情节相比，数额起主导作用，情节则起辅助作用。

2. 受贿罪与贪污罪的界限

(1) 侵犯对象不同。受贿罪侵犯的对象他人的公私财物，贪污罪侵犯的对象是本单位或者部门的公共财物。

(2) 客观方面的犯罪手段不同。受贿罪是采取为他人谋利益的手段，非法索取、收受他人财物；贪污罪是采取侵吞、窃取、骗取等手段，非法占有自己主管、经营、经手的公共财物。

### (三) 受贿罪的处罚

《刑法》第383条是关于贪污罪的处罚的规定，据此，受贿罪的具体处罚标准如下。

(1) 个人受贿数额在10万元以上的，处10年以上有期徒刑或者无期徒刑，可以并处没收财产；情节特别严重的，处死刑，并处没收财产。

(2) 个人受贿数额在5万元以上不满10万元的，处5年以上有期徒刑，可以并处没收财产；情节特别严重的，处无期徒刑，并处没收财产。

(3) 个人受贿数额在5 000元以上不满5万元的，处1年以上7年以下有期徒刑；情节严重的，处7年以上10年以下有期徒刑。个人受贿数额在5 000元以上不满1万元，犯罪后有悔改表现、积极退赃的，可以减轻处罚或者免予刑事处罚，由其所在单位或者上级主管机关给予行政处分。

(4) 个人受贿数额不满5 000元，情节较重的，处2年以下有期徒刑或者拘役；情节较轻的，由其所在单位或者上级主管机关酌情给予行政处分。

对多次受贿未经处理的，按照累计贪污数额处罚。

另外，对于构成利用影响力受贿罪，数额较大或者有其他较重情节的，处3年以下有期徒刑或者拘役，并处罚金；数额巨大或者有其他严重情节的，处3年以上7年以下有期徒刑，并处罚金；数额特别巨大或者有其他特别严重情节的，处7年以上有期徒刑，并处罚金或者没收财产。

## 四、行贿罪

### (一) 行贿罪的概念和构成

行贿罪是指为谋取不正当利益，给予国家工作人员以财物的行为。

本罪的犯罪构成是：

(1) 本罪的客体是国家工作人员职务的廉洁性。

(2) 本罪的客观方面表现为谋取不正当利益，给予国家工作人员以财物，或者在经济往来中，给予国家工作人员以各种名义的回扣、手续费的行为。如果是为了谋取正当利益而给予国家工作人员以财物的，不能以本罪论处。

(3) 本罪的主体是一般主体，凡是年满16周岁并具有刑事责任能力的自然人均能成为本罪的主体。

(4) 本罪的主观方面是直接故意,即具有谋取不正当利益的目的。

**(二) 行贿罪的认定**

行贿行为只限于主动行为,如果是被勒索而给予国家工作人员以财物,没有获得不正当利益的,不是行贿,不构成犯罪。

**(三) 行贿罪的处罚**

根据《刑法》第 390 条的规定,对犯行贿罪的,处 5 年以下有期徒刑或者拘役;因行贿谋取不正当利益,情节严重的,或者使国家利益遭受重大损失的,处 5 年以上 10 年以下有期徒刑;情节特别严重的,处 10 年以上有期徒刑或者无期徒刑,可以并处没收财产。

行贿人在被追诉前主动交代行贿行为的,可以减轻处罚或者免除处罚。

## 五、巨额财产来源不明罪



**(一) 巨额财产来源不明罪的概念和构成**

巨额财产来源不明罪是指国家工作人员的财产或者支出明显超过合法收入,差额巨大,而本人又不能说明其来源合法的行为。

本罪的犯罪构成是:

(1) 本罪侵犯的客体是复杂客体,即国家工作人员职务行为的廉洁制度和公私财物的所有权。

(2) 本罪在客观方面表现为国家工作人员的财产或者支出明显超过合法收入,且差额巨大,本人不能说明其合法来源。

(3) 本罪的主体是特殊主体,即国家工作人员。

(4) 本罪在主观上是故意。

**(二) 巨额财产来源不明罪的认定**

国家工作人员拥有的明显超过合法收入的财产或者支出,无论是以何种方式取得,只要行为人不能举出证据证明其来源合法的,即构成本罪。如果能查明财产来源的合法性,不能以犯罪论。如果能查明财产确系贪污、受贿等犯罪所得,应以贪污罪、受贿罪等犯罪追究刑事责任。如果说明或者查明其中的部分财产是贪污贿赂所得,部分财产来源不明且数额巨大的,应当实行数罪并罚。

**(三) 巨额财产来源不明罪的处罚**

根据《刑法》第 395 条第 1 款的规定,犯巨额财产来源不明罪的,处 5 年以下有期徒刑或者拘役;差额特别巨大的,处 5 年以上 10 年以下有期徒刑。财产的差额部分予以追缴。

## 实训练习

### 一、关键概念

贪污罪　受贿罪　挪用公款罪　巨额财产来源不明罪

### 二、判断分析题

1. 下列哪几种行为构成受贿罪（　　）。

A. 利用自己的职务便利，为请托人谋取利益

B. 利用自己的职务便利，为请托人谋取不正当利益

C. 利用自己所处地位形成的便利条件，通过其他国家工作人员职务上的行为，为请托人谋取不正当利益

D. 利用自己的职权，通过其他国家工作人员职务上的行为，为请托人谋取不正当利益

2. 某民政局工作人员冯某利用职务便利挪用救济金5万元进行营利活动。冯某的行为构成（　　）。

A. 挪用特定款物罪　　B. 挪用公款罪

C. 挪用资金罪　　D. 职务侵占罪

### 三、案件分析题

某县水库管理局与镇政府签订合同，承包某项工程，约定工程总投资额21.83万元。水库管理局局长王某、副局长冯某见有利可图，共谋后伪造了"刘甲"的身份从水库管理局承包该工程的虚假合同，工程范围和内容不变，工程造价更改为近二十二万元。冯某除用于采购材料、支付工程税金、劳务费外，实际获得利润近十四万元。两人共谋将该利润私分，其中王某分得7万元，冯某分得3.9万元，另送镇政府李某3万元（已判刑）。请问，王某和冯某的行为应当如何判定？

# 项目二十六　渎职罪实务

## 模块一　渎职罪运用实务

**教学重点**

本模块教学的重点是渎职罪的学习。

**教学目标**

要求学生能够正确理解渎职罪的概念、特征和种类。

**活动设计**

理论部分：通过案例导入，阐述渎职罪的基本理论。

实训部分：掌握关键概念，分析经典案例，参与案例讨论，掌握渎职罪的概念和构成条件。

**案例导入**

国家某外贸机关工作人员李某，于2010年五六月期间，经人介绍认识了香港某食品机械公司经理王某。为讨好王某，谋取私利，在王某的物质引诱下，李某先后3次故意向王某等人泄露国家外贸机密，其中包括我国食品机械的供需情况、库存、货源、价格以及与其他国家和地区进行食品机械贸易的客户名单等。李某在进行上述活动中，先后收受王某港币7 000元，首饰等礼品价值2 000元。案发后，李某非法获取的赃款、赃物予以追缴。请问，李某的行为构成何罪？

**相关法律条文**

我国《刑法》第398条第1款规定："国家机关工作人员违反保守国家秘密法的规定，故意或者过失泄露国家秘密，情节严重的，处3年以下有期徒刑或者拘役；情节特别严重的，处3年以上7年以下有期徒刑。"李某身为国家机关工作人员，故意向王某等人泄露国家外贸机密，完全符合此款的规定，因而构成故意泄露国家秘密罪。

**理论部分**

### 一、渎职罪的概念

渎职罪是指国家机关工作人员在公务活动中滥用职权、玩忽职守、徇私舞弊，妨害国家管理活动，致使公共财产或者国家与人民利益遭受重大损失的行为。

## 二、渎职罪的特征

（1）本类犯罪的客体是国家机关的正常活动。

（2）本类犯罪客观方面表现为行为人实施了滥用职权、玩忽职守、徇私舞弊（包括徇私枉法、徇情枉法等），并使公共财产、国家和人民利益遭受重大损失的行为。

（3）本类犯罪的主体是特殊主体，或者说本类犯罪为身份犯，即只有那些具有特定身份的人才能成为本类犯罪的主体。但《刑法》第 398 条第 2 款规定的故意泄露国家秘密罪和过失泄露国家秘密罪的除外。

（4）本类犯罪的主观方面，有的犯罪是故意，有的犯罪是过失。

## 三、渎职罪的分类

本类犯罪规定在《刑法分则》第九章。根据渎职罪的客观表现形式，可以将渎职罪分为以下三类犯罪。

### （一）滥用职权型渎职罪

包括滥用职权罪，故意泄露国家秘密罪，私放在押人员罪，违法发放林木采伐许可证罪，办理偷越国（边）境人员出入境证件罪，放行偷越国（边）境人员罪，阻碍解救被拐卖、绑架妇女、儿童罪，帮助犯罪分子逃避处罚罪。

### （二）玩忽职守型渎职罪

包括玩忽职守罪，过失泄露国家秘密罪，失职致使在押人员脱逃罪，国家机关工作人员签订、履行合同失职被骗罪，环境监管失职罪，传染病防治失职罪，商检失职罪，动植物检疫失职罪，不解救被拐卖、绑架妇女、儿童罪，失职造成珍贵文物损毁、流失罪。

### （三）徇私舞弊型渎职罪

包括徇私枉法罪，民事、行政枉法裁判罪，执行裁判玩忽职守、滥用职权罪，徇私舞弊减刑、假释、暂予监外执行罪，徇私舞弊不移交刑事案件罪，滥用管理公司、证券职权罪，徇私舞弊不征、少征税款罪，徇私舞弊发售发票、抵扣税款、出口退税罪，违法提供出口退税凭证罪，非法批准征用、占用土地罪，非法低价出让国有土地使用权罪，放纵走私罪，商检徇私舞弊罪，动植物检疫徇私舞弊罪，放纵制售伪劣商品犯罪行为罪，招收公务员、学生徇私舞弊罪。

## 实训练习

### 一、关键概念

渎职罪

### 二、案例分析题

王某现年 52 周岁，刘某现年 51 周岁，二人在分别担任某县住房资金管理中心主任、住房资金管理中心资金管理科科长期间，自 1999 年 7 月至 2002 年 4 月，先后 6 次单独或者共同将住房资金和住房公积金共计145万元违法贷款给无权使用的部分单位和个体企业，进行经营等营利性活动，截至案发仍有127万元尚未追回。

二人归案后，对所犯罪行供认不讳。在取保候审期间，二人还积极协调各方关系追讨贷款，在开庭审理前将剩余的127万元贷款全部追回，未给国家造成严重经济损失。

请问，王某和刘某的行为是否构成犯罪？如果构成犯罪，构成什么罪？

# 模块二　渎职罪重点个罪实务处理

## 教学重点

本模块教学的重点是渎职罪重点个罪的学习。

## 教学目标

要求学生能够正确理解渎职罪重点个罪的概念、特征和认定。

## 活动设计

理论部分：通过案例导入，阐述渎职罪重点个罪的基本理论。

实训部分：掌握关键概念，分析经典案例，参与案例讨论，熟悉渎职罪重点个罪的构成条件。

## 案例导入

2000年3月和5月，广东某市某五金工艺厂利用购买的某县贸易公司的虚假增值税专用发票167份，向该市某国税分局申报抵扣税款，共计2 488 951.19元。犯罪嫌疑人戚某时任该分局税务管理员，其在办理上述该五金工艺厂的纳税申报中，没有严格按照《国家税务总局关于加强增值税征收管理工作的通知》和《增值税专用发票使用规定》审核该厂是否真实购进货物及这些增值税专用发票是否从销售方取得，致使该五金工艺厂法定代表人徐某（因犯虚开增值税专用发票罪被判无期徒刑）利用8组连号发票，最大一组50张，最少一组3张共计157张虚假增值税专用发票，在某分局抵扣税合2 488 951.19元，给国家造成巨大经济损失。请问，戚某的行为构成何罪？

## 相关法律条文

我国《刑法》第397条第1款规定："国家机关工作人员滥用职权或者玩忽职守，致使公共财产、国家和人民利益遭受重大损失的，处3年以下有期徒刑或者拘役；情节特别严重的，处3年以上7年以下有期徒刑。本法另有规定的，依照规定。"戚某作为国税局的工作人员，玩忽职守致使国家财产遭受损失，构成玩忽职守罪。

## 理论部分

### 一、滥用职权罪

#### (一) 滥用职权罪的概念和构成

滥用职权罪是指国家机关工作人员违反法律规定的权限和程序,滥用职权,致使公共财产、国家和人民利益遭受重大损失的行为。

本罪的犯罪构成是:

(1) 本罪的客体是国家正常的管理活动。

(2) 本罪的客观方面表现为违反法律规定的权限和程序,滥用职权、致使公共财产、国家和人民利益遭受重大损失的行为。

(3) 本罪的主体是国家工作人员。非国家机关工作人员滥用职权,致使公共财产、国家和人民利益遭受重大损失的,依性质与情节成立其他犯罪,不成立本罪。

(4) 本罪主观方面必须出于故意。

#### (二) 滥用职权罪的认定

成立滥用职权罪,首先必须有滥用职权的行为,如果行为人没有滥用职权,完全是在具体的职权范围内处理事项,则不能认定为滥用职权罪。其次,滥用职权行为是否致使公共财产、国家和人民利益遭受了重大损失,是划分滥用职权罪与一般的滥用职权违法行为的界限。如果滥用职权行为仅仅造成了一般损失,不能以犯罪论处,只能按照一般违法行为对行为人进行相应的行政处分;如果损失重大,则应论之以滥用职权罪。

#### (三) 滥用职权罪的处罚

根据《刑法》第 397 条的规定,犯本罪的,处 3 年以下有期徒刑或者拘役;情节特别严重的,处 3 年以上 7 年以下有期徒刑。国家机关工作人员徇私舞弊犯滥用职权罪的,处 5 年以下有期徒刑或者拘役;情节特别严重的,处 5 年以上 10 年以下有期徒刑。

### 二、玩忽职守罪

#### (一) 玩忽职守罪的概念和构成

玩忽职守罪是指国家机关工作人员玩忽职守,致使公共财产、国家和人民利益遭受重大损失的行为。

本罪的犯罪构成是:

(1) 本罪的客体是国家机关的正常管理活动。

(2) 本罪在客观方面表现行为人玩忽职守,因而使公共财产、国家和人民利益遭受重大损失的行为。本罪的客观方面包括以下两个要素。

① 行为人实施了玩忽职守的行为。所谓玩忽职守,是指国家机关工作人员严重不负责任,不履行或者不正确履行职责。其行为方式一般为不作为,但有时也可以表

现为作为。

② 致使公共财产、国家和人民利益遭受重大损失。

这里的"重大损失"，根据《最高人民检察院关于渎职侵权犯罪立案标准的规定》指：① 造成死亡1人以上，或者重伤3人以上，或者重伤2人、轻伤4人以上，或者重伤1人、轻伤7人以上，或者轻伤10人以上的；② 导致20人以上严重中毒的；③ 造成个人财产直接经济损失15万元以上，或者直接经济损失不满15万元，但间接经济损失75万元以上的；④ 造成公共财产或者法人、其他组织财产直接经济损失30万元以上，或者直接经济损失不满30万元，但间接经济损失150万元以上的；⑤ 虽未达到3、4两项数额标准，但3、4两项合计直接经济损失30万元以上，或者合计直接经济损失不满30万元，但合计间接经济损失150万元以上的；⑥ 造成公司、企业等单位停业、停产1年以上，或者破产的；⑦ 海关、外汇管理部门的工作人员严重不负责任，造成100万美元以上外汇被骗购或者逃汇1 000万美元以上的；⑧ 严重损害国家声誉，或者造成恶劣社会影响的；⑨ 其他致使公共财产、国家和人民利益遭受重大损失的情形。

(3) 本罪主体必须是国家机关工作人员。

(4) 本罪在主观方面表现为过失，故意不能构成本罪。

### (二) 玩忽职守罪的认定

1. 本罪与非罪的界限

玩忽职守罪与非罪区分的关键是是否给公共财产、国家和人民利益造成重大损失。

2. 玩忽职守罪与滥用职权罪的界限

玩忽职守罪与滥用职权罪的主体要件相同，结果要件相同，并规定在同一款中，关键区别在于行为方式与主观要件不同。

(1) 行为方式不同。

玩忽职守罪主要表现为以不作为的方式，不履行职责或者怠于履行职责，但也可以表现为作为的方式，如不正确履行职责的作为行为。而滥用职权罪则主要表现为以作为的方式超越权限。

(2) 主观方面不同。

玩忽职守罪的主观方面为过失，而滥用职权罪的主观方面是故意。

### (三) 玩忽职守罪的处罚

根据《刑法》第397条的规定，犯本罪的，处3年以下有期徒刑或者拘役；情节特别严重的，处3年以上7年以下有期徒刑。国家机关工作人员徇私舞弊犯本罪的，处5年以下有期徒刑或者拘役；情节特别严重的，处5年以上10年以下有期徒刑。

## 三、故意泄露国家秘密罪，过失泄露国家秘密罪

### (一) 故意泄露国家秘密罪的概念和构成

故意泄露国家秘密罪是指国家机关工作人员或者非国家机关工作人员违反保守国家秘密法的规定，故意泄露国家秘密，情节严重的行为。

本罪的犯罪构成是：

(1) 本罪的客体是国家的保密制度。国家秘密是指关于国家的安全和利益，依照法定程序确定，在一定时间内只限一定范围的人员知悉的事项。国家秘密分为三级："绝密"，是指最重要的国家秘密，泄露会使国家的安全和利益遭受特别严重的损害；"机密"，是指重要的国家秘密，泄露会使国家的安全和利益遭受严重损害；"秘密"，是指一般的国家秘密，泄露会使国家的安全和利益遭受损害。

(2) 本罪在客观方面表现为违反包括保守秘密法的规定，泄露国家秘密，情节严重的行为。违反国家保守秘密法的规定，主要是指违反《中华人民共和国保守国家秘密法》和《保密法实施办法》等法律法规。

(3) 本罪的主体主要是国家机关工作人员，但是根据《刑法》第 398 条第 2 款的规定，非国家机关工作人员也可以构成本罪。

(4) 本罪的主观方面表现为故意。

### (二) 故意泄露国家秘密罪的认定

1. 本罪与非罪的界限

只有故意泄露国家秘密情节严重的，才构成犯罪。因此，区分本罪与非罪行为的界限关键是看泄密的情节是否严重。

2. 故意泄露国家秘密罪与为境外窃取、刺探、收买、非法提供国家秘密、情报罪的界限

(1) 侵犯的客体不同。前罪侵犯的客体是国家的保密制度，属于渎职罪的范畴；而后罪侵犯的客体是国家安全和利益，归危害国家安全罪的范畴。

(2) 犯罪对象不同。前罪的对象只能是国家秘密，后罪的对象包括国家秘密与情报。

(3) 犯罪的行为表现不同。前罪的行为是泄露国家秘密，后罪的行为是为境外的机构、组织、人员窃取、刺探、收买、非法提供国家秘密或者情报。

(4) 犯罪主体不同。前罪的主体主要是国家机关工作人员，而后罪的主体则为一般主体。

(5) 构成犯罪的情节要求不同。前罪要求泄露国家秘密的情节严重才能构成犯罪，而后罪则在构成犯罪上没有情节的要求。

3. 故意泄露国家秘密罪与非法获取国家秘密罪的界限

两罪有很多相似之处，区别的关键是具体实施的行为不同，前者是将知悉的国家秘密向不应知悉的人泄露的行为，是由内向外的行为动向；后者是以窃取、刺探、收买的方法非法获取国家秘密的行为，是从外向内的行为动向。非法获取国家秘密的人又故意泄露该国家秘密的，从一重罪论处。

### (三) 过失泄露国家秘密罪

过失泄露国家秘密罪是指国家机关工作人员违反保守国家秘密法的规定，过失泄露国家秘密，情节严重的行为。

本罪与故意泄露国家秘密的关键区别在于主观要件不同。本罪只能出于过失。

### (四) 故意泄露国家秘密罪，过失泄露国家秘密罪的处罚

根据《刑法》第 398 条的规定，犯故意泄露国家秘密罪，过失泄露国家秘密罪的处

3年以下有期徒刑或者拘役；情节特别严重的，处3年以上7年以下有期徒刑。非国家工作人员犯本罪的，依照上述规定酌情处罚。

## 四、徇私枉法罪

### （一）徇私枉法罪的概念和构成

徇私枉法罪是指司法工作人员徇私枉法、徇情枉法，在刑事诉讼中，对明知是无罪的人而使其受到追诉，对明知是有罪的人而故意包庇使其不受追诉，或者在刑事审判活动中故意违背事实和法律作枉法裁判的行为。

本罪的犯罪构成是：

（1）本罪的客体是国家司法机关正常活动与国家的司法公正。

（2）本罪在客观方面表现为司法工作人员徇私枉法的行为。具体包括三种情形：① 对明知是无罪的人而使其受到追诉；② 对明知有罪的人而故意包庇不使其受到追诉；③ 在刑事审判活动中故意违背事实和法律作枉法裁判，即根据事实，被告人无罪或者罪轻的，而违背法律规定判其有罪或者罪重；或者根据事实，被告人有罪或者罪重的，而违背法律规定判其无罪或者罪轻。

（3）本罪的主体为特殊主体，即只能是司法工作人员。

（4）本罪的主观方面只能出于故意。

### （二）徇私枉法罪的认定

1. 本罪与非罪的界限

区分本罪与非罪行为的界限，关键是注意把本罪同具体司法工作中的误捕、误诉、误判等工作失误区别开来。区分的关键在于行为人主观上是否具有徇私枉法的故意。

2. 徇私枉法罪与包庇罪的界限

（1）行为发生的场合不同。徇私枉法罪只能发生在刑事案件的侦查、审查起诉过程中，而包庇罪则没有时间上的限制。

（2）犯罪主体不同。徇私枉法罪的主体是特殊主体，即司法工作人员，而包庇罪的主体是一般主体。

（3）徇私枉法罪包庇的应是犯罪嫌疑人、被告人，而包庇罪可能包庇犯罪嫌疑人、被告人与已决犯。

3. 徇私枉法罪与伪证罪的界限

（1）犯罪主体不同。徇私枉法罪的主体限于司法工作人员，而伪证罪的主体则为证人、鉴定人、记录人和翻译人。

（2）客观方面的表现不同。徇私枉法罪限于司法职务之便，而伪证罪的实施者中的证人、翻译人并无利用司法职务之便的行为特征。

4. 徇私枉法罪与报复陷害罪的界限

（1）犯罪主体不同。徇私枉法罪的主体必须是司法工作人员，而诬告陷害罪的主体没有特殊限制。

（2）客观方面的表现不同。徇私枉法罪一般是利用承办刑事案件的便利条件徇私枉法。诬告陷害罪是捏造犯罪事实向有关机关告发，不存在利用职权的问题。

5. 徇私枉法罪与受贿罪的联系

根据《刑法》第 399 条第 4 款的规定，司法工作人员因受贿而枉法追诉、裁判的，应择一重罪处断，不实行数罪并罚。

**(三) 徇私枉法罪的处罚**

根据《刑法》第 399 条第 1 款、第 4 款的规定，犯徇私枉法罪的处 5 年以下有期徒刑或者拘役；情节严重的，处 5 年以上 10 年以下有期徒刑；情节特别严重的，处 10 年以上有期徒刑。司法工作人员犯本罪并收受贿赂，同时又构成受贿罪的，依照处罚较重的犯罪定罪处罚。

## 五、民事、行政枉法裁判罪，枉法仲裁罪

**(一) 民事、行政枉法裁判罪的概念和构成**

民事、行政枉法裁判罪是指司法工作人员在民事、行政审判活动中故意违背事实和法律作枉法裁判，情节严重的行为。

本罪的犯罪构成是：

(1) 本罪所侵害的客体是国家审判机关的正常活动。

(2) 本罪在客观方面表现为在民事、行政审判活动中违背事实和法律作枉法裁判，情节严重的行为。

(3) 本罪的主体为特殊主体，即仅限于司法工作人员。

(4) 本罪在主观方面必须出于故意。

**(二) 枉法仲裁罪的概念与特征**

枉法仲裁罪是指依法承担仲裁职责的人员，在仲裁活动中故意违背事实和法律作出枉法裁决、情节严重的行为。

本罪的犯罪构成是：

(1) 本罪的客体应当是正常的仲裁活动。

(2) 本罪的客观方面是违背事实和法律作枉法裁决，情节严重的行为。

(3) 本罪的主体是特殊主体，即依法承担仲裁职责的人员。

(4) 本罪的主观方面为故意。

**(三) 民事、行政枉法裁判罪与枉法仲裁罪的界限**

两罪在主观方面和客观方面基本相同，区别如下。

(1) 犯罪主体不同。民事、行政枉法裁判罪的主体是审判人员，限于在民事、行政审判活动中参与审判活动的审判人员；枉法仲裁罪是依法承担仲裁职责的人员。

(2) 侵犯的客体不同。民事、行政枉法裁判罪侵犯的是审判机关的正常活动，枉法仲裁罪侵犯的是仲裁活动的正常秩序。

**(四) 民事、行政枉法裁判罪，枉法仲裁罪的处罚**

根据《刑法》第 399 条第 2 款、第 4 款的规定，犯民事、行政枉法裁判罪的，处 5 年以下有期徒刑或者拘役；情节特别严重的，处 5 年以上 10 年以下有期徒刑。司法工作人员犯本罪并收受贿赂，同时又构成受贿罪的，依照处罚较重的犯罪的规定处罚。

## 六、私放在押人员罪

### （一）私放在押人员罪的概念和构成

私放在押人员罪是指国家司法工作人员，利用职务上的便利私自将在押的犯罪嫌疑人、被告人或者罪犯非法释放的行为。

本罪的犯罪构成是：

（1）本罪侵犯的客体是国家监管机关的监管制度。本罪的对象是被关押的犯罪嫌疑人、被告人和罪犯，包括已决犯和未决犯。

（2）本罪的客观方面表现为将在押的犯罪嫌疑人、被告人或者罪犯私自非法释放的行为。释放在押人员的行为利用了职务上的便利，既可以表现为作为，也可以表现为不作为。

（3）本罪的主体是司法工作人员，主要是负有监管职责的司法工作人员。

（4）本罪在主观方面表现为故意。

### （二）私放在押人员罪的认定

构成本罪的行为人必须是故意的，其犯罪的动机可能是各种各样的，有的是为了贪图钱财而私放，有的是为了徇私情而私放，这都不影响本罪的构成。但是如果由于警惕性不高、警戒不严、疏忽大意、严重不负责任使犯罪嫌疑人、被告人或者罪犯脱逃，造成严重后果的，则不构成本罪，而应当按照失职致使在押人员脱逃罪处理。

### （三）私放在押人员罪的处罚

根据《刑法》第400条第1款的规定，构成本罪的，处5年以下有期徒刑或者拘役；情节严重的，处5年以上10年以下有期徒刑；情节特别严重的，处10年以上有期徒刑。



## 实训练习

### 一、关键概念

滥用职权罪　玩忽职守罪　徇私枉法罪　私放在押人员罪

### 二、案例分析题

1. 被告人陈某，原系某县公安局预审员。陈某于2008年3月29日至6月26日在办理张某抢劫案期间，接受他人及案犯张某家属的请托，对张某的年龄进行了涂改。把年满18周岁改成不满18周岁，在制作起诉意见书时，又把“张某用菜刀威逼抢劫”情节的“用菜刀”三字予以隐瞒。此间，陈某先后两次收受案犯家属的贿赂人民币4 000元以及酒、水果等物品。案发后赃款已被收缴。请问，对陈某的行为应当如何定性？

2. 派出所长陈某在“追逃”专项斗争中，为得到表彰，在网上通缉了7名仅违反《治安管理处罚条例》并且已受过治安处罚的人员。虽然陈某通知本派出所人员不要“抓获”这7名人员，但仍有5名人员被外地公安机关“抓获”后关押。请问，对陈某的行为应当如何定性？

# 项目二十七　军人违反职责罪实务

## 模块一　军人违反职责罪运用实务

**教学重点**

本模块教学的重点是军人违反职责罪的学习。

**教学目标**

要求学生能够正确理解军人违反职责罪的概念、特征和种类。

**活动设计**

理论部分：通过案例导入，阐述军人违反职责罪的基本理论。

实训部分：掌握关键概念，分析经典案例，参与案例讨论，掌握军人违反职责罪的概念和构成条件。

**案例导入**

1965 年中国人民解放军空军飞行员李某借飞行训练之机驾驶轰炸机从浙江省某机场起飞逃往台湾。1991 年 12 月李某回祖国大陆，被捕归案。请问，李某的行为构成何罪？

**相关法律条文**

我国《刑法》第 430 条规定："在履行公务期间，擅离岗位，叛逃境外或者在境外叛逃，危害国家军事利益的，处 5 年以下有期徒刑或者拘役；情节严重的，处 5 年以上有期徒刑。驾驶航空器、舰船叛逃的，或者有其他特别严重情节的，处 10 年以上有期徒刑、无期徒刑或者死刑。"李某属于第 430 条第 2 款规定的军人叛逃罪加重处罚的罪状。

**理论部分**

### 一、军人违反职责罪的概念

军人违反职责，危害国家军事利益，依照法律应当受刑罚处罚的行为，是军人违反职责罪。

## 二、军人违反职责罪的特征

(1) 本类犯罪侵犯的客体是国家的军事利益。国家有关国防、军事方面的利益统称为国家的军事利益，主要包括国防和军队建设、作战、备战能力、军队物质保障、军事机要、国防科研军事方面的利益。

(2) 本类犯罪在客观方面表现为行为人实施了违反军人职责、危害国家军事利益的行为。军人职责是军人按其职务应当担负的责任。

(3) 本类犯罪的主体为特殊主体，即军人。军人违反职责罪属于军人的职务犯罪，其主体限定为军人。具体范围《刑法》第450条作了规定，即解放军和武警部队的现役军(警)官、文职干部、士兵及具有军籍的学员，还包括执行军事任务的预备役人员和其他人员。

(4) 本类犯罪的主观方面多数为故意犯罪，少数为过失。



## 三、军人违反职责罪的分类

本类犯罪根据侵害客体和对象的不同，军人违反职责犯罪可分为五类，共31种罪名。

**(一) 危害国防安全的犯罪**

包括投降罪，军人叛逃罪，为境外窃取、刺探、收买、非法提供军事秘密罪。

**(二) 危害军事秘密安全的犯罪**

包括非法获取军事秘密罪，故意泄露军事秘密罪，过失泄露军事秘密罪。

**(三) 妨害作战秩序的犯罪**

包括战时临阵脱逃罪，战时自伤罪，战时造谣惑众罪，战时违抗命令罪，违令作战消极罪，拒传假传军令罪，隐瞒谎报军情罪，拒不救援友邻部队罪，遗弃伤病军人罪，战时拒不救治伤病军人罪，战时残害居民掠夺居民财物罪，私放俘虏罪，虐待俘虏罪。

**(四) 妨害部队管理秩序的犯罪**

包括擅离玩忽军事职守罪，指使部属违反职责罪，虐待部属罪，阻碍执行军事职务罪，逃离部队罪。

**(五) 危害部队战斗力物质基础的犯罪**

包括武器装备肇事罪，擅自改变武器装备编配用途罪，非法出卖转让武器装备罪，遗弃武器装备罪，遗失武器装备罪，擅自出卖、转让军队房地产罪，盗窃、抢夺武器装备、军用物资罪。

## 实训练习

### 一、关键概念

军人违反职责罪

## 二、案例分析题

被告人王某夜间站岗时，将2发私存的子弹压入冲锋枪弹匣内，并将子弹上膛未关保险。晚23时，王某从哨位回到营区大门外坐在路南石头上，将枪托置于地上，枪筒倚在其左腿根部等候换岗。这时带班员伊某走来，蹲在王某身后的矮墙处与王某谈论家乡公安机关抓获犯罪分子的事。谈话中，王某忘记枪支装有子弹，右手无意中触动扳机，造成走火，将伊某击伤，经送医抢救无效死亡。请问，王某的行为是否构成犯罪？

# 模块二　军人违反职责罪重点个罪实务处理

**教学重点**

本模块教学的重点是军人违反职责罪重点个罪的学习。

**教学目标**

要求学生能够正确理解军人违反职责罪重点个罪的概念、特征和认定。

**活动设计**

理论部分：通过案例导入，阐述军人违反职责罪重点个罪的基本理论。

实训部分：掌握关键概念，分析经典案例，参与案例讨论，熟悉军人违反职责罪重点个罪的构成条件。

**案例导入**

某部队战士张某2003年入伍，入伍前有偷窃恶习。2004年8月，张某见仓库有大量军用皮大衣、皮鞋等，顿生歹念，于是在随后的几个月内，先后多次潜入仓库盗窃军用皮大衣、皮鞋等，价值人民币8 000元，后被军队保卫部门查获。请问，张某的行为构成何罪？

**相关法律条文**

我国《刑法》第438条第1款规定："盗窃、抢夺武器装备或者军用物资的，处5年以下有期徒刑或者拘役；情节严重的，处5年以上10年以下有期徒刑；情节特别严重的，处10年以上有期徒刑、无期徒刑或者死刑。"因而张某的行为构成盗窃军用物资罪。

**理论部分**

## 一、战时违抗命令罪

### (一) 战时违抗命令罪的概念和构成

战时违抗命令罪是指部属人员在战时故意违抗上级命令，对作战造成危害的行为。

本罪的犯罪构成是：

(1) 本罪侵犯的客体是作战指挥秩序。《中华人民共和国国防法》第56条规定："现役军人必须忠于祖国，履行职责，英勇战斗，不怕牺牲，捍卫祖国的安全、荣誉和利益。"作战指挥秩序要求全体参战人员必须服从命令，听从指挥，坚决做到有令必行、有禁必止。

(2) 本罪在客观方面表现为行为人战时违抗命令对作战造成危害的行为。违抗命令一般指的是违抗作战命令。作战命令是指上级在职权范围内对下级、部属下达的必须执行的关于作战的命令、指示等。对作战造成危害主要是指干扰了作战部署；造成战斗、战役失利；给敌人以可乘之机，造成部队较大损失等。

(3) 犯罪主体是在战时参加作战、接受作战命令的军人。

(4) 在主观方面表现为故意，即行为人明知是上级下达的作战命令而有意违抗。

**(二) 战时违抗命令罪的认定**

战时违抗命令罪与非罪的界限，首先，行为必须发生在战时，平时违抗上级命令的行为不构成本罪。其次，如果违抗的是上级与作战无关的指示的，不构成本罪。

**(三) 战时违抗命令罪的处罚**

根据《刑法》第421条的规定，战时违抗命令，对作战造成危害的，处3年以上10年以下有期徒刑；致使战斗、战役遭受重大损失的，处10年以上有期徒刑、无期徒刑或者死刑。

## 二、盗窃、抢夺武器装备、军用物资罪

**(一) 盗窃、抢夺武器装备、军用物资罪的概念和构成**

盗窃、抢夺武器装备、军用物资罪是指采取盗窃或者抢夺的方法，非法占有武器装备或者军事物资的行为。

本罪的犯罪构成是：

(1) 本罪侵犯的客体是部队武器装备、军用物资的所有权。

(2) 本罪的客观方面表现为盗窃、抢夺武器装备、军事物资的行为。

(3) 本罪的犯罪主体是特殊主体，即军人。

(4) 本罪在主观方面表现为故意。

**(二) 盗窃、抢夺武器装备、军用物资罪的认定**

1. 盗窃、抢夺武器装备、军用物资罪与盗窃罪、抢夺罪的界限

主要区别点在于对象不同。盗窃、抢夺武器装备、军用物资罪盗窃抢夺的对象是武器装备、军用物资，如果是军人盗窃、抢夺其他物品，则构成盗窃罪或者抢夺罪。

2. 盗窃、抢夺武器装备、军用物资罪与盗窃、抢夺枪支、弹药、爆炸物罪的界限

主要区别点在于对象不同。从《刑法》第438条第2款可以看出，如果行为人窃取、抢夺枪支、弹药、爆炸物，不构成盗窃、抢夺武器装备、军用物资罪，而构成盗窃、抢夺枪支、弹药、爆炸物罪。盗窃、抢夺武器装备、军用物资罪的对象不包括枪支、弹药、爆炸物。

3. 盗窃、抢夺武器装备、军用物资罪与贪污罪的界限

如果军人利用职务上的便利窃取武器装备、军用物资的，则符合贪污罪的基本特

征，应按贪污罪从重处罚。

**(三) 盗窃、抢夺武器装备、军用物资罪的处罚**

根据《刑法》第 438 条的规定，构成盗窃、抢夺武器装备、军用物资罪的，处 5 年以下有期徒刑或者拘役；情节严重的，处 5 年以上 10 年以下有期徒刑；情节特别严重的，处 10 年以上有期徒刑、无期徒刑或者死刑。

## 实训练习

**一、关键概念**

战时违抗命令罪　盗窃、抢夺武器装备、军用物资罪

**二、案例分析题**

某部队战士王某 2002—2004 年乘本部队弹药库混乱之机，多次潜入窃取冲锋枪和手榴弹、子弹。请问，王某的行为构成何罪？

# 附录　实训练习答案

## 第一编　刑　法　论

### 项目一　刑法的理论实务

**模块一　刑法的概念、性质运用业务**

二、案例分析题

甲男的行为要具体分析。如果甲男冒充国家工作人员的身份引诱女青年的，可能构成犯罪。如果甲男引诱女青年，没有冒充国家工作人员，按照罪刑法定原则，即使其行为有害于社会，但是法律没有将其规定为犯罪的，也不得按照犯罪来处罚，只能按照《中华人民共和国治安管理处罚法》来处理。

**模块二　刑法的体系和解释运用业务**

二、案例分析题

1. 扩大解释虽然是对固有词义的扩展，但必须不能超出国民对词语含义的预测可能性。将"妇女"解释为包括男性，显然是超出了一般人对"妇女"含义的理解，不是扩大解释，而是违背了罪刑法定原则的类推解释。

2. 伪造中包含变造，是一般国家行使立法的通行做法。但在我国《刑法》中有伪造和变造的区别，所以不可以将其解释为变造货币。

**模块三　刑法的创制和完善处理实务**

二、案例分析题

1. 被告人李某违反《中华人民共和国矿产资源法》的规定，未取得采矿许可证擅自开采铝石矿，造成矿产资源破坏，其行为已构成非法采矿罪。

2. 依照《刑法》第236条的规定，强奸罪是指违背妇女意志，使用暴力、胁迫或者其他手段，强行与妇女发生性交的行为。而乙男所体现的不是妇女的性自由，不能构成强奸罪的客体，因此不构成强奸罪。

### 项目二　刑法的基本原则实务

**模块一　刑法的基本原则运用业务**

二、判断分析题

C

## 模块二　罪刑法定原则的实务处理

二、案例分析题

1.(1) 王某竞争村长的手段虽然是不正当的,但并不构成犯罪。村长选举并不属于各级人民代表大会代表和国家机关领导人员的选举;王某以不正当手段竞选村长的行为虽然具有一定的违法性和危害性,但根据罪刑法定原则,不能认定其构成犯罪。

(2) 王某私下低价出让耕地虽然是不正确的,但并不构成犯罪。王某非国家机关工作人员,不构成非法低价出让国有土地使用权罪,而且其转让的仅是集体所有的土地而非国家所有的土地。

2. 卖淫是指女性以营利为目的与不特定男性从事性交易的行为。但随着社会和立法的变迁,对男性以营利为目的与不特定的男性或者女性从事性交易的行为,也应认定为卖淫,这并不违背罪刑法定原则。因此,对李某可以以组织卖淫罪论处。

3.(1) 如果认定本案构成传播淫秽物品罪,则要求该行为必须有物品这个载体,即需要有视频文件和音频文件等电子文件形成作为必需的载体。在信息传播的形式上不符合法律规定,不构成传播淫秽物品罪。另外,由于本案中张某实施犯罪的目的并非为了谋利,无法对其定罪。

(2) 以聚众淫乱罪定罪也存在法律上的障碍。因为我国《刑法》中规定的聚众淫乱仅指在物理空间,对于网络这种虚拟空间是否符合聚众淫乱罪的构成要件,法律上还没有明确规定。张某并未实际参与淫乱活动,这些不符合聚众淫乱罪的行为特征。

## 模块三　刑法面前人人平等原则的实务处理

二、案例分析题

这是中华人民共和国成立以来高级干部中数额最大的受贿案件,这也是中华人民共和国成立以来职务最高的领导干部因受贿犯罪被处以极刑。成克杰受到严厉惩处表明《刑法》面前人人平等。不论是谁,不论其职务多高,一经触犯党纪国法,都将受到同样的制裁。

## 模块四　罪刑相适应原则的实务处理

二、判断分析题

1. ABC　　2. BCD　　3. B

二、案例分析题

本案两被告犯故意杀人罪,依照《刑法》第 232 条的规定,处死刑、无期徒刑或者 10 年以上有期徒刑;情节较轻的,处 3 年以上 10 年以下有期徒刑。被告人钱某和赵某犯罪的情节较轻,应当在 3 年以上 10 年以下有期徒刑的幅度内量刑。被告人作案后投案自首,依照《刑法》第 67 条第 1 款的规定,可以从轻或者减轻处罚。最终人民法院判决被告人钱某犯故意杀人罪,判处有期徒刑 6 年;被告人赵某犯故意杀人罪,判处有期徒刑 2 年,缓刑 3 年。

### 项目三 刑法的效力范围实务

#### 模块一 刑法空间效力的实务处理

二、案例分析题

1. 根据《刑法》第6条规定的属地管辖原则,凡在中华人民共和国领域内犯罪的,除法律有特别规定的以外,都适用我国《刑法》。这里的中华人民共和国领域包括我国的领土、领空和领海,还包括悬挂我国国旗的航空器和船舶。

2. 根据《刑法》第6条规定的属地管辖原则,任何人(享有外交特权和豁免权的除外)在我国领域内犯罪都适用我国《刑法》。外国商人在我国犯重婚罪,应当适用我国《刑法》。

3. 根据《刑法》第7条的规定,中华人民共和国公民在中华人民共和国领域外犯《刑法》规定之罪的,适用该法。中国公民赵某在国外贩卖毒品,按照中国法律的规定,成立贩卖毒品罪,应当追究其刑事责任。

#### 模块二 刑法时间效力的实务处理

二、案例分析题

1. 开始于1997年9月30日以前,继续到1997年10月1日以后终了的连续犯罪,应当适用修订后的《刑法》一并进行追诉。1996年3月李某还伙同他人故意伤害致他人重伤,显然没有经过追诉时效,也应该按新《刑法》的规定进行追究。

2. 如果王某的抢夺罪宣判刑没有经过追诉时效的,也就是说,1997年9月30日以前判决为确立的犯罪,适用新《刑法》。

# 第二编 犯 罪 论

### 项目四 犯罪概念与犯罪构成实务

#### 模块一 犯罪的概念运用实务

一、判断分析题

1. B　　2. CD

二、案例分析题

汤某可以以不构成犯罪为由提出辩护。该案涉及的核心是罪与非罪的界限问题,而这又取决于行为社会危害性的大小。只有危害性达到一定的严重程度,才能被认为是犯罪,对于"情节显著轻微危害不大的",不能认为是犯罪。

汤某将李某的手指砍破的结果是属于轻伤还是轻微伤,这是认定汤某的行为是否构成故意伤害罪的关键所在。手指被砍破,即指头皮肤破裂。根据1990年4月30日最高人民法院、最高人民检察院、公安部、司法部《人体轻伤鉴定标准(试行)》的规定,指头皮肤破损显然属于轻微伤,而不是轻伤。

#### 模块二 犯罪构成运用实务

二、案例分析题

1. 根据我国的犯罪构成理论,构成犯罪必须是主客观的有机统一。李某的行为没有主观过错，所以不构成犯罪。

2. 根据《刑法》第 17 条的规定，已满 16 周岁的人犯罪，应当负刑事责任。已满 14 周岁不满 16 周岁的人，犯故意杀人、故意伤害致人重伤或者死亡、强奸、抢劫、贩卖毒品、放火、爆炸、投毒罪的，应当负刑事责任。甲过失致人死亡，又不具备刑事责任年龄，不能构成犯罪。

## 项目五　犯罪客体要件实务

### 模块一　犯罪客体处理实务

二、案例分析题

根据《刑法》第 116 条和第 119 条的规定，乙的行为侵害的客体是危害公共安全，构成破坏交通工具罪，而不再是单纯地针对甲个人的生命权客体的侵害。本案侵害的客体不同，影响了案件的定性。

三、判断分析题

×

### 模块二　犯罪客体与犯罪对象运用实务

二、判断分析题

1. √　　2. √　　3. ×

三、案例分析题

文某和李某二人行为针对的犯罪对象相同，但体现《刑法》所保护的客体却不同，所以罪名也不同。

## 项目六　犯罪客观要件实务

### 模块一　犯罪客观要件的运用实务

二、案例分析题

1. 交通肇事罪要求过失行为造成严重的后果，本案中甲的客观行为不符合交通肇事罪的构成要件，因而甲的行为不构成犯罪。

2. 从李某购买轿车的客观环境和交付货款来看，足以认定其明知购买的是赃车，所以，李某最终以收购、销售赃物罪被定罪处罚。

3. 陈某的行为不构成犯罪，公安机关没有逮捕陈某的权力。本案中，陈某只是扬言要杀蒋某，但并没有着手实施这一犯罪行为，也就是他不具备故意杀人罪的客观要件，也就不能构成犯罪。

### 模块二　危害行为和危害结果的运用实务

二、案例分析题

1. 由于甲男和乙女处朋友，其先前行为就产生了救助的义务。甲男在能救助、能防止危害结果发生的情况下而不救助，其行为构成了不作为犯罪。

2. 李某是护士，作为医护人员，她是知道空气进入静脉对人体损害的危险性的，且达到一定量就会致人死亡。尽管李某的行为没有造成严重的危害结果，但是已经具备了一定的社会危害性，这种危害结果是无形的，已经涉嫌构成了犯罪。

3. 王某的行为构成不作为犯罪。因为他负有救助父亲的法律义务，但他没有及时给予救助导致出现其父亲死亡的结果。

**模块三　刑法上的因果关系的运用实务**

二、案例分析题

1. 马某的行为构成犯罪，是刑法理论里的间接实行犯。间接实行犯是把一定的人作为中介实施其犯罪行为，其所利用的中介由于某些情节而不负刑事责任或者不发生共同犯罪关系，间接实行犯对于其所通过中介实施的犯罪行为完全承担刑事责任。由于间接实行犯与被利用者之间在主观上没有共同犯罪的故意，它主观上只是单独故意，这一故意和犯罪行为存在因果关系，因此，间接实行犯要对犯罪行为负刑事责任。

2. 本案中，被告人高某的行为是否构成犯罪的关键在于其打一拳的行为与康某死亡的结果之间是否存在《刑法》上的因果关系。如果高某明知康某有特异体质而故意拳击他，则构成犯罪；如果高某不知康某有特异体质，则无过错，不构成犯罪。需要说明的是，《刑法》上的因果关系只是危害行为和应受《刑法》处罚联系的一个桥梁，并不是说有了因果关系就一定承担刑事责任。



## 项目七　犯罪主体要件业务

**模块一　犯罪主体要件运用实务**

二、案例分析题

1. 根据《刑法》第 18 条第 4 款的规定，醉酒的人犯罪，应负刑事责任。所以，刘某应当承担刑事责任。

2. 根据最高人民法院《全国法院审理金融犯罪案件工作座谈会纪要》的规定，以单位的分支机构或者职能部门名义实施犯罪，违法所得亦归单位的分支机构或者职能部门所有的，应认定为犯罪。

**模块二　自然人犯罪主体要件的运用实务**

二、案例分析题

1. 被告人张某盗窃作案时是否未满 18 周岁是量刑要考虑的问题。承办案件的检察官找到包括张某的父亲、当地村委会、乡计划生育工作站以及公安机关等相关工作人员进行调查、取证。经核实，当地确有以农历出生时间上报户口的风俗习惯，被告人的出生日期也确实是以农历日期上报的，按照公历其出生日期应为 1995 年 11 月 17 日，犯罪时未满 18 周岁。最终认定张某犯罪时属未成年人，予以减轻处罚。

2. 人民法院在审理的过程中，发现樊某因其母亲病故，精神受到很大的刺激，作案前后言行异常。根据樊某的种种异常表现，经过精神病司法鉴定：精神分裂症，发病期，无责任能力，依法不负刑事责任。

### 模块三　单位犯罪主体要件的运用实务

二、案例分析题

1. 个人为进行违法犯罪活动而设立的公司、企业、事业单位实施犯罪的，或者公司、企业、事业单位设立后，以实施犯罪为主要活动的，不以单位犯罪论处。张某以单位名义犯罪，只应处罚张某个人，不再处罚单位。

2. 根据《刑法》第30条"法律规定为单位犯罪的，应当承担刑事责任"的规定，法律没有规定单位能构成抗税罪，那么，对该单位就不能以抗税罪进行处罚。

## 项目八　犯罪主观要件实务

### 模块一　犯罪主观要件的运用实务

二、案例分析题

本案中故意可以被排除，那么是属于疏忽大意的过失还是过于自信的过失？对于这个问题有不同的说法，有人认为是过于自信的过失，护士如果及时查看就不会发生婴儿死亡的事件，但是由于过于相信自己的判断，没有及时查看导致婴儿死亡，因此是过于自信的过失。另一种观点认为，护士只是为了不让婴儿哭闹，并没有意识到把婴儿俯卧会导致其死亡，就是疏忽大意。在一些责任事故犯罪方面，包括医疗事故或者其他责任事故犯罪情况下，多数是疏忽大意的过失。

### 模块二　犯罪故意的运用实务

二、案例分析题

1. 行为人甲明知自己的行为有可能导致被害人乙出现死亡的结果，仍然采取不法措施，在意志因素上既不是直接故意的"追求死亡"，也不是过于自信过失中的反对危害结果的发生，是发生了也行不发生也行的漠视态度，构成间接故意。

2. 李某明知私拉电网可能发生危害社会的结果，但只是注意保护自己的财产，仍然在自己的花房周围拉电网，并且未采取任何防止危害结果出现的措施，对出现触电伤人的结果是一种漠不关心的放任态度，所以，李某的主观心态是间接故意。

### 模块三　犯罪过失的运用实务

二、案例分析题

1. 陈某应当预见自己的行为可能发生危害社会的结果，因为疏忽大意而没有预见，导致胡某中弹后当即倒地身亡的结果，构成了疏忽大意的过失。

2. 张某对小涛掉下河的危险有认识，与其开玩笑，以及在小涛掉下河后急忙救助的行为表明他不希望或者放任死亡结果的发生，而是轻信自己的控制能力，是过于自信的过失。

### 模块四　无罪过事件运用实务

二、案例分析题

1. 行为人虽然预见到了危害结果的发生，但无法控制或者无法抗拒这种结果的发生，行为人不具有罪过，因而不承担刑事责任，游客甲的行为就是意外事件。

2. 本案中，高某一般性的打骂不构成犯罪。在认识方面，我们不能强求高某具有“明知死亡后果发生”或者“应当预见死亡后果的发生”的心理状态。在意志方面，高某表现出来的行为是：没有再施加任何暴力行为；意识到危险后又马上跳入水中救人。这些都说明高某既不希望或者放任严某死亡的发生，也不是疏忽大意或者轻信可以避免。因此，高某的行为不构成故意伤害（致人死亡）罪，也不应定为过失杀人罪。高某由于不能预见的原因导致严某的死亡，其主观方面无罪过，不负刑事责任。

## 项目九 排除犯罪的事由实务

### 模块一 正当防卫的处理实务

二、案例分析题

1. 正当防卫必须具备起因条件，即存在现实的不法侵害，而且这些侵害必须是具有攻击性、破坏性和紧迫性，在采取正当防卫可以减轻或者避免危害结果的情况下才宜进行正当防卫。保育员李某对幼儿王某遇困时有救助的职责，她的行为导致严重后果，已涉嫌犯罪，属不法侵害，但不作为犯罪缺乏侵害的攻击性、紧迫性。本案中，农民张某见义勇为救幼儿王某的精神是值得表扬的，但同时他也要为自己将保育员李某打成重伤的行为承担相应的刑事责任。

2. 对正在进行行凶、杀人、抢劫、强奸、绑架以及其他严重危及人身安全的暴力犯罪，采取防卫行为，造成不法侵害人伤亡的，不属于防卫过当，不负刑事责任。本案中，王某的行为属于《刑法》规定的特殊防卫。

### 模块二 紧急避险的处理实务

二、案例分析题

1. 本案中，B男成立故意杀人罪，一般没有异议，而A女也成立故意杀人罪，可能有人不理解。A女用他人的生命换取自己的生命，不存在以小损失避免大损失的可能，因为生命是等价的，因此A女不成立紧急避险，而是避险过当，成立间接故意杀人罪，但应当减轻或者免除处罚。

2. 甲的行为可认定为紧急避险，符合紧急避险的成立条件：(1) 危险正在发生；(2) 为了保护更大的合法权益，损害了另一合法权益；(3) 具有客观不得已性；(4) 避险行为不能认为已经过当。

## 项目十 故意犯罪的停止形态实务

### 模块一 故意犯罪的停止形态的运用实务

二、案例分析题

1. 抢劫罪的既遂状态采用复合标准，抢劫致人轻伤以上或者获取不法财物的都是犯罪既遂。本案中，被害人徐某所受的是轻微伤，也没有造成财产损失，所以不是抢劫罪的既遂状态。纵观本案，被告人南某的行为是停留在犯罪未完成形态中，属于造成了一定危害后果的犯罪中止。

2. 根据《刑法》第243条的规定，诬告陷害罪只要“捏造事实诬告陷害他人，意图使他人受刑事追究，情节严重”就可以构成犯罪既遂，不需要有受害人确实被刑事追究的事实。所以，本案中甲的行为属于犯罪既遂。

**模块二　犯罪预备的处理实务**

二、案例分析题

1. 甲的行为属于为实施犯罪而准备工具的行为。这是最常见的犯罪预备行为，如为杀人而购买毒药、为抢劫而事先制造枪支弹药等。本案中，甲寻机报复，途中突然腹痛，只得返回家中，属于犯罪预备。

2. 为实施犯罪而准备工具、制造条件的行为，是犯罪预备。本案中，甲、乙的行为是为了进一步实行犯罪而制造条件的行为，还未着手实行犯罪属于犯罪的预备阶段。

**模块三　犯罪未遂的处理实务**

二、案例分析题

1. 甲以强奸妇女的故意对乙实施暴力，因意志以外的原因而未能得逞，构成犯罪未遂，是对象不能犯的未遂。

2. 甲以非法占有为目的，使用秘密窃取的方式，数额较大，其行为已经构成盗窃罪。本案中，甲刚把赃物塞至口袋即被发现，可以认为行为人所追求的、行为性质所决定的危害结果没有发生，由于意志以外的原因，犯罪未得逞，因此构成犯罪未遂。

**模块四　犯罪中止的处理实务**

二、案例分析题

1. 甲在犯罪预备阶段自动放弃杀人意图，成立犯罪中止。但是共同犯罪人乙不成立犯罪中止，因为乙不是自动放弃杀人，而是由于实行者甲的放弃行为使其不能达到杀人目的，属于犯罪预备。

2. 乙在杀人过程中心生怜悯，产生了悔意，自动停止了犯罪行为，并采取有效措施阻止了死亡结果的出现，因而属于故意杀人罪的中止。

**模块五　犯罪既遂的处理实务**

一、案例分析题

1. 煽动群众抗拒国家法律实施罪，此罪属于行为犯，只要行为进行到一定程度就构成犯罪既遂。所以，本案中甲的行为构成犯罪既遂。

2. 根据《刑法》第240条的规定，拐卖妇女儿童罪的既遂并不需要将妇女成功卖出，只要剥夺其人身自由就达到既遂标准，乙尽管能够剥夺了李某的人身自由，但仍然自愿放弃，所以构成犯罪中止而非犯罪既遂。

## 项目十一　共同犯罪实务

**模块一　共同犯罪的运用实务**

二、案例分析题

1. 在共同犯罪中，共同行为意味着各共犯人的行为都是共同犯罪行为这一整体的组成部分;在发生了危害结果的情况下,共犯人的行为作为一个整体与危害结果之间具有因果关系,因而也就肯定各共犯人的行为与危害结果之间具有因果关系,成立故意伤害罪的共犯。所以,本案中甲、乙构成故意伤害罪的共同犯罪。

2. 甲、乙构成故意杀人罪的共犯。根据刑法理论,不仅两人在共同故意支配下共同实施行为构成共犯,而且共同实施预备行为也构成共犯。甲、乙共谋杀害丙,说明甲已经不仅仅是犯意表示,而是与乙共同实施了故意杀人罪的谋划,所以构成故意杀人罪的共犯。

3. 医生甲有杀人的直接故意,护士乙对此明知而默认并亲自实施了杀人行为,与医生甲构成共同犯罪。

**模块二　共同犯罪形式的运用实务**

二、案例分析题

1. 事前同谋的事后窝赃、销赃与前犯罪行为构成共犯。赵某答应收赃行为即事前同谋,即使事后没有实施收赃行为,赵某与罗某也构成盗窃罪的共犯。

2. 基于部分行为承担全部责任的共同犯罪处罚原则,在认定共同犯罪停止形态时是采取一人既遂、全部既遂的标准的。所以,本案中甲、乙共谋盗窃,甲既遂就意味着乙既遂。

**模块三　共同犯罪人的处理实务**

二、判断分析题

1. ×　　2. √　　3. √　　4. ×

三、案例分析题

从犯的行为是自愿的,胁从犯的行为是被迫的。胁从犯的本质特征是行为人受到了精神上的强制,参与犯罪不是完全愿意的。本案中,王某的自杀与徐某、高某二人的利益不产生任何的关系。从人数比例上明显看出,仅凭王某很难形成对徐某、高某二人的胁迫。徐某、高某二人可以选择,但却在没有受到威胁的情况下自愿参加犯罪,并在本案中起到了一定的次要作用,所以是从犯。

## 项目十二　罪数应用实务

**模块一　罪数判断的运用实务**

二、案例分析题

1. 甲的行为构成破坏电力设备罪。本案是对想象竞合犯的考查,盗窃的 2 台变压器均属于已投入使用的变压器,对安全供电、用电构成威胁,危害不特定多数人的正常生产和生活,符合破坏电力设备罪的构成要件。值得注意的是,甲的行为不仅构成破坏电力设备罪,同时也构成盗窃罪,即一行为触犯数罪名。根据想象竞合犯"从一重罪处断"的原则,以定破坏电力设备罪为宜。

2. 最高人民法院于 2000 年 7 月 13 日公布的《关于对为索取法律不予保护的债务非法拘禁他人行为如何定罪问题的解释》明确规定:"行为人为索取高利贷、赌债等法律不予保护的债务，非法扣押、拘禁他人的，依照《刑法》第238条的规定定罪量刑。”被告人甲等犯有以索债为目的的非法拘禁罪，对韩国籍被告人可以并处驱逐出境。

**模块二　一数认定的处理实务**

二、判断分析题

1. BCD　　2. A

三、案例分析题

1. 生产、销售伪劣商品是李某等人的目的行为，而假冒他人注册商标则是其为实现目的而采取的手段行为，它们之间具有直接的不可分离的手段行为和目的行为的牵连关系，属于牵连犯类型。本案中，李某等人应当按照牵连犯的处罚原则，从一重罪处罚，即以生产、销售伪劣商品犯罪论处。

2. 甲、乙共谋利用职务之便，挪用巨额公款进行买卖股票的营利活动，情节严重，属连续犯。甲、乙的行为触犯了全国人大常委会《关于惩治贪污罪贿赂罪的补充规定》第3条第1款，已构成挪用公款罪。

# 第三编　刑　罚　论

## 项目十三　刑罚实务

**模块一　刑罚的运用实务**

二、案例分析题

1. 某区人民检察院近日办理了这起该市首例已过追诉时效，经最高人民检察院核准予以追诉的刑事案件，某市中级人民法院作出一审判决，杀人潜逃21年的邬某因故意杀人罪被判处无期徒刑。

2. 被告人魏某的行为已构成交通肇事罪，触犯了《刑法》。鉴于被告人在事故中负有主要责任，且其积极赔偿，取得了被害人亲属的谅解，故对魏某可以从轻处罚。

**模块二　刑罚体系的处理实务**

二、案例分析题

1. 根据《刑法》第54条第2款的规定，剥夺政治权利是言论、出版、集会、结社、游行、示威自由的权利；裴某尚在管制执行期间，不能行使出版权利。

2. 先执行赔偿被害人经济损失5万元，剩下的3万元作为罚金执行。

3. 可以以被告人情节较轻为由，单处罚金；也可以判处有期徒刑或者拘役，并处罚金。不管怎样，必须并处或者单处罚金，这个条件不能少了，而不能只判处有期徒刑或者拘役。

## 项目十四　刑罚的裁量实务

**模块一　刑罚裁量的运用实务**

二、案例分析题

广州市中级人民法院审理后认为，被告许某以非法侵占为目的，伙同同案人郭某采用秘密手段,盗窃金融机构,数额特别巨大,其行为已构成盗窃罪,遂被判处无期徒刑,剥夺政治权利终身,并处没收个人全部财产。犯罪分子虽然不具有《刑法》规定的减轻处罚情节,但是根据案件的特殊情况,经最高人民法院核准,也可以在法定刑以下判处刑罚。许某的案件情节特殊,广州市中级人民法院认定许某犯盗窃罪,判处有期徒刑5年。郭某向公关机关投案自首,并全额退还赃款1.8万元,被判处有期徒刑1年,并处罚金1 000元。

**模块二　累犯的处理实务**

二、案例分析题

1. 根据《刑法》第76条的规定,缓刑考验期满,原判的刑罚就不再执行。即没有执行有期徒刑,不符合累犯中的前罪被判处有期徒刑以上刑罚的条件。张某缓刑期满后即使又故意犯罪被判处有期徒刑以上刑罚,也不能构成累犯。

2. 根据《刑法》第65条的规定,被判处有期徒刑以上刑罚的犯罪分子,刑罚执行完毕或者赦免以后,在5年以内再犯应当判处有期徒刑以上刑罚之罪的,是累犯,应当从重处罚,但是过失犯罪除外。王某的前罪是盗窃罪,属于故意犯罪,并被判处有期徒刑,执行完毕后第4年又犯盗窃罪,被判处有期徒刑,符合累犯的规定。根据《刑法》第74条的规定,对于累犯,不适用缓刑。根据《刑法》第81条的规定,对累犯,不得假释。关于减刑,根据《刑法》的规定,被判处管制、拘役、有期徒刑、无期徒刑的犯罪分子,在执行期间,如果认真遵守监规,接受教育改造,确有悔改表现的,或者有立功表现,都可以减刑;有重大立功表现的,应当减刑。对于累犯当然也可以减刑。根据《刑事诉讼法》的规定,保外就医可以适用被判处拘役和有期徒刑的犯罪分子。累犯只要不是被判处死刑和无期徒刑的,也可以适用保外就医。

**模块三　自首与立功的处理实务**

二、案例分析题

1. 根据《刑法》第390条第2款的规定,行贿人在被追诉前主动交代行贿行为的,可以减轻处罚或者免除处罚。这是《刑法分则》对于行贿罪的自首的特殊规定。根据特殊规定优于一般规定的原则,对于行贿人甲在被追诉前主动交代行贿行为的这种行为,就应适用《刑法分则》的规定,而不是《刑法总则》的一般规定,即不适用《刑法总则》关于自首的处罚规定。

2. 根据《刑法》第67条第2款的规定,被采取强制措施的犯罪嫌疑人、被告人和正在服刑的罪犯,如实供述司法机关还未掌握的本人其他罪行的,以自首论。本案中,甲因强奸罪被采取强制措施,在押期间,如实供述自己曾实施的入户抢劫并致人死亡的罪行,属于《刑法》规定“以自首论”的情形。

**模块四　数罪并罚的处理实务**

二、案例分析题

1. 对于判决宣告以后刑罚执行完毕以前,被判刑的犯罪分子又犯罪的,应当对新犯的罪作出判决，把前罪没有执行完毕的刑罚和后罪所判处的刑罚，按照《刑法》的69条的规定，决定“先减后并”。

2. 根据《刑法》第70条的规定，判决宣告以后，刑罚执行完毕以前，发现被判刑的犯罪分子在判决宣告以前还有其他罪没有判决的，应当对新发现的罪作出判决，把前后两个判决所判处的刑罚，依照《刑法》第69条的规定，决定执行的刑罚。已经执行的刑期，应当计算在新判决决定的刑期以内。即将对新发现的罪作出的判决（5年有期），与前面判决根据数罪并罚原则所确定的刑罚（20年有期）按照第69条并罚，仍然要遵循“数罪并罚，有期徒刑不得超过20年”的限制，而且，已执行的刑期应当计算在新判决决定的刑期之内，所以，不会超过20年。

**模块五　缓行的处理实务**

二、案例分析题

1. 根据《刑法》第72条的规定，对于被判处拘役、3年以下有期徒刑的犯罪分子，根据犯罪分子的犯罪情节和悔罪表现，适用缓刑确实不致再危害社会的，可以宣告缓刑。因此，缓刑适用的前提条件是“适用缓刑确实不致再危害社会”。本案中，张某确实危害了社会，应当撤销对其的缓刑宣告，执行原判刑罚，并使之与新犯的罪根据《刑法》第69条的规定实行数罪并罚。

2. 首先，应当撤销缓刑，“漏罪”与前罪数罪并罚后可再宣告缓刑。《刑法》第77条第1款规定：“被宣告缓刑的犯罪分子，在缓刑考验期限内犯新罪或者发现判决宣告以前还有其他罪没有判决的，应当撤销缓刑，对新犯的罪或者新发现的罪作出判决，把前罪和后罪所判处的刑罚，依照本法第69条的规定，决定执行的刑罚。”被告人杨某在缓刑考验期内发现“漏罪”，并被采取强制措施，其缓刑考验期因此而中断，所以缓刑仍须撤销；其“漏罪”轻微，前罪与“漏罪”并罚后实际执行的刑罚，仍然符合适用缓刑的条件，根据被告人杨某两次犯罪的性质、情节和悔罪表现，对其宣告缓刑确实不致再危害社会，因此对被告人杨某仍可宣告缓刑。

## 项目十五　刑罚的执行实务

**模块一　刑罚执行的处理实务**

二、案例分析题

王某的行为不正确，构成了虐待被监管人罪。在刑罚执行过程中，要把罪犯当做人看待，尊重罪犯的人格尊严，不体罚虐待罪犯，应当保障罪犯所享有的各种法定权利。在刑罚的执行过程中，必须尊重罪犯的人格，关心罪犯的生活，实行文明监管，禁止使用残酷的、不人道的刑罚执行手段。

**模块二　减刑制度的处理实务**

二、案例分析题

1. 人民法院应当同意减刑。因为罪犯王某在服刑期间能认罪伏法，接受改造，确有悔改表现，符合减刑条件，应当给予减刑。

2. 对于周某是可以减刑的。虽然对判处拘役或者3年以下有期徒刑、宣告缓刑的犯罪分子,一般不适用减刑,但是如果在缓刑考验期间有重大立功表现的,可以参照《刑法》第78条的规定,予以减刑,同时相应的缩减其缓刑考验期限。

**模块三　假释制度的处理实务**

二、判断分析题

B

三、案例分析题

(1) 对王某需要撤销假释。根据《刑法》第86条的规定,被假释的犯罪分子,在假释考验期内犯新罪的,应该撤销假释。

(2) 根据《刑法》第69条、第71条和第86条的规定,对王某假释考验期内的盗窃行为应该作出以下处理:对新犯的罪作出判决,把前罪没有执行的刑罚和后罪所判处的刑罚按照数罪并罚的规定处罚。

(3) 根据《刑法》第65条的规定,对于被假释的犯罪分子,假释期满以后,在5年以内再犯应处有期徒刑以上刑罚之罪的,是累犯,应当从重处罚。所以,王某应按累犯从重处罚。

(4) 第一,对王某所犯的盗窃罪作出判决。第二,把盗窃所判处的刑罚和未服的7年刑期,在总和刑期以下,数刑中最高刑期以上,酌情决定执行的刑罚。第三,对王某的抢劫罪按累犯从重处罚。第四,把抢劫罪所判处的刑罚与前面判处的刑罚,按数罪并罚的原则决定执行的刑罚,罚金仍需执行。

## 项目十六　刑罚的消灭实务

**模块一　刑罚消灭的运用实务**

二、判断分析题

BCD

**模块二　时效的处理实务**

二、案例分析题

1. 我国《刑法》第87条第4项规定法定最高刑为无期徒刑、死刑的,经过20年就不再追诉。如果20年以后认为必须追诉的,须报请最高人民检察院核准。甲的犯罪行为已经经过了21年,如需追究其刑事责任,应当经过最高人民检察院核准。

2. 对刘某盗伐林木的行为应当追究。我国《刑法》规定犯罪所应适用的法定刑不超过5年有期徒刑的,追诉时效为5年。刘某于2003年犯盗伐林木罪,法定最高刑为3年有期徒刑,则追诉时效为5年。但在追诉时效尚未届满前,又实施了盗窃罪,则前罪的时效中断,重新计算,所以仍应当追究刘某的刑事责任。

**模块三　赦免的处理实务**

二、判断分析题

A

# 第四编 罪刑各论原理与实务

## 项目十七 罪刑各论实务

### 模块一 各论和分论的运用业务

二、案例分析题

1. 要《刑法分则》定罪正确，必须以《刑法总则》为指导。社会危害性是犯罪的本质特征，张某在日常生活中遇到困难才伪造身份证，仅将此证用于正常的个人生活。虽然违法，但未对社会造成严重危害，属于情节显著轻微危害不大，不认为是犯罪。

2.《刑法总则》和《刑法分则》密切联系，《刑法总则》统率《刑法分则》、指导《刑法分则》；《刑法分则》是《刑法总则》原理、原则的具体体现。本案中，15 周岁男性既不是妇女，也不是儿童，不能定为贩卖妇女、儿童罪，如果甲有非法拘禁他人的违法行为，可以按照非法拘禁罪定罪量刑。

### 模块二 刑法分则体系的运用实务

二、案例分析题

《刑法分则》的 10 类犯罪，基本上是根据各类犯罪的社会危害性的大小，由重到轻依次排列。这也是相对而言的，并不意味着排在前面的所有具体犯罪的社会危害性都比排在后面的具体犯罪的社会危害性大。

### 模块三 刑法分则条文结构的运用实务

二、案例分析题

可能出现三种裁判。第一，判处有期徒刑，并处罚金。第二，判处拘役，并处罚金。第三，仅仅单处罚金。

## 项目十八 危害国家安全罪实务

### 模块一 危害国家安全罪运用实务

一、案例分析题

被告人于某和吴某参加境外间谍组织，接受间谍组织的命令、派遣和指示，长期专门收集我国的政治、军事、经济情报和军事秘密，将所收集的相关情报、秘密提供给境外间谍组织，危害国家安全，其行为均已构成间谍罪。

### 模块二 危害国家安全罪重点个罪实务处理

二、案例分析题

甲参加间谍组织的行为构成间谍罪，后又实施刺探、收买、非法提供国家秘密或者情报的，只能一重罪论处，仍然构成间谍罪。

## 项目十九 危害公共安全罪实务

### 模块一 危害公共安全罪运用实务

二、案例分析题

1. 被告人牛某为泄私愤,故意在有多名学生居住的宿舍楼内放火,危害公共安全,其行为已构成放火罪。从牛某的动机来讲是为发泄私愤,从其主观故意来讲对同学的生命安危置若罔闻,有剥夺他人生命健康的间接故意,但是由于牛某放火焚烧地点学生宿舍楼是公共居住地,涉及不特定多人数安全,牛某趁同学熟睡的深夜放火,极易造成极为严重的社会后果,故构成放火罪。

2. 被告人李某等人事先选定了一个特定的被害人及所驾驶的车辆作为侵害对象,但在"碰瓷"过程中,因为行为本身具有高度危险性,行为的后果没有办法准确预测,具有不确定性。被告人李某等人的"碰瓷"行为已经危害了公共安全。

### 模块二 危害公共安全罪重点个罪实务处理

二、案例分析题

1. 本案中,左某由不满发展到投毒报复,主观上具有投放危险物质的故意,客观上实施了将农药杀虫醚投放到龙家水缸内的行为。由于龙某上有老母下有妻女以及亲友等,这些人(还包括家禽、牲畜等财产)都可能受到毒害,因此,左某投放危险物质的行为虽没有造成严重后果,但足以危害不特定多数人的生命、健康以及家禽、牲畜等财产的安全,已构成投放危险物质罪。

2. 要确定贾某是否涉嫌犯交通肇事罪,关键是看其横穿马路的行为是否违反了交通管理法规。我国《道路交通安全法》第 61 条规定"行人应当在人行道内行走,没有人行道的靠路边行走"。贾某横穿马路时没有走人行横道,也没有观察当时过往车辆情况,由于他的违章行为直接导致了两死两伤的严重后果。已经涉嫌构成交通肇事罪,必须承担相应的法律责任。

## 项目二十 破坏社会主义市场经济秩序罪实务

### 模块一 破坏社会主义市场经济秩序罪运用实务

二、案例分析题

1. 被告人吴某为提高生猪瘦肉率以牟取非法利益,将盐酸克仑特罗掺入饲料中饲喂生猪;被告人韦某在明知被告人吴某是生猪养殖户,吴某向其购买的盐酸克仑特罗是用来饲喂生猪的情况下,仍向吴某大量销售盐酸克仑特罗,并主动向吴某介绍盐酸克仑特罗的使用方法,两名被告人的行为均已构成生产有毒食品罪。

2. 袁某违反海关法规和文物保护法律法规,逃避海关监管,携带视同文物的古脊椎动物化石出境,其行为已构成走私文物罪。

### 模块二 破坏社会主义市场经济秩序罪重点个罪实务处理

二、案例分析题

1. 某市人民法院经审理认为,被告人田某已经构成集资诈骗罪,诈骗数额特别巨大并且给国家和人民利益造成特别重大损失,依法应予惩处。

2. 蔡某以非法占有为目的，使用诈骗的方法非法集资，数额特别巨大，其行为已构成集资诈骗罪。经查，蔡某非法集资时，虚构自己的身份情况和夸大公司的经营能力，对各被害人进行虚假宣传，在无力偿还被害人集资款的情况下，仍欺骗被害人称可以还本，其行为符合集资诈骗罪的构成特征。

3. 根据《刑法》第 196 条第 3 款的规定，盗窃信用卡并使用的，构成盗窃罪。同样，抢劫信用卡并使用的，定抢劫罪；使用伪造的信用卡、冒用他人信用卡、恶意透支的，定信用卡诈骗罪。所以，甲盗窃信用卡并使用的行为，构成盗窃罪。

## 项目二十一　侵犯公民人身权利、民主权利罪实务

### 模块一　侵犯公民人身权利、民主权利罪运用实务

二、案例分析题

1. 根据我国《刑法》第 232 条的规定，故意非法剥夺他人生命的行为是故意杀人罪。任何公民，非经人民法院判决，并由公安机关执行，不得非法剥夺他人生命。我国自然人出生采取"独立呼吸说"，甲让男婴窒息死亡，就是非法剥夺他人生命，构成故意杀人罪。

2. 根据我国《刑法》第 233 条的规定，由于过失而引起他人死亡的是过失致人死亡罪。季某由于疏忽大意，过失刺死何某，构成了过失致人死亡罪。

### 模块二　侵犯公民人身权利、民主权利罪重点个罪实务处理

二、案例分析题

1. 根据本案的具体案情，卞某的猥亵、侮辱行为比较符合强制猥亵妇女罪的构成要件，不宜认定为强奸罪。而且情节比较轻微，根据被告卞某的悔罪态度和轻微情节，对其适用缓刑。

2. 乙为索取债务而非法扣押他人，构成非法拘禁罪。在非法拘禁过程中乙又使用暴力致使被害人重伤的，转化为故意伤害罪。

## 项目二十二　侵犯财产罪实务

### 模块一　侵犯财产罪运用实务

二、案例分析题

1. 在本案中，被告人朱某捡到的存折属于"遗失物"，即所有人或者持有人因为疏忽，偶然将其持有的财物失落在某处，以致脱离了自己的控制，符合侵占罪中的"遗失物"。客观上的取走行为，也具备了拒不退还的行为要件，朱某的行为已经完全具备了侵占罪的全部构成要件，应以侵占罪追究刑事责任。

2. 社会的发展已经将网络上的虚拟财产市场交易化了，从这个意义上说，以非法占有为目的，采用秘密窃取的方法获取虚拟财产，数额较大的，仍然构成盗窃罪。本案中，甲获取虚拟财产的行为构成盗窃罪。

### 模块二　侵犯财产罪重点个罪实务处理

二、案例分析题

1. 为了获取资金，强某、蔡某和张某限制被害人胡某的人身自由后对其进行殴

打、威逼，即使用了暴力和胁迫的手段；他们要求被害人胡某写便条以获取现金的行为具有抢劫罪所要求的“当场性”，是直接向被害人劫取了财物，而非勒索财物。据此，蔡某的行为应当认定为抢劫罪。

2. 高某以试车名义骗取黄某雅马哈400太子二轮摩托车的行为，从主观方面分析具有诈骗的故意且以非法占有为目的。从案件事实判断，高某先后几次虚构事实，根本不打算买车。因而高某驾车驶离现场的目的是将车据为己有，其主观上非法占有目的是明显的。从客观上看，高某以试车为名将车骗到手并在电话亭旁试车，黄某也确信其是买车、试车，而后高某趁黄某打电话之机乘机加速溜之大吉。这不同于盗窃罪中行为人以秘密手段窃取，因为此时高某已经控制了该摩托车，构成诈骗罪所要求的“数额较大”，构成了诈骗罪。

3. 本案中，“消费单”只是勒索财物的借口，且周某、顾某二人案前即已相互串通，主观上具有非法占有财物的目的，客观上以虚构的“消费单”相要挟，以“不结账就不放人”相威胁，意图使被害人产生恐惧交出钱财，完全符合敲诈勒索罪。



## 项目二十三　妨害社会管理秩序罪实务

### 模块一　妨害社会管理秩序罪运用实务

1. 甲酒后无事生非，毁坏公私财物，构成寻衅滋事罪，其行为也涉嫌触犯故意毁坏财物罪，是一行为触犯数罪名，从一重处，认定为寻衅滋事罪。

2. 甲的行为涉嫌触犯非法种植毒品原植物罪，根据《刑法》的规定，只有种植罂粟500株以上且经通知拒不铲除的行为才构成本罪。本案中，甲的行为构成妨害社会管理秩序，但还没有严重到追究刑事责任的程度。

### 模块二　妨害社会管理秩序罪重点个罪实务处理

二、案例分析题

1. 常某冒充军人进行诈骗的行为，构成冒充军人招摇撞骗罪。冒充军人招摇撞骗罪，是指以谋取非法利益为目的，冒充军人招摇撞骗的行为。常某冒充军人，采用欺骗的方式与刘某结婚，且骗取刘某2万元。冒充军人招摇撞骗罪是行为犯，常某的行为属既遂且情节严重。常某伪造身份证与刘某结婚的行为属牵连犯，应按一罪处断。最后，常某骗取刘某2万元而后逃匿的行为属于冒充军人招摇撞骗罪的加重情节。

2. 本案中，犯罪嫌疑人甘某明知自己无证驾驶交通肇事造成严重后果应承担法律责任，但事后为使自己逃脱罪责，与舒某、钟某、黄某共谋，向公安机关报假案、作虚假证明，向公安机关所作的虚伪陈述又是与案件有重要关系的情节，该行为同时符合伪证罪和包庇罪的犯罪构成，依据“特别法条优先适用于普通法条”的法条竞合处理原则，应适用特别法条，故对舒某、钟某、黄某的行为定伪证罪。

### 项目二十四　危害国防利益罪实务

#### 模块一　危害国防利益罪运用实务

二、案例分析题

根据《刑法》第368条的规定，非军职人员以暴力、威胁方法，妨碍阻挠军人依法执行职务的行为构成阻碍军人执行职务罪。本案被告在军人执行合法职务过程中，使用暴力加以阻碍，导致军人无法正常执行职务，已经构成犯罪。

#### 模块二　危害国防利益罪重点个罪实务处理

二、案例分析题

张某的行为既侵犯了财产权，触犯了盗窃罪，又危害了国防利益，触犯破坏军事通信罪。属于一行为触犯数罪名的想象竞合犯，从一重处，应定破坏军事通信罪。

### 项目二十五　贪污贿赂罪实务

#### 模块一　贪污贿赂罪的运用实务

二、案例分析题

甲的行为不构成犯罪。因为甲支取该款是经单位主管局领导研究决定的，没有利用职务上的便利，所以其行为既不构成贪污罪也不构成挪用公款罪。

#### 模块二　贪污贿赂罪重点个罪实务处理

二、判断分析题

1. ABCD　　2. B

三、案例分析题

王某和冯某利用职务之变，以虚构承包合同的方式，将本应由水库管理局所得的利润进行私分，其行为已构成贪污罪。二被告利用职务之便，具有侵吞、窃取、骗取或者其他手段非法占有公共财物的行为。二被告未报水库管理局班子会议，私自将利润侵吞，符合贪污罪的客观行为。

### 项目二十六　渎职罪实务

#### 模块一　渎职罪的运用实务

二、案例分析题

王某和刘某的行为构成犯罪。根据《刑法》第397条的规定，两人的行为符合滥用职权罪的构成要件，构成滥用职权罪。

#### 模块二　渎职罪重点个罪实务处理

二、案例分析题

1. 从本案的情况来看，被告人陈某(某县公安局预审员)身为司法工作人员，接受他人的请托和贿赂，在办理刑事案件中，采用篡改案犯年龄和犯罪情节的手段，徇私枉法；包庇犯罪分子，故意违背事实，严重扰乱了司法机关的正常执法活动，其行为完全符合我国《刑法》第399条规定的刑事裁判枉法裁判罪。但是，被告人陈某徇私枉法，为他人谋取非法利益，同时接受请托人的贿赂4 000元以及酒、水果等物品，根据我国《刑法》第399条的规定，司法工作人员贪赃枉法，同时又构成受贿罪的，依照处罚较重的规定处罚。

2. 滥用职权罪必须以“致使公共财产、国家和人民利益遭受重大损失的”后果作为构成要件。如果认定陈某使5人遭到无辜关押达到后果严重的程度，可以认定构成滥用职权罪；如果认为后果不甚严重，则不能构成滥用职权罪。陈某虽然有滥用职权的行为，但是后果不甚严重，没有达到滥用职权罪的致使公共财产、国家和人民利益遭受重大损失的要求。据此，判断陈某滥用职权行为造成的结果没有达到法定追究刑事责任的程度，不构成犯罪。

## 项目二十七　军人违反职责罪实务

### 模块一　军人违反职责罪的运用实务

二、案例分析题

根据《刑法》第436条的规定，武器装备肇事罪，在客观方面表现为违反武器装备使用规定，情节严重，因而发生责任事故，致人重伤、死亡或者造成其他严重后果的行为。该罪主观方面表现为过失。本案被告人王某身为军职人员，违反枪支弹药的使用规定，将2发私存的子弹压入冲锋枪弹匣内，而且子弹上膛未关保险。在与伊某谈话中王某又因疏忽大意无意中触动扳机，造成伊某死亡的严重后果，其行为符合武器装备肇事罪的构成要件。

### 模块二　军人违反职责罪重点个罪实务处理

二、案例分析题

王某的行为可能涉及的罪名有两个，第一个是盗窃武器装备罪，第二个是盗窃枪支、弹药罪。这就要看两罪的区别要点在何处。根据《刑法》第438条的规定，盗窃、抢夺武器装备或者军用物资的，处5年以下有期徒刑或者拘役；情节严重的，处5年以上10年以下有期徒刑；情节特别严重的，处10年以上有期徒刑、无期徒刑或者死刑。盗窃、抢夺枪支、弹药、爆炸物的，依照盗窃、抢夺枪支、弹药、爆炸物罪的规定处罚。可以看出，盗窃、抢夺武器装备、军用物资罪的对象不包括枪支、弹药、爆炸物。因而，王某的行为构成盗窃枪支弹药罪。

# 参 考 文 献


[1] 张明楷.刑法学[M].第4版.北京:法律出版社，2011.

[2] 北京万国学校.司法考试历届真题分类解读——刑法卷[M].北京:人民法院出版社,2007.

[3] 高铭暄,马克昌.刑法学[M].第5版.北京:北京大学出版社,2011.

[4] 马克昌.犯罪通论[M].第3版.武汉:武汉大学出版社,1999.

[5] 齐文远.刑法学[M].第2版.北京:北京大学出版社,2011.

[6] 赵秉志.当代刑法理论探索[M].第3版.北京:法律出版社,2002.

[7] 指南针司法考试研究中心. 2007年司法考试必读法律法规汇编[M].教学版.北京:中国法制出版社,2007.

[8] 何秉松.刑法教科书[M].北京:中国法制出版,2000.

[9] 中华人民共和国最高人民法院网.